集人文社科之思　刊专业学术之声

集 刊 名：长江文化研究

原集刊名：淮扬文化研究

主办单位：江苏省高端培育智库——长江文化研究院

　　　　　江苏省高校哲学社会科学重点研究基地——淮扬文化研究中心

主　　编：周新国　姚冠新

副 主 编：黄　杰　秦宗财　陈景春

RESEARCH ON CULTURE OF YANGTZE RIVER (Vol.6)

第六辑

集刊序列号：PIJ-2018-249

中国集刊网：www.jikan.com.cn / 长江文化研究

集刊投约稿平台：www.iedol.cn

长江文化研究

RESEARCH ON
CULTURE OF YANGTZE RIVER (Vol.6)

【第六辑】

周新国
姚冠新　主编

社会科学文献出版社
SOCIAL SCIENCES ACADEMIC PRESS (CHINA)

长江文化研究
第六辑

目 录
CONTENTS

专家约稿

认同叙事与审美营造：长江国家文化公园建设的协同发展[*]

向　勇[**]

摘　要：长江国家文化公园是中华民族共同体意识的生动载体，深入探究长江国家文化公园的认同叙事与审美营造具有多维度的现实价值。认同叙事包括国家认同、长江认同、文化认同与公园认同的多维体系，立足中国性、时代性和未来性，通过意象空间、形象空间和功能空间进行空间建设。审美营造从长江流域的文化遗产、文化艺术、文化传播和文化创意等多维度撬动创意资本，实现地方创生的集聚发展。认同叙事与审美营造相辅相成，协同发展，共同助力将长江国家文化公园打造成中华文化重要标志。

关键词：长江文化　国家文化公园　认同叙事　审美营造　协同发展

引　言

长江是我国第一大河流，与黄河并称中华民族的母亲河，奔腾不息，

* 本文为全国红色基因传承研究中心 2024 年度专项课题"红色文化赋能革命老区高质量发展研究"（项目编号：24ZXHYG09）的阶段性成果。本文在作者"2023 长江文化智库论坛"主旨演讲整理稿的基础上修改而成。感谢扬州大学新闻与传媒学院副院长、长江文化研究院副院长秦宗财教授团队的文字整理工作。

** 向勇，北京大学艺术学院教授、北京大学文化产业研究院院长，联合国教科文组织乡村创意与可持续发展教席主持人。

流淌千年，孕育了灿烂辉煌的长江文化和中华文明。长江不仅是地理空间意义上的巨型水系，更是历史文化意义上的文明体系，见证了中华民族的历史变迁，承载着中华文明的人文底蕴和民族复兴的时代伟业。从巴山蜀水到江南水乡，从青藏高原到荆楚大地，长江沿线的各个区域都因水而兴，形成各具特色的文化风貌，如巴蜀文化的神秘深邃、荆楚文化的浪漫瑰丽、吴越文化的婉约细腻、海派文化的开放包容等，是中华文明多元一体格局的标志性象征，共同构筑了丰富多彩的长江文化基因谱系。

2025 年 1 月，文化和旅游部、中央宣传部、国家发展改革委、国家文物局等部门联合印发《长江国家文化公园建设保护规划》。长江国家文化公园建设是我国推动长江文化保护、传承与创新的重大战略举措，旨在整合长江流域丰富的文化资源，使之建设成为具有中国特色、中国风格、中国气派的文化地标。长江国家文化公园的建设涵盖长江干流及其沿线诸多区域，涉及上海、江苏、浙江、安徽、江西、湖北、湖南、重庆、四川、贵州、云南、西藏、青海 13 个省（自治区、直辖市），通过顶层设计、系统规划与节点布局，将广布沿线各地的文化瑰宝串珠成线，聚点成面，使之成为展示长江文化魅力、彰显中华民族精神、助力经济社会高质量发展的时代窗口。

长江文化蕴藏着中华民族的艰苦创制、卓越智慧和集体记忆。① 长江国家文化公园是中华民族共同体意识的生动载体和"江河互济"的精神家园，深入探究长江国家文化公园的认同叙事与审美营造具有多维度的现实价值。当人们对长江文化产生强烈的认同感，对长江国家文化公园形成深度的归属感时，便能跨越地域、民族与阶层的界限，在共同的文化认同下汇聚时代力量，增强对多元一体中华民族的向心力。无论是本地居民在日常生活中对长江国家文化公园的文化感受，还是外来游客在游览过程中的震撼体验，都能在心底油然而生一种对伟大祖国的悠久历史、灿烂文化和时代伟力的自豪之情，进而增强强国建设和民族复兴的奋进之力。

---

① 傅才武、单钢新：《论长江文化的时代价值》，《湖北大学学报（哲学社会科学版）》2025年第 1 期。

一 长江国家文化公园建设的认同叙事

1. 认同的价值内涵与多元视角

认同是个体与社会互动的结果。个体通过角色扮演与他人互动，并在此过程中内化为集体意义的社会规范与价值观念，进而形成对集体的认同。在美国社会学家乔治·赫伯特·米德（George Herbert Mead，1863—1931）看来，所谓认同即"由一群经历和参与一个共同社会经验与行为过程的个体约定俗成的共同意义或符号系统"①。文化认同侧重于个体对所属群体的信仰体系、价值观念、风俗习惯、行为礼仪等的认同与接纳，是群体传承与演进的内在动力。英国人类学家爱德华·泰勒（Edward Tylor，1832—1917）指出，文化是一个复杂的整体，包括知识、信仰、艺术、道德、法律、风俗以及人类在社会里所得一切的能力与习惯。② 文化认同便是个体对这一发展整体的认可。在国际形势动荡和逆全球化冲击下，文化认同越发凸显民族团结力和国家凝聚力的重要性，守护本国文化的独特价值，捍卫中华民族的文化根脉。长江国家文化公园的认同叙事涵盖了国家认同、长江认同、文化认同和公园认同等四个紧密相连且相互支撑的维度，共同构筑起一个立体多元的认同体系。

国家认同是在社会主义现代化强国建设和中华民族伟大复兴征程中不可或缺的精神支柱。长江国家文化公园作为国家文化强国建设战略布局的关键一环，承载着厚重的历史使命和时代价值，创造性地展现了人类文明新形态。长江文明与黄河文明共同构筑起中华民族的文明形态主脉。从流域规模、文明起源、多样生态、文化交融、经济发展、航运交通、能源安全等多种意义上来看，长江都是国家认同的标志性符号。

文化认同为长江文化的延续提供了内在动力。长江文化具有中华优秀

---

① 〔美〕乔治·赫伯特·米德：《心灵、自我和社会》，霍桂桓译，译林出版社，2012，第317页。

② 〔英〕爱德华·泰勒：《原始文化：神话、哲学、宗教、语言、艺术和习俗发展之研究》，连树声译，广西师范大学出版社，2005。

传统文化连续性、创新性、统一性、包容性、和平性的突出特性，如同一条无形的精神纽带，将历史与现代、传统与当代紧密相连，让中华民族从古至今蕴含的价值观念、精神追求和生活智慧世代传承，生生不息。长江流域的神话传说、民间故事、传统节日、手作匠艺承载了古人对自然、人生和社会的体悟，通过文化认同的挖掘与传播，这些珍贵的文化记忆得以代代相传。周宪指出，从美学思考的角度，长江国家文化公园的文化认同叙事可以从"亲生命""敬畏感""水意识"等三方面进行建构。①

长江认同是人们对长江在认知、情感、精神等层次所形成的共同认可。长江是横贯中国东西的重要水系，拥有丰富的水资源、自然生态和民俗资源，是我国稻作文明的发源地。近代以来，长江流域成为抵御外敌的重要战场。新中国成立以来，长江流域建立了重庆红岩革命纪念馆、侵华日军南京大屠杀遇难同胞纪念馆等承载民族精神和国家记忆的文化场所，将国家认同和民族认同扎根于每一个中华儿女的心中，成为推动国家建设的精神动力。

公园认同是人民大众对公园的休闲娱乐、生态保护、文化传承等功能有明确的认知。公园是现代社会的基本标志，是以人为本的公共设施。公园的功能包括休闲娱乐、旅游观光、科普教育、文化展示、生态保护等诸多内涵。长江流域拥有生态公园、湿地公园、体育公园和文化公园等多种形式的公园。对于本地居民而言，长江国家文化公园的功能设施融入日常生活，成为休闲娱乐、社交聚会、体育健身的生活场所；对于外来游客而言，那些秀美壮丽的自然风光、豪迈诗意的历史传说、奇绝神秘的历史古迹、荡气回肠的英雄传奇，满足了他们对长江国家文化公园的独特想象并进行深度体验。

2. 认同叙事的推进策略

长江国家文化公园建设是文化强国建设的重要组成部分，是建设中华民族现代文明在人们日常生活中的国家文化工程，通过实施保护传承工

---

① 周宪：《长江国家文化公园建设的美学思考——从"亲生命""敬畏感"到"水意识"建构》，《探索与争鸣》2024年第7期。

程、研究发掘工程、环境配套工程、文旅融合工程和数字再现工程，构建具有中国性、现代性和未来性的推进策略。

所谓中国性，即长江国家文化公园建设要坚定地践行中华文化的主体性。这是马克思主义基本原理同中华优秀传统文化相结合的根本要求，是文化自觉的生动体现。长江文化是中华文明的根基，源于长江流域的自然环境、文化环境和社会环境，具有中华文化的独特性、根基性和丰富性。

所谓现代性，即长江国家文化公园建设要紧贴时代脉搏，充分展现中国式现代化的时代内涵。这意味着长江国家文化公园建设要与人民的美好生活需要相适应、要与经济社会高质量发展相协调、要与国际社会发展理念相契合。长江国家文化公园建设是长江文化建设的重要路径，是长江流域经济社会发展的精神文明建设，是塑造长江流域乃至中国社会现代形态的重要手段。注重可持续发展理念，积极运用大数据、人工智能、虚拟现实等现代技术，组织各类文化艺术活动，为居民和游客带来沉浸式、便捷性和舒适度的深度体验。

所谓未来性，即长江国家文化公园建设要聚焦共享性发展和共同富裕目标，这是中国式现代化的本质要求。长江经济带是我国经济发展的重要增长极，涵盖东中西部不同发展水平的区域，长江国家文化公园建设肩负促进区域协调发展、一体化发展和共同富裕的历史重任。通过优化空间布局，强化产业协同，协调核心展示区、集中展示带和特色展示点的均衡发展，依托不同区域的资源优势，打造具有竞争力的产业梯度发展体系。

3. 认同叙事的表现形态

长江文化遗产是构建膜拜价值的关键资源。长江水系的长度有6000多公里，其沿线分布着许多重要的历史文化节点。从羌藏文化、滇黔文化、巴蜀文化、荆楚文化到湖湘文化、赣皖文化、吴越文化，从上游的三星堆遗址、中游的石家河遗址到下游的良渚遗址，串联起长江文明的璀璨历史，构成一条充满传奇色彩与神圣感的文化长河。

长江文化展示价值的实现离不开现代技术的支持。在数字时代，数字技术、网络技术和智能技术为长江文化的展示开辟了新空间。运用虚拟现实技术，游客可以足不出户置身于湖北随州曾侯乙墓的发掘现场，近距离观赏举世闻名的曾侯乙编钟。利用增强现实技术，游客通过手机 App 对准石刻佛像，便能获取重庆大足石刻景区的文物信息。

长江文化体验价值的核心在于塑造地方感与国家感的联觉感知、情感联结和精神认同。人文主义地理学家段义孚（1930—2022）认为，人与地方的互动是地方感产生的关键，这种互动使得地方成为个人自我认知的重要组成部分。① 地方感是人们对特定地方所产生的独特情感、情感认知与精神归属，源于人们在生活中的日常积累。国家感是基于个体对国家历史、文化、主权等宏观层面产生的认同感。长江国家文化公园将这种地方感和国家感进行融合，让人们在参与过程中感受到地方性和国家性的体验感统一。这种体验感包括感官体验、情感体验和精神体验等三个维度。

从感官体验的维度来看，长江国家文化公园建设要汇聚视觉、听觉、嗅觉、味觉、触觉等全方位的感官体验。视觉层面，宽阔的江面风光旖旎，各种船只川流不息，自然生态与现代建筑交相辉映；听觉层面，江水涛声阵阵，林间鸟儿欢唱，江滩音乐交织，构成一曲自然与人文和谐的奏鸣曲；嗅觉方面，江水温润，江风清新，江花芬芳；味觉方面，长江沿线各地的民俗小吃繁多，香味四溢，充满整个江面；触觉层面，江草的柔软，江石的粗糙，江水的冰凉。长江的这些感官资源，让人们充分感受到长江的温度与质感。

从情感体验的维度来看，长江绵延的历史和壮阔的流域印刻着人们深厚的情感记忆。这是人们嬉戏的乐园，生活的乐园，这里见证了城市的兴衰、社会的进步。长江的自然景观、灿烂的历史文化、共同生活的文化纽带，宁静安详的田园风光，承载我们深厚的情感和记忆，深深扎根于我们每个人的情感世界之中。

从精神体验的维度来看，长江文化蕴含着丰富的精神体验，包括航运贸易、移民迁徙的开拓精神，救亡图存、万众一心的团结精神，多元融合、对外交流的开放精神，抗击洪水、抵御自然灾害的协作精神，坚忍不

---

① 〔美〕段义孚：《恋地情结：环境感知、态度和价值观研究》，志丞、刘苏译，商务印书馆，2019。

拔、自强不息的奋斗精神。这些长江精神是中华民族精神谱系的重要组成部分，历经社会变迁，依然保持着强大的生命力，也不断焕发出时代的生机。

4. 认同叙事的故事原型

文化认同的构建离不开故事的联结，故事犹如一把神奇的钥匙，能够开启人们心灵深处的原型之门。瑞士心理学家卡尔·古斯塔夫·荣格（Carl Gustav Jung，1875—1961）认为，集体无意识不是个体潜意识的延伸，而是所有人类共享的心理底层结构，以一种难以察觉却深刻影响着人们的思想、行为和文化的方式存在，超越了个体的生活经历和文化背景，是人类共同心理的"原始遗产"，源于人们共同的进化历史所积累的原型和经验。[①]

美国学者玛格丽特·马克（Margaret Mark）和卡罗尔·皮尔森（Carol S. Pearson）提出"品牌原型"的概念，认为品牌是原型的人格化表征，原型赋予品牌以生命、情感、愿景和价值观。他们把品牌原型分为"向往天堂"型（天真者、探险家和智者）、"刻下存在的痕迹"型（英雄、亡命之徒和魔法师）、"没有人是孤独的"型（凡夫俗子、情人和弄臣）以及"立下秩序"型（照顾者、创造者和统治者）。[②] 这些品牌原型与个体生命周期紧密联系，不同生命阶段的人有着不同的原型期待。长江国家文化公园的品牌建设要巧妙运用这些品牌原型，为长江文化注入原型价值，提升长江文化的原型吸引力和文化认同感。长江中游的黄鹤楼是长江文化的标志性符号，承载着千百年来中国人的精神意象和文化品格。黄鹤楼彰显了长江文化探险家和智者的原型。可以这样说，黄鹤楼承载了长江流域关键节点的建筑艺术、地域文化、历史传说、名人故事和文人佳作，吸引游客探寻中华文化的基因密码和精神奥秘。

美国剧作家罗伯特·麦基（Robert McKee）将故事分为表面和内在结

---

① 〔瑞士〕卡尔·古斯塔夫·荣格：《原型与集体无意识》，徐德林译，国际文化出版公司，2011。

② 〔美〕玛格丽特·马克、卡罗尔·皮尔森：《如何让品牌直击人心：品牌的 12 个心理原型》，侯奕茜译，中信出版集团股份有限公司，2020。

构，包含情绪、节奏、情节、动作、对白、人物性格等诸多元素，而不同层次的故事要素对激发品牌认知、传递品牌认同发挥着独特作用。他认为，一个故事是由激励事件、进展纠葛、危机、高潮和结局等五部分组成。① 1998 年的长江抗洪抢险是一个惊心动魄的英雄故事。那些紧张危急的抗洪场景、冒着瓢泼大雨的奋力拼搏、洪峰来袭时的生死抉择、英勇无畏的抗洪战士、争分夺秒的抢险行动、日夜兼程的物资运输、受灾群众的紧急转移、刻不容缓的家园重建，构成了紧张、紧凑的故事环节，抓住了受众的注意力，他们与抗洪英雄建立起紧密的情感联系，对后者坚韧、勇敢、无私的英勇品格产生由衷的敬佩之情。长江抗洪英雄原型跨越时空，与中华民族世代相传的英雄情结紧密呼应，从对英雄的景仰生发出对民族和国家的强烈认同。

如果说黄河文化雄浑厚重、质朴刚健、脚踏实地，那么长江文化浪漫瑰丽、灵动飘逸、想象奇幻、瑰丽绚烂，长江文化和黄河文化共同构筑起中华民族的文化脊梁。黄河文化是现实主义的故事叙事，长江文化是浪漫主义的故事叙事。《离骚》的"朝饮木兰之坠露兮，夕餐秋菊之落英"，李白的"飞流直下三千尺，疑是银河落九天"，表达了中国人的精神追求和浪漫气质。

长江流域神秘的巫文化，从古代的巫风祭祀到现代的傩戏民俗，源远流长，生生不息，彰显着中国人对未知世界的探索意志与敬畏精神。英雄是众人的英雄，更是自我的英雄。人生的意义在于深刻的生命体验，这种体验的过程就是美国神话学家约瑟夫·坎贝尔（Joseph Campbell，1904—1987）所谓的"英雄之旅"。坎贝尔将荣格精神分析学说融入神话研究，提出的"英雄之旅"模型被广泛应用于文学、电影以及其他艺术形式，包括"启程—启蒙—归来"的故事结构。② 长江国家文化公园的体验是一种英雄之旅的体验。游客步入长江国家文化公园，仿佛踏上征程的英雄，从"平凡世界"踏入"异常世界"，经历模拟历史事件和故事情境的种种

---

① 〔美〕罗伯特·麦基：《故事：材质·结构·风格和银幕剧作的原理》，周铁东译，天津人民出版社，2014。

② 〔美〕约瑟夫·坎贝尔：《千面英雄》，黄珏苹译，浙江人民出版社，2016。

"考验"，穿越崎岖山水，感受英雄艰辛，传承英雄精神。

5. 认同叙事的空间结构

美国城市设计理论家凯文·林奇（Kevin Lynch）在《城市意象》中提出了城市设计的五个要素，包括路径（Path）、边界（Edge）、区域（District）、节点（Node）和地标（Landmark）。① 这同样适用于长江国家文化公园的空间设计。长江国家文化公园的空间可分为实体空间、知觉空间和存在空间等不同层次，蕴含着丰富的文化内涵和功能体系。从膜拜价值、展示价值和体验价值的空间呈现来看，长江国家文化公园又可分为意象空间、形象空间和功能空间等不同层次。

形象空间构成了长江国家文化公园的物理基础，涵盖公园的地形地貌、建筑设施、道路体系、娱乐休闲设施等有形要素；它为游客提供了一种直观意义上的直觉感知。功能空间承载了长江国家文化公园的服务体系，是一系列文化设施、娱乐场所、文娱活动的舒适物营造。意象空间是长江国家文化公园的精神空间，承载着长江文化的历史记忆、民族情感和价值观念，是中华民族集体想象的空间表达。

形象空间是通过视觉、听觉、嗅觉、触觉、味觉的感官刺激形塑的整体空间印象。长江上游的重庆山城步道是重庆人的独有记忆。山城步道是重庆特有的交通网络，山、水、江、城与步行道、桥梁、坡坎崖、吊脚楼交相辉映。传统民居散落其间，青石板路蜿蜒曲折。山城步道穿梭于层层叠叠的各种房屋之间，印刻着山城的沧桑变迁。重庆市政府提出"成网互联、便民高效、智慧友好"的多功能山城步道网络体系工程，深入挖掘传说故事、民间记忆等文化底蕴，保留城墙遗址、防空洞、古井等记忆元素，沿途设置文化解说牌，讲述邻里故事、山城兴衰、烽火岁月。重庆山城步道是一条穿越时空的生命旅程，承载着重庆人的乡愁记忆，彰显着巴渝文化的时代韵味。

功能空间是人们日常生活的空间体验和功能使用，长江国家文化公园包括管控保护区、主题展示区、文旅融合区、传统利用区等重点功能区。

---

① 〔美〕凯文·林奇：《城市意象》，方益萍、何晓军译，华夏出版社，2017。

长江下游的上海滨江森林公园建设体现了功能空间的多元营造。这座滨江森林公园对湿地生态系统进行了修复与保育，打造了湿地景观，吸引候鸟栖息，为人们提供了亲近自然、观鸟赏景的体验空间。上海滨江森林公园还建设了科普教育馆、户外拓展基地、亲子游乐区、户外拓展区、文化艺术展览区等功能区域，让游客学习生态知识、地质历史，观赏艺术作品，感受人与自然的和谐共生。这座滨江森林公园体现了长江国家文化公园作为生态科普、休闲娱乐、文化体验的功能空间，极大地展现了国家公园的空间功能。

意象空间是长江文化膜拜价值的神圣空间，具有本雅明所谓神圣光晕和受人膜拜的特性。长江下游的南京长江大桥，是长江国家文化公园意象空间的杰出代表。南京长江大桥建成于 1968 年，作为双层式铁路、公路两用桥，是中国桥梁建设史上的丰碑，承载着新中国建设的时代精神和民族自豪感。南京长江大桥的桥身雄伟壮观，桥头雕塑英姿飒爽，夜间的桥身灯光绚丽。列车的轰鸣声、轮船的汽笛声构成南京长江大桥特有的声音符号。南京长江大桥是南京精神的象征，是长江国家文化公园的标志性形象。

二　长江国家文化公园建设的审美营造

1. 审美营造的立体维度

审美营造是长江国家文化公园建设的关键环节，包括文化遗产、文化艺术、文化传播和文化创意等四个维度，并推动不同创意资本的孵化，实现长江国家文化公园文化价值和经济价值的双重平衡。

长江文化遗产为长江国家文化公园的审美营造提供丰富的文化材料和精神财富。长江文化遗产承载着历史记忆和精神内涵，是长江流域先辈们智慧和创造力的结晶。要根据文化遗产的整体布局、资源禀赋等情况，建设管控保护、主题展示、文旅融合、传统利用四类重点功能区。重庆大足石刻是世界文化遗产，石刻造像展现了唐、五代、宋等不同历史时期的艺术风格。大足石刻作为长江国家文化公园的重要文化资产，通过文物保护利用、环境整治、数字化展示等多种方式，吸引了大量的游客前来领略石刻艺术的审美精髓。

长江文化艺术是长江国家文化公园展现长江人文精神的重要形式。重庆川剧融合高腔、昆曲、胡琴、弹戏、灯调等声腔，涵盖变脸、喷火、水袖舞等表演绝技。长江国家文化公园重庆段的洪崖洞民俗风貌区，定期上演川剧表演。这些川剧将长江的历史故事、民间传说进行生动演绎，丰富了游客对长江文化的审美体验。

长江文化传播着眼于长江国家文化公园的共情纽带，注重艺术创意、符号价值和故事叙事的传播，与游客建立起深度的情感体验，引发游客的情感共鸣。长江文化纪录片《话说长江》《再说长江》《长江之恋》等，以长江历史文化和空间格局为主题，通过精致的画面和感人的解说，立体展现了长江流域的自然风光、人文变迁、民俗风情。这些文化纪录片通过电视、网络平台和自媒体进行广泛传播，吸引观众关注长江，提升了长江国家文化公园的品牌影响力。2024 年，中国艺术研究院主办了"风正一帆悬——中国艺术研究院长江主题艺术展"，通过集体考察采风写生活动，充分展示了长江的自然之美、生态之美、历史文化之美和时代之美。

长江文化创意开启了长江国家文化公园的经济活力，以创意思维激活文化价值，实现文化与经济的协同发展。武汉县华林历史文化街区充满艺术与历史氛围，以长江文化元素为创意灵感，开发印有黄鹤楼图案、长江水纹元素的各类文创纪念品，引入创意工作室、手工艺品店、特色咖啡馆等新消费业态，组织各类创意集市、涂鸦大赛和街头表演，营造创意氛围，实现传统文化与现代时尚的结合、文化与商业的协同，满足了游客的文化需求，传播了长江文化，成为以长江文化推动地方发展的典型代表。

2. 审美营造的地方创生

长江国家文化公园建设坚持"系统保护、整体展示、协同发展"原则，通过审美营造实现地方经济的集聚发展。美国战略管理学家迈克尔·波特（Michael Porter）提出的产业集群是一种竞争性集聚，他认为产业集群通过协同上下游产业、整合各类资源，形成强大的竞争优势和创新活力，可以实现地方经济规模化发展。① 文化创意产业集群打造是长江国家文化公园共生发展的关键路径。

长江上游的重庆洪崖洞民俗风貌区通过依山而建的吊脚楼、风格鲜明的巴渝传统建筑营造，形成一幅风格奇幻的地理景观，是一个集文化、旅游和商业为一体的文化创意产业综合体。这里有民俗文化展览区、传统手工艺作坊，展示了重庆的码头文化、山城文化、火锅文化，开展了川剧变脸、方言脱口秀等民俗活动。这里有精心设计的游览线路、观景平台，可以俯瞰壮美江景，领略山城风情。这里有各类特色店铺、地道小吃、文创纪念品店，满足了游客多样化的消费需求。洪崖洞文商旅产业集群，形成一个相互依存、相互促进的共生系统。文化为旅游与商业铸魂，旅游和商业为文化赋能，文化、旅游和商业的深度融合使洪崖洞成为重庆的文化重镇、旅游胜地和商业新区。

三　长江国家文化公园建设的协同发展

1. 认同叙事与审美营造的内生联系

认同叙事是审美营造的价值基础，审美营造是认同叙事的价值表现，二者共同推动长江国家文化公园的价值建设。认同叙事通过讲述长江文化的国家认同、文化认同、长江认同和公园认同的价值观念，为审美营造提供文化内涵和价值支撑。只有对长江文化的地方性、国家性和未来性的独特价值有着清晰的认知，才能更好地理解和感受长江国家文化公园建设所传达的情感、认知和意境。审美营造以意象空间、形象空间和功能空间等空间层次，将长江文化的多元价值以直观感性的方式呈现出来，通过空间设计、舒适物营造和创意资本激活等多种形式，将长江文化的历史故事、精神价值转化为可感知的审美体验，使长江文化的认同叙事更加生动具体，使长江文化易于接受、理解和认知。

认同叙事激发人们对长江文化的情感认同和精神敬畏，增强人们对长

---

① 〔美〕迈克尔·波特：《国家竞争优势》，李明轩、邱如美译，华夏出版社，2002。

江国家文化公园的兴趣和体验。当了解到那些长江流域的历史文化、传奇故事时，人们会对长江沿岸的自然风光有更深刻的认知和更有情感的接受，更能体会长江景观的多元价值，提升自己对长江文化的体验感。高品质的审美营造为长江文化的认同叙事提供具有感染力的体验平台。通过传承内涵深厚的长江文化遗产、创作更具表现力的长江文化艺术、拓展更加沉浸式的长江文化传播、开展更有融合力的长江文化创意，人们在审美体验过程中能深入地了解长江文化的内涵和价值，从而强化对长江文化的认同叙事。

认同叙事强化了长江文化的主体性，建立起个体与长江的内在联系，塑造集体共享的文化身份。审美营造则以审美直觉的方式吸引人们参与长江国家文化公园的空间体验，增强了人的情感共鸣和价值凝聚。认同叙事实现了长江文化的空间传播和代际传承，推动了长江文化的时空延续。审美营造通过创意设计和总体营造的表现手法，为长江文化注入生活气息和现代内涵，让长江文化焕发时代魅力。

认同叙事是长江文化的深度体察，将不同历史地域、不同时期、不同类型的长江文化资源进行标识提炼和价值凝练，为审美营造提供素材和主题，拓展长江文化的审美视野。长江国家文化公园的审美营造不仅是对长江沿岸自然风光和物理空间的"硬营造"，更是对长江流域所蕴含的中华优秀传统文化传承发展的"软营造"。审美营造创造了新景观、新体验和新场景，为认同叙事提供了新载体和新平台。长江国家文化公园建设注重文化设施、主题空间的营造，为游客提供了审美场所和文化窗口，拓展了认同叙事的空间范围。认同叙事为长江国家文化公园的审美营造赋予了深厚的文化内涵和鲜明的价值导向，传达了中国人的生活方式、集体人格和精神追求。长江国家文化公园的空间设计传达了多层次的认同叙事，使公园建设超越了单一的身体感知，上升为立体丰富的审美体验。

在长江中游的湖北秭归，屈原故里文化旅游区紧密围绕屈原的生平事迹、文学成就及其精神品质，通过屈原雕塑、离骚碑林、香草芳园等人文景观与自然景观的营造，运用艺术、设计、空间动线等手段，让游客身处园区直观感受自然的壮美和屈原的人格操守，将内在的认同叙事具象化，增强游客对屈原文化的认同感。

2. 认同叙事与审美营造的协同路径

长江国家文化公园建设要注重文化资源和文化基因的协同。深入挖掘长江文化资源，系统阐发长江文化内涵，对长江流域的考古遗址、历史文化、民俗风情、自然生态进行全面普查。建立长江文化基因库，系统梳理文物古迹、历史聚落、考古遗址、文化景观、文博设施、传承展示等不同类型，为长江国家文化公园建设的认同叙事与审美营造提供文化素材。精准提炼长江文化故事原型，总结具有国家代表性和时代感染力的文化主题。将"中华民族母亲河""中华文明起源地""人与生态的和谐""人文与经济的共生"主题与长江文化的独特内涵进行整合。运用虚拟现实、增强现实等数字技术，对长江文化进行多维度、沉浸式、全方位的阐释和表达。

长江国家文化公园建设注重自然空间与精神空间的协同。要注重长江文化遗址的保护与展示，通过标识牌、博物馆的方式进行认同阐释，合理规划自然景观和功能设施，营造立体的审美环境，深入发掘长江文化的时代价值。平衡长江国家文化公园建设的线性空间与节点空间。长江文化是线性文化景观，沿线串联起众多的节点城市和丰富的文化景点。要注重线性空间的统一与节点空间的代表性，通过建设沿江生态绿道和文化长廊，将节点连接，形成整体感强的文化景观；根据不同节点城市的地方特色，打造独具魅力的文化地标，使其成为认同叙事的审美载体。注重内在空间与外在空间的互补，在博物馆、纪念馆、美术馆、演艺中心等室内空间，以多元化的手段展示长江文化的认同叙事，注重内外空间的景观呼应，通过建筑留白、观景平台、景观小品和公园家具的创意设计，让游客在室内外都能感受长江文化的人文与自然之美。

长江国家文化公园建设注重文化活动与审美体验的协同。围绕长江文化主题，策划丰富多彩的文化艺术活动，注重长江文化节、艺术双年周、文艺演出、民俗展览和学术研讨等活动的审美营造，提升活动的文化内涵和艺术品质。开发具有参与性和互动性的体验项目，组织长江非遗体验之旅、文学研学之旅、文化遗址考古探索之旅等活动，让游客在体验过程中了解长江文化。开发利用长江沿线的传统节庆以及与长江主题相关的纪念日，开展长江特色文化活动。

长江国家文化公园建设注重渠道传播与品牌塑造的协同。彰显中华优秀传统文化、革命文化、社会主义先进文化的价值内涵，运用线上线下相结合的方式，整合电视、广播、报纸、网络新媒体等多种传播渠道，实施长江文化整合营销传播工程。制作长江国家文化公园纪录片、故事片、专题片以及各类短视频，利用社交媒体开展话题互动，鼓励游客分享长江文化的体验感悟，提高长江国家文化公园的知名度和影响力。设计长江国家文化公园品牌标识，融合长江文化元素与现代设计理念，开展统一的认同传播和审美传播。开展跨区域合作，构建布局合理、特色鲜明、功能衔接、开放共享的建设格局，联合举办长江文化主题活动，实现资源共享、优势互补，共同打造长江文化品牌。

结　语

长江国家文化公园建设是一项宏大系统的公共文化工程，认同叙事和审美营造是推动公园建设的重要价值观念和实践路径。长江国家文化公园建设的认同叙事与审美营造相辅相成、协同共进。认同叙事为审美营造赋予灵魂，审美营造为认同叙事塑型，二者为长江国家文化公园造就文化魅力和时代活力。

长江国家文化公园建设的认同叙事是一个包括国家认同、长江认同、文化认同和公园认同在内的多层次体系，为长江国家文化公园建设注入精神动力。长江国家文化公园建设的认同叙事注重中国性、现代性与未来性的统一，立足中华文化的主体性，展现新时代的中国风貌，迈向共同富裕的未来征程。认同叙事包括膜拜价值、展示价值和体验价值等不同层次的叙事结构，依托故事联结与原型应用，强化长江文化的吸引力与归属感，注重长江国家文化公园建设的意象空间、形象空间和功能空间的综合设计，注重自然生态与历史文化的立体整合，为长江文化传承发展筑牢价值基石。

长江国家文化公园建设的审美营造包括长江流域的文化遗产、文化艺术、文化传播和文化创意的协同发力。围绕羌藏、巴蜀、滇黔、荆楚、湖湘、赣皖、吴越地域文化，深度挖掘长江文化遗产，凝练文化主题，通过"硬营造"与"软营造"，推动传统与现代融合，营造全民共创共享氛围。运用长江文化的符号构建与共情联结，传递文化内涵，触动心灵共鸣。整合多元资本，构建共生生态，激活内生动力，促进地方发展。

面向未来，长江国家文化公园建设应进一步强化多元认同叙事和审美营造的深度融合，促进国家认同、长江认同、文化认同与公园认同深度交织，形成长江文化强大的凝聚力、向心力。深入挖掘长江沿线小众文化和濒危文化，通过数字建档、活态传承，将其融入长江国家文化公园建设。加强国际交流合作，举办长江文化国际论坛、世界大河文明对话等活动，传播长江文化全球价值，提升国际认同，使长江国家文化公园成为世界认识中国文化的窗口。持续探索长江文化的多元开发路径，推动长江文化遗产数字化工程和长江文化艺术创作工程，利用人工智能技术提升传播效能，强化绿色公园、智慧公园和可持续发展公园的建设理念，推动公园建设与城市更新、乡村振兴的统合发展和区域协同发展，构建长江文化资源全域联动格局，成立长江国家文化公园发展联盟，形成政府、企业、社会组织、居民游客代表共同参与的决策、评估和监督机制。

长江国家文化公园建设是承载千年长江文化精神的世纪工程，是汇聚中华民族精神力量的民族工程，是建设文化强国的国家工程。通过"中央统筹、省负总责、分级管理、分段负责"的工作格局，将长江国家文化公园打造成中华文化重要标志，为实现强国建设和民族复兴伟业书写时代华章。

长江工商文化研究

长江近代工商文化研究纲要

李 玉[*]

摘 要： 工商文化是近代长江文化的重要组成部分，相关研究可从"长江近代化"、"长江流域工商业发展"和"长江区域工商文化"等维度展开，以期发掘近代长江丰富的工商文化内涵及其历史影响，服务于当代长江经济带建设。

关键词： 长江文化 近代工商业 长江经济带

长江文化历史悠久、博大精深，在中华文明发展与传播史上占有极为重要的地位。就一般意义而言，长江文化既包括沿江人民在长期生产与生活中形成的物质文明与精神文明，也包括依托于长江或以长江为载体而产生的各种文化，还包括长江自身在社会发展中产生的功能与效应。在古代中国，长江文化的核心成分是农业生态在经济、文化与社会中的投射，由此形成特色鲜明的区域（流域）文化形态。近代以降，中国社会发展路径发生根本改变，工商实业渐成社会经济关键部类，工商文化的影响日渐增强，长江在中国经济领域的意义越来越重要，由此切入，无疑有助于深入认识长江文化近代转型的路径以及长江文化的内涵扩充、历史特质与社会意义。

一 研究价值与意义

（一）拓展中国近代民族工商业研究的视域

学界对于中国近代民族工商业的研究早已硕果累累，但现有的论著或

---

[*] 李玉，南京大学历史学院教授，研究方向为中国近现代经济史、企业制度史等。

为全域（全国）考察，或为个案分析，或从行业史着眼，或以企业史为视域，较少以长江作为观察范围，对中国近代民族工商业的重要分布带进行整体分析。事实上，无论是厘清中国近代企业的空间分布状况，还是深入考察企业家群体的共性和个性，长江都是一个较好的切入视角，有助于转换中国近现代经济史研究的路径，丰富其学术内涵。

近代以降，长江流域在中华民族发展史上的地位与日俱增，近代长江工商文化与长江实业家群体互为表里，众多企业家在创造辉煌成就的同时，也深化与丰富着近代长江文化。近代中国的"长江实业家"数量庞大，成分多元，对其进行考察分类，有助于推进对中国近代实业家体系及其结构特征的全面研究；厘清中国近代实业家与长江的联系，有助于进一步认识长江文化对近代中国实业发展的重要影响，有助于以文化力量和历史镜鉴赋能当代中国经济的高质量发展。

（二）为长江经济带建设提供历史借鉴

长江流域之所以成为近代中国经济发展与社会建设的核心区域，成为近代中国实业命脉之所在，与长江文化的孕育、涵养和滋润有直接关系，而民族工商业的发展又为长江文化注入新内涵，形成特色鲜明、影响深远的长江工商文化。这是长江文化在近现代发展与转型的成果之一，是长江文化近代性的体现之一，也是长江文化生命力的表现之一。

长江工商文化是近代中国应对历史变局、不断奋进求强的见证，具有强烈的家国情怀与进取意识，是传统文化在近代中外"商战"中的转化与升华，体现了民族性与世界性、本土化与国际化不断融合的历史特征，对长江工商文化进行深入研究，有助于总结中华民族的商业智慧与经济思想，这也是提高历史学研究学术自信的良好议题。

长江工商文化不仅具有重要的学术意义，而且具有显著的应用价值，对它进行全面发掘、详尽总结与深度提炼，可以为当代长江经济带各项建设，为长江流域加快推进中国式现代化建设进程，率先全面建成小康社会，提供有益的历史借鉴。

（三）为长江文化激活创新提供素材资源

在加快中国式现代化建设的进程中，长江经济带必将发挥日益重要的带头作用，如何从历史的维度深入认识长江流域内文化资源、历史传统对经济建设的影响，相关研究或能带来一些历史借鉴，彰显一定程度的理论价值。而在中国式现代化建设中，包括物质遗产与非物质遗产在内的历史文化资源，也可成为区域发展转型、新型业态开发的重要基础。

近代民族工商业和企业家的物质与精神遗产是当代长江文化极为重要的历史资源。发掘、保护民族工商业遗产，可以为长江国家文化公园建设增添独特的民族工商业议题；整理、研究民族企业家的经营智慧与创业精神，是讲好长江文化商业故事的重要素材。

系统考察近代长江流域民族企业家中的区域实业家群体，进一步说明近代长江实业家的历史地位、经营思想与社会影响，探讨近代长江流域工商企业发展路径、经营成效与历史影响，总结近代长江实业家的经营智慧与企业家精神，将为当代长江工商文化建设增加历史内涵。同时，深入研究近代长江区域工商文化融入各地长江国家文化公园建设的路径与方法，有助于从近代历史的维度讲好“长江故事”，丰富和发展长江文化的历史内涵，对其中彰显中华优秀传统文化基因的内容加以继承与转化，“激活”近代长江文化的当代功能，使其焕发新的光彩。

二 研究议题

（一）长江的近代化

长江是近代中国开放与发展的前沿地区，是中国经济重心之所在。长江口岸在晚清的对外贸易中地位普遍较高，据 1909 年的数据，在 48 个通商口岸中，第一大关为上海，汉口、镇江、九江、重庆、芜湖分列第三、第六、第十一、第十二、第十七位。[①] 长江流域的重要口岸还有苏州、南

---

① 郑少斌主编《武汉港史》，人民交通出版社，1994，第 163 页。

京、长沙、岳阳、宜昌、沙市，此外还有安徽大通，江西湖口，湖北武穴、陆溪口等上下客货的"准口岸"。由此不难看出近代长江通商口岸的重要地位。

长江是一条中外公认的商业大动脉，沿江的各个口岸均有相应的水运或陆路网络，从而形成一个层次结构异常复杂、辐射范围极其宽广的经济流通体系，推动了中国腹地产业与商业的发展。

1937 年 7 月 7 日卢沟桥事变爆发，日本大举侵华，中华民族到了最危险的时刻。大量民族工商业和行政、文教、社会各界人士不得不溯江而上，迁往内地，长江成为内迁的关键通道。卢作孚率领民生公司船队，克服重重困难协助大量民族工商业和文教行政机构迁往内地，完成了中国实业史上的壮举。

（二）长江流域近代工商业发展

晚清洋务运动时期兴办的企业多数集中于长江流域。1861 年曾国藩在安庆兴办安庆内军械所制造武器，是为清政府最早创办的军工厂。4 年后移往南京，改建为金陵机器制造局。此外，洋务运动时期在长江流域兴办的重要企业还有江南机器制造总局、苏州洋炮局、汉阳铁厂、轮船招商局、上海机器织布局、湖北织布局等，它们在洋务运动中占据非常重要的地位。

长江流域的民用企业也在不断发展壮大。1910 年，全国共有纱锭 497448 枚，其中上海占 33.3%，武汉占 18.2%，无锡占 3.3%，南通占 8.2%；1936 年，全国共有纱锭 2746392 枚，其中上海占 40.2%，南通占 4.1%，无锡占 8.7%，武汉占 8.9%，整个长江流域占比超过 61%。[①] 长江流域逐渐形成多个纺织业中心城市，先后诞生了大生纱厂、裕华纱厂、大成纺织染公司等著名民营企业。纺织是近代中国企业数量和吸纳工人最多的一个工业部类，纺织工业比重在一定程度上也能说明城市工业化水平。

再扩大到整个工商实业领域，长江流域的地位依旧非常重要。截至

---

① 严中平等编《中国近代经济史统计资料选辑》，中国社会科学出版社，2012，第 78 页。

1927 年，在历年所创民用工业企业数量方面，上海位列第一，占 20.8%，武汉位列第二，占 6.0%，无锡位列第四，占 2.9%；依资本额统计，上海、天津、无锡的比重分别为 25.9%、8.2% 和 2.6%。① 企业界的许多"第一"都是在长江流域创造的。

抗战时期民族企业溯江内迁，进一步丰富了近代长江工商文化的内涵。全面抗战开始之后，长江下游数百家民族企业克服重重困难，先迁武汉，再撤宜昌，后至重庆，这是中国民族工业的战时大迁徙，是中国经济战时动员的重要写照。内迁企业结合当地经济资源与社会条件，调整工艺与技术流程，改变生产业务，服务社会发展，为支持抗战做出了巨大贡献。有的企业在战时因陋就简，艰苦奋斗，在精神成就和物质及科研成就方面均有良好建树。例如永利公司研制出"侯氏制碱法"，彻底解决了中国制碱工业被洋商"卡脖子"的难题。

（三）近代长江区域工商文化

长江近代工商文化从下游到上游，可以分为若干区域文化。首先是苏商文化。具有江海融汇、江河交汇等航运之便，以及优良地理与人文资源的江苏地区，在近代以来走出一批享誉全国乃至世界的实业家，诸如盛宣怀、张謇、荣氏兄弟等，也有一批在江苏创业的外省实业家，如范旭东等。苏商在实业创办、商业经营等方面成就不凡，影响深远。

除了苏商之外，长江流域的著名实业家群体还有在有"九省通衢"之称的汉口经营加工制造、商业贸易与金融投资的楚商（也称"汉商"或"鄂商"）。尤其是在交通运输方面，楚商的作用非常重要，民国时期"苏省之流通，全赖楚船之转运"。② 楚商在特色鲜明的荆楚文化基础上，形成了长江工商文化中重要的楚商文化。

在长江上游，形成另外一种颇具地域特色的长江工商文化，即巴蜀工商文化。无论是巴商文化（又称"渝商文化"），还是蜀商文化，不仅历史

① 杜恂诚：《民族资本主义与旧中国政府（1840-1937）》，上海社会科学院出版社，1991，第 254 页。

② 范金民：《明清江南商业的发展》，广西师范大学出版社，2024，第 270 页。

久远，而且内涵丰富。在近代，巴蜀地区在中国政治版图的地位凸显，巴蜀工商文化的实际成效及其社会影响日益受到重视。尤其是在全面抗战时期，巴蜀工商文化已与国家命运融为一体。

除了上述几种工商文化，长江工商文化还包括以芜湖、安庆为中心形成的皖商文化，分别代表江西与湖南地域特征的赣商文化与湘商文化，它们共同彰显了近代长江文化的时代性。

长江工商文化虽然有一定区域性，但因为长江的纽带作用，又形成较为密切的联系，不仅体现在物质层面，还体现在精神层面。这种紧密联系推动近代中国形成了一个"长江实业家"群体。其核心人物就是张謇、范旭东、卢作孚等人，其中张謇更是长江实业家的榜样与灵魂人物。例如，卢作孚在创业之初专程前往南通，拜访张謇，学习南通地方自治经验；张謇与范旭东、景本白共同致力于盐政改革，他的创业精神与经验对范、景二人创办久大精盐公司具有激励与借鉴作用。据景本白介绍，在办厂受挫之时，他们去向张謇求教。张謇告诉景本白："此事未始不可办，但须有毅力决心。"张謇向景本白讲了自己创办大生纱厂的经历：

> 余年十八，即办实业，至四十八岁，三十年中无事不失败。最后办大生纱厂，就原有机器，招股五十万，费四年八个月长期间，尚少七万数千元股本。其时工厂已成立，急待出货，而无钱买棉花，一日七次急电促股东交股，如石沉大海，不得已，亲至上海，求股东有力者借一二万流通资本，以便购花开工，迄无人过问。最后大股东某巨富为浙江胡雪岩后第一富翁，姑隐其名，谓余曰："公读书人，不能办此等商业，四五年来，亦已辛苦遍尝，不如将此厂交与我，余当送公二万金，仍北上做官为宜。"余一闻此言，为之丧气，若果收此二万金，其将何以见人！恨不投黄浦江而死。始知求人不如求己，仍回南通，向至亲好友零星借资，得二万元，购买棉花，勉强开工。幸出货甚好，定者纷来，不及半年，居然得有红利。获利之消息一出，认股未交者争来交股，惟恐股款不收，有许多之粉饰词。次年股东开会，即主张添设第二厂，二百万股款立时招足，不及一年第二厂已告

成功。以视第一厂四年八个月之困难，相去有如天渊。同一纱厂、同一张某，先后之难易，一至于此，使当时不能坚忍，决无今日之南通，此余现身说法。①

最后，张謇对景本白深切地勉励道：

> 君等办理久大，不必问其事之大小与难易，要当有坚忍刻苦之毅力，一遇困难，奋力决斗，如破竹然，此节一破，以后必顺手；不久又遇一节，当再奋斗，具如此精神，万无不成之理。②

景本白事后承认："此实南通与余以最大之援助，余每遇困难之时，一思南通之言，勇气百倍，久大成功，实由于此。"③ 可见，这既是张謇对景本白、范旭东创办久大精盐公司的重要指点，也是两代企业家创业精神的传承。

范旭东与景本白创办的久大精盐公司厂址虽然在天津塘沽，但其行销重心却在长江流域。到1921年，久大精盐公司在天津以外的销售支店设于阳泉、沙市、长沙、湘潭、汉口、九江、岳州、常德、安庆、南京、芜湖、上海等处，长江之于久大精盐公司的重要性，由此可见一斑。

张謇与范旭东、景本白之间的精神传承还体现在范旭东与刘国钧之间。1945年3月刘国钧赴美国考察并采购设备，3月29日遇在美国考察的范旭东，两人一口气晤谈4个小时，刘国钧见63岁的范旭东"精神较好，体重增加"，认为"诚工业界之福也"。而范旭东则告诫刘国钧"无决心，事难成"，对于事业要下"决死的奋斗心"。范旭东对刘国钧说："为事业向人低头，不是耻辱，是为事业而牺牲，我们一方面为祖宗补过，一方面为后辈造福。"范旭东还告诉刘国钧，自己"以化工为终身不变的事业"，并向他讲述了自己创办永利化工公司的艰苦历程，以及

---

① 本白：《久大精盐公司创立史》，《盐政杂志·盐迷专刊》第一卷，1935年12月，第7~8页。
② 本白：《久大精盐公司创立史》，《盐政杂志·盐迷专刊》第一卷，1935年12月，第8页。
③ 本白：《久大精盐公司创立史》，《盐政杂志·盐迷专刊》第一卷，1935年12月，第8页。

自己注重科学、服务社会的理念、做法与成效，令刘国钧由衷地感叹，范旭东"今日的成绩，不是偶然的"。① 可见，这是又一次长江企业家之间的"英雄对话"，道出了中国近代著名实业家的理想、信念与情怀。而刘国钧之所以走上"办工业"的道路，也是受张謇关于抵制外货、发展民族工业言论的激励。② 张謇与荣宗敬、荣德生有较好的个人交谊与业务合作，并对后者多所赞赏。这也说明张謇在近代长江实业家群体形成方面的重要影响。

三　研究路径

本项研究聚集于工商文化与近代长江文化的转型与发展，旨在呈现近代长江工商文化的发生背景、长江工商文化的物质表现及精神表现，进而探究近代长江区域工商文化的内涵、特征及其融入当代长江文化建设的路径与方法。具体而言，将分别从"远景"、"中景"与"特景"三个层次展开。

"远景"着眼于"长江的近代化"议题，选取"长江禀赋的近代遭际""长江流域社会变迁与城市发展""长江流域的开放进程以及航运发展""长江流域的功能重塑与区域发展""长江流域的中外经济争夺及经济民族主义思潮""长江抗战与国家命运"等重要问题进行深入研究，总结长江近代化的阶段特征及其文化转型与历史影响。

"中景"对应的议题是"长江流域近代工商业发展"，研究内容包括"晚清洋务企业在长江流域发端""民国初年的长江流域工商业的发展""国民政府时期长江流域工业区的规划""长江中下游民族工商业的抗战内迁""战后的长江流域工商业"等，以期较为全面地呈现近代长江工商文化的物质成果。

"特景"部分聚焦于"近代长江区域工商文化"，展开相关研究。首先

---

① 葛吉霞整理《刘国钧日记（外二种）》，江苏人民出版社，2023，第22~23页。
② 刘国钧：《自述》，载李文瑞主编《刘国钧文集》（传记卷），南京师范大学出版社，2001，第12页。

发掘了近代苏商、皖商、赣商、湘商、楚商、蜀商与巴商的文化遗产，包括物质文化、技术文化、制度文化和社会文化等，进一步凝练长江企业家精神的历史内涵。其次在长时段和大视域下，对长江流域近代民族工商业与实业家群体进行整体分析，并进行适度比较研究，既在宏观层面总结民族工商文化对长江文化近代转型的影响，又在中观和微观层面分析长江近代民族工商业与实业家群体的内部结构和区域特征，从而呈现内涵丰富的近代长江工商文化及其区域影响。兹绘制设想图（见图1），以便请教于读者。

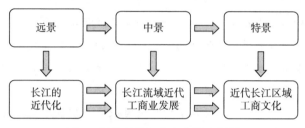

图1　近代长江工商文化研究设想

总体而言，在长江文化的传承与发展方面，工商文化不仅具有独特的学术价值，而且能够带来显著的现实效应。习近平总书记指出："推动长江经济带发展是党中央作出的重大决策，是关系国家发展全局的重大战略。"[①] 长江流域是近代中国经济发展较快的一个区域，积累了较为丰富的历史遗产，既包括物质的，也包括文化的，这些都是系统研究长江经济带如何更好发挥"排头兵"作用、增强"主动脉"功能的有益借鉴。

（附记：本文是笔者主持的一项省级课题研究计划的纲要，议论多而实证少，在后续研究过程中，尚需进行调整与补充，祈请专家学者不吝赐教。）

---

① 《习近平谈治国理政》第四卷，外文出版社，2022，第358页。

长江商文化：特征、历史价值、现实意义

宋向清[*]

摘　要：研究长江文化，不能不研究长江商文化。由于人类生存和繁衍的根本在于生命的维持，而生命的维持需要食物，食物的空间和时间分布并不是均衡的，因此，各种食物的交换和交易长期伴随着人类的生存、繁衍和发展。所以，商文化是人类任何区域文化的核心内容。本文从长江商文化的概念谈起，系统梳理了长江商文化的共性、个性、内容构成、历史贡献和现实意义等。提出长江商文化所蕴含的价值观、道德观、商业规范等与社会主义核心价值观一脉相承，与黄河商文化、珠江商文化等共同构成了生生不息的中华商业文明。

关键词：长江商文化　商业伦理　商业价值观　张謇

"长江造就了从巴山蜀水到江南水乡的千年文脉，是中华民族的代表性符号和中华文明的标志性象征，是涵养社会主义核心价值观的重要源泉。要把长江文化保护好、传承好、弘扬好，延续历史文脉，坚定文化自信。"[①] 长江文化不仅以其丰富的内涵彰显了长江流域特殊的自然地理和人文地理优势，而且以其强大的外延影响并推动了中华文明进程，尤其是长江流域绵延数千年的人文信仰和价值理念成为中华传统价值观的重要组成

---

[*]　宋向清，北京师范大学政府管理研究院副院长、产业经济研究中心主任、研究员，中国商业史学会副会长兼商业人物专委会副主任，中国商业经济学会副会长，主要研究方向为产业政策和产业经济、商业史、自然人品牌价值等。

[①]　习近平：《论把握新发展阶段、贯彻新发展理念、构建新发展格局》，中央文献出版社，2021，第442~443页。

部分，并与社会主义核心价值观一脉相承。长江流域的水脉、山脉、地脉和多姿多彩的生物、环境等滋养了在长江流域生活的人们，形成了生生不息的长江流域人脉，造就了卓尔不凡的长江流域文脉、商脉、法脉等，使长江文化成为中华文化之重要圭臬。

作为长江文化的重要组成部分，长江商文化是长江流域人在长期的商业活动中形成的文化体系，反映的是长江流域商业文明的本源、内涵、特性和发展等，是包括青海、西藏、四川、重庆、湖北、湖南、江西、安徽、江苏、浙江、上海、云南、贵州、河南、陕西、甘肃、广西、福建等省、自治区、直辖市全部或部分区域在内的长江流域商文化的总和。长江商文化具有区别于黄河商文化、珠江商文化等其他商文化的显性特征，是中国商文化体系之南方体系的主体，具有极大的研究价值。本文从长江商文化的概念着手，探索其特征、历史价值和现实意义。

一 长江商文化及其特征

（一）什么是长江商文化

长江商文化是指长江流域人在长江流域内外，以及非长江流域人在长江流域创造的商业文明之和。商业文明是人们在以商品和服务为载体的商业活动中，为实现商业利益最大化进行环境探索、资源整合、制度设计过程中所发现、创造和形成的物质文明和精神文明。

长江商文化的地理区位在长江流域，位于黄河流域、淮河流域、珠江流域、西南诸河流域、东南诸河流域，以及羌塘内陆河、青海内陆河和东海之间。

长江商文化由三部分组成：一是长江流域人在长江流域创造的商文化，属于长江商文化的原生体或本体，是原汁原味的长江商文化；二是非长江流域人在长江流域创造的商文化，既有创造者（非长江流域人）原籍商文化特色，又融合了长江文化元素，因此，属于长江商文化的舶来体，也是长江商文化的主体组成部分；三是长江流域人在长江流域外创造的商文化，属于长江商文化的派生体，既有浓郁的长江商文化底蕴，又兼容了所在地的文化元素，是长江商文化的传播和传承。

长江商文化具有多样性、层次性，按照地理分布和历史属性可以分为青藏商文化、巴蜀商文化、滇商文化、黔商文化、荆楚商文化、赣商文化、皖商文化、吴越商文化等，其中长江商文化的主体是上游的巴蜀商文化，中游的荆楚商文化，下游的吴越商文化。

（二）长江商文化的特征

长江商文化是长江文化的一个分支，反映了长江流域人们从事商业交易活动的理念、规则、交易主体、交易客体、交易合约、交易过程、交易结果，以及交易影响等。由于商业的本质属性不会因为地域的变化而变化，长江商文化与非长江流域的商文化具有同质性，即共性，表现在商业活动中可以归纳为四方面，即逐利性、有限理性、契约性、竞争性。

一是逐利性。商业经营活动以营利为本，因此，商文化最基本的属性是逐利性。逐利是资本或个人在商业活动中，表现出的一种行为特征。商业经营活动往往是商人及其家庭、家族、所属机构或国家赖以生存和发展的基础，逐利是其基本需要。在商业活动中，逐利性表现为资本追求利润最大化，个人追求利益最大化的行为，在法律限定的范围内逐利是合理的，因此，逐利不是贬义词，是商业活动的常态化追求。但是，当逐利行为和金额超出法律范围，就是追求不正当利益，就会产生负面影响，就会受到法律的禁行和处置。

二是有限理性。有限理性是介于完全理性和非完全理性之间的受商业交易双方素质、法律意识、交易物特质和交换目的等影响而出现的非限定性理性。当然，人性的非完全善性或恶性、社会规制的局限性、商业活动环境的复杂性、人计算能力和认知能力的局限性等也是造成商业活动中人们只能保持有限理性的原因。在非个人交换形式中，人们面临的是一个复杂的、不确定的世界，且人对环境的计算能力和认识能力是有限的，因此交易越多，不确定性就越大，认知误区或缺漏就越多，信息也就越不完全，就越不可能做到完全理性。

三是契约性。契约性是基于商业活动派生的契约关系与内在的原则，体现了商品交易双方自由、平等、诚信、互利的商业属性，是商文化的显性特征。自由包括选择缔约者的自由、决定缔约的内容与方式的自由；平等包括缔结契约者主体地位平等，缔约双方权利平等，义务对等；诚信是契约从习惯上升为精神的伦理基础，要求缔约双方不欺诈、不隐瞒、无恶意、完全履约，同时尽必要的善良管理、照顾、保管等附随义务；互利是契约首重，在商品交易中人们通过契约来实现自身利益最大化和自身损失最小化。

四是竞争性。竞争性是指商业交易主体通过商业或非商业手段降低竞争对手利益，以实现自我利益最大化所展现出来的私性。竞争性是商业活动的基本特性，反映了商业活动中不同利益主体在相同利益追求下的竞争手段、可依赖的资源、外部条件利己性以及自身逐利能力。竞争性商文化包括商品和服务竞争文化、企业家素质能力竞争文化、人才和团队竞争文化、信息和技术竞争文化、价格竞争文化、资本竞争文化、品牌和信誉竞争文化等。竞争性商文化也是推动科技创新、技术进步，提高消费者福利的重要力量。

长江商文化因其特殊的地理位置、气候、资源、环境等，而表现出不同于其他地域的商文化特征，即长江商文化特有的个性，大致包括四个方面，即多样性、开放性、商业抗性、不均衡性。

一是多样性。长江发源于青藏高原，绵延万里，孕育了巴蜀商文化、荆湘商文化、吴越商文化等文化类型。从时间与空间的不同角度看，万里长江在不同的流域空间中，由于地形环境、自然禀赋的不同，从而赋予每个地方不同的商文化特质。即便是上游的巴蜀商文化，巴地和蜀地也有差别，"巴"的古义为"吞食大象的巨蟒"，是古代巴族人的图腾崇拜，对"巴"的崇拜形成了巴族人既可坐享天成，亦可行卒而生，既可无为逍遥，亦可刀剑而存的特性，由此形成了巴商顺天成命、远徙谋生、强取而存的商业秉性；"蜀"的古义为"葵中之蚕"，蜀商受汉文化影响更重，兼容儒释道的思想，以道注川人风骨，以儒举川人仕进，以释去川人彷徨，进退之间，死生契阔，说明蜀商更积极、更文明、更讲究规则。荆湘商文化也不同，荆地在苗蛮融合之后逐渐将骁勇狂放的民风体现在商业活动中，较为霸气豪爽；湘地受王守仁心学的影响，强调商业伦理，讲究义利并重。江浙商文化中的苏商和浙商也存在差别，浙商普遍高调，苏商普遍低调；浙商崇尚市场，但懂得利用政策；苏商善用政策，但懂得尊重市场。另外，长江商文化的多样性还表现在商品属性上，作为丝绸、瓷器、稻米、漆器以及茶文化、酒文化等的重要发源地，长江流域素有丝绸之府、鱼米之乡、文物之邦等美称。

二是开放性。开放性是指开展商业活动的主体对外界政策、观念、信息、资源或规则的接纳程度。一个开放的商文化系统能够与其他商文化系统接洽、交流，能够吸收外部信息并适应外部环境的变化。在思维上，开放性的商文化意味着不固守陈规，能够灵活思考，勇于接受新事物和观点；在交易中，开放性表现为尊重不同交易对象、商业文化，并能接受其合乎商业规则的契约；在组织上，开放性的商业组织能够对外界变化做出迅速反应，并及时调整策略。长江商文化是一个开放性的商文化系统，一是在商业活动中，以宽容、合作和共赢的精神，兼收并蓄海内外商家、商品和商文化，具有容纳百家的恢宏气度；二是在吸收异质商文化养分的同时，长江流域商人能够走出去，源源不断地向异域输出自己的商品、商规和商文化。长江流域的商业对外活动最早可以追溯到西汉丝绸之路兴起之时，长江流域的丝绸、茶叶、瓷器等通过中原输出到中亚、欧洲，通过扬州等城市走海上丝绸之路到东南亚、西亚和非洲。1861 年，清政府与英国签订《中英南京条约》，将上海开辟为通商口岸。第二次鸦片战争之后，开放口岸从沿海深入到长江中下游地区，1899 年城陵矶老港成为湖南最早的开埠港口。长江商文化的开放性在新中国成立后，尤其在改革开放之后达到历史高峰，1984 年，国家确定 14 个沿海开放城市，南通、上海、宁波、温州在列。目前，上海成为长江流域乃至中国开放的龙头，杭州、苏州、南京、武汉、重庆、温州、成都等城市经济和社会的外向度持续保持高位。

三是商业抗性。商业抗性是指从事商业活动的企业和个人对外界不良环境、不良商家、不良资源、不良政策的抵抗和避险能力。商业抗性是长江流域尤其是江浙一带商文化的重要特质。以浙商为例，其商业抗性的形成可以追溯到商周时期。浙商在与中原大一统政权中具有皇室背景的商人或官商的"市场竞争"中，不仅要巧妙地回避直接或间接的政治和军事干预，还要勇敢地、机巧地与官商进行商业"较量"，在此过程中，浙商逐渐形成舍得、和气、共赢、低调、敢闯、奉献的商文化之风。这种浙商文化包含了对政权的支持、对社会的洞彻、对人民的奉献、对商业本质的领悟和对竞争对手的尊重包容，大有"商业太极"之妙，使浙商可以灵活应对各种外部侵扰。隋朝京杭大运河开通后，浙商东拥大海、西联长江、北接运河，在得"水运""水商""水利"之便的同时，也面临着诸多水上风险，于是"抱团取暖"成为浙商群体抵御自然、社会、市场和政治军事风险的商业信仰，并最终凝练成团结互助、开放包容和商赢天下的商业理念，成为"敢为天下先、勇于闯天下、充满创新创业活力的浙商群体"①。浙商在面对外部各种挑战和风险时，始终能够保持强大的商业抗性，虽经千年风雨，仍然百折不挠，越挫越勇，在现当代依然表现出强大的韧性和活力。浙商如此，苏商、沪商也如此，经世致用、工商皆本和义利兼容的立商之本，使苏商、沪商和浙商成为长三角地区，乃至长江流域的杰出商人群体。

四是不均衡性。不均衡性是指特定区域中不同的发展板块或主体在商业发展中具有的非等速增长、非直线扩大的特性。由于长江流域各地区地理条件不同，资源的丰富程度和组合不同，产业结构和经营管理水平不同，长江上、中、下游商业活动的基础条件、发展水平、增长潜力、规模效益等均不同，商业发展不均衡，进而基于商业繁荣度而形成的商文化差异较大。整体上看，以青藏商文化、巴蜀商文化为代表的长江上游商文化，不及以荆湘商文化、徽商文化和赣商（江右商帮）文化为代表的长江中游商文化，长江中游商文化不及以江浙商文化和沪商文化为代表的长江下游商文化，这种长江商文化现象具有悠久的历史。大致在隋唐大运河开

①　《首届世界浙商大会在浙江杭州开幕 习近平致信祝贺》，中国政府网，https://www.gov.cn/ldhd/2011-10/25/content_1977926.htm。

通之后，江浙地区的商业发展优势就已显现。在南宋将政治中心迁移到杭州之后，苏浙沪等地的地理、资源、市场、交通条件，叠加朝廷倾斜的资源调配政策和逐渐形成的规模经济效应等，使长江下游地区集聚了更多的资金、人才、技术和项目，使苏浙沪等地投资环境变得更好，投入产出率更大，商业活跃度更高，商文化更加繁荣兴旺。而长江上游地区受限于相对封闭的地理空间、商业认知、战乱、交通闭塞等，经济增长潜力相对较小，商业活跃度相对较低。都江堰完工之后，巴蜀地区农业得到发展，并带动了商业发展，使巴蜀地区的商业渐入佳境，但相对于长江下游的苏浙沪地区，依然存在较大差距。长江中游的荆、湘地区商业发展程度大致介于长江上游的青藏地区和长江下游的苏浙沪地区之间，与长江上游的巴蜀地区和长江下游的皖、赣地区基本处于同一水平。从历史的角度看，长江下游皖地的徽商、赣地的江右商帮曾经显赫一时，其商业成就和商文化繁荣度高于荆湘和巴蜀地区。除了从空间分布的角度可以看出长江商文化存在不均衡性之外，还可从城市与乡村的角度看出长江商文化存在不均衡性，城市商文化的丰富性、充实性、品质性远大于乡村商文化。

二 长江商文化的基本内容与历史贡献

长江商文化是由长江流域从事商业经营活动的单位和个人创造的精神财富，是商人与商人之间、商人与社会之间、商人与政府之间、商人与自然之间按一定规律结成商业社会关系的产物，构成长江流域各民族商人交流、商业交往和商品交易的基本内涵，并在传承中不断创新，在创新中不断传承，不仅丰富了中华商文化，而且对中华民族历史进程做出了独特贡献。

（一）长江商文化的基本内容

1. 长江商文化之商脉

商脉是指商业发展的脉络，是商业活动从起始到当前所形成的时间和地理轨迹演变、商人和字号接替、制度和规则变革、商品和服务传承等的历史脉络。纵观长江商文化，第一感觉是规则如山，灵动如水，具有山的风姿与水的韵味，是大自然赋予长江沿岸山水滋养的显性表现，也是数千年来长江流域人文练达的深厚积淀。由于地理、环境、气候、动植物等不同，食物、石器、皮毛等人们生活必需物品的区域分布存在差异，为了生存和安全，不同区域的人们通过物物交换满足各自生存和安全需要就在所难免。这种物物交换与早期人类的发展相伴而生，构成人类最原始的商文化。从这个角度讲，长江商文化与长江文化一脉相承，源远流长。

就现代主要基于市场和交易而界定的商，以及由此形成的商文化而言，从时间维度来看，长江商文化的出现晚于长江文化的形成，前者大约出现在商周时期，后者最早可以追溯到约 200 万年前的龙骨坡遗址及"巫山人"化石、安徽繁昌"人字洞"石器等时期。数千年前，从直立人化石到智人化石，长江流域都有发现，序列清晰。长江中游的石家河文化和下游的良渚文化交相辉映。夏商周之际，逐渐形成巴蜀、荆楚和吴越三大文化圈，其中，夏朝中晚期商族首领王亥肇始商业之后，中原商业开始影响并逐渐融入长江流域人们的劳动生活之中。至秦汉时，丝绸之路、茶马古道等的开通，使长江流域、黄河流域和淮河流域商业融合发展进程加快，在取长补短中初步奠定了长江商文化的内核。经过魏晋、南北朝、隋、唐、宋的历史变迁，我国经济重心逐渐转移，文化资源持续向南方集聚，确立了长江商文化在整个中华文化版图中的重要地位。明清两代长江商文化臻于繁盛。步入近代，以上海为代表的长江商文化成为中华商文化的核心组成部分。从原始石器文化到现当代商文化，长江商脉清晰可见，记录了中华商文化的发展与繁荣，结出了灿烂的文明硕果。

从空间跨度看，长江流经 11 个省份，青藏地区的藏羌商文化、长江上游的巴蜀商文化、长江中游的楚湘商文化、长江下游的吴越商文化等，各具特色的区域商业文明交汇融合、互联互补，最终汇集为兼容并蓄、意蕴深厚的长江商文化，形成了一条独具特色的商文化聚集带。可以说，长江商文化是一个时空交织的多层次、多维度的文化复合体。

2. 长江商文化之商论

商论是指在商业实践中形成和累积的指导商业活动的思想、信仰、价值观、法律、制度、规则、伦理和约定成俗的习惯、风尚、意识等理论成果和非理论通用做法。长江流域商人在长期的实践中逐渐形成了尊商重商、诚信为本、义利并重、知恩图报、廉洁正直、注重社会责任、遵守市场规则的商业思想，影响着一代又一代长江流域经商者。

（1）商业伦理

明朝思想家王守仁强调商业伦理，"唯有信，可为财宝，无有信，则人将不图"[①]。要求商人们要诚信、义利并重和公平竞争。他提出："四民异业而同道"[②]，认为士、农、工、商虽然职业不同，但只要尽心尽力，遵循"道"，都可以成为有益于社会的人。王守仁强调商人通过"通货"来实现"尽心"，与士、农、工并无本质区别。商人虽终日做买卖，但只要能"调停心体无累"[③]，同样可以成为圣贤。这些观点打破了传统儒家对商人的偏见，对商人群体给予高度认同。

（2）尊商重商

王守仁认为"商人比之农夫固为逐末，然其终岁离家……以营什一之利，良亦可悯"[④]，要求官员和社会体谅商人艰辛。这与"无商不奸"的社会思潮相反，为江浙商业发展奠定了良好的理论和舆论基础。

（3）与人为善的商业价值观

明朝史学家王世贞说："夫以善治人者，责之以善，听之以善，且不可得而见也。"[⑤] 突出善行善念，以善行商，强调正直而廉洁，要求从商者树立正确的商业价值观，形成良好的以善为本的商业文化。

3. 长江商文化之商人

通观中华文明发展史，从巴山蜀水到江南水乡，长江流域人杰地灵，陶冶了历代文化精英，涌现出无数商业风流人物。长江流域以水为纽带，连接上下游、左右岸、干支流，使得各区域之间的商业交流、交易非常频繁，形成独具长江特色的商文化系统之商人文化子系统。

---

① （明）王守仁：《论商者》，《王阳明全集》，上海古籍出版社，2014。
② （明）王守仁：《节方庵公墓表》，《王阳明全集》，上海古籍出版社，2014。
③ （明）王守仁：《传习录》，《王阳明全集》，上海古籍出版社，2014。
④ （明）王守仁：《禁约榷商官吏》，《王阳明全集》，上海古籍出版社，2014。
⑤ （明）王世贞：《孟子解题》，载许建平、郑利华主编《弇山堂别集》，上海古籍出版社，2017。

（1）四川十六富商

1024 年 1 月 12 日，"诏从其请，始置益州交子务"①，官营交子正式诞生，而官营交子源自成都十六富商创办的私营交子。宋仁宗景德年间，成都十六家富商大户决定用一种名为交子的纸质票据代替笨重不易携带也不安全的铁钱。交子的发明极大地解放了富商大户的交易手段、降低了交易成本，商人活动范围也扩大了不少。北宋益州路转运使张若谷和益州知州薛田建议发行官营交子，依民营交子的尺幅和规制，盖上益州官印，朝廷依准。依靠地方官府和朝廷的财政储备和信用背书，交子成为流通货币，影响深远。

（2）张謇

张謇，江苏南通人，中国近代实业家、教育家、金融家、慈善家，"江苏五才子"之首，被习近平誉为"中国民营企业家的先贤和楷模"②。主张"实业救国""父教育，母实业"。一生创办了 20 多家企业，370 多所学校，为中国近代民族工业的兴起、教育事业的发展做出了宝贵贡献。毛泽东说："（中国）最早有民族轻工业，不要忘记南通的张謇。"③ 习近平称他为"爱国企业家的典范"④。

（3）巴寡妇清

巴寡妇清，今重庆长寿区人。战国时代大工商业主，中国乃至世界上最早的女企业家。丈夫死后，她守着家族企业，凭雄厚财力保卫一方，以利助义，用财自卫，国兴家昌。巴寡妇清展现了在商业活动中的高尚品德和社会责任感，得到秦始皇的赏识。秦始皇封其为贞妇，下令在其葬地筑"女怀清台"，以昭天下。

（4）范蠡

范蠡，河南淅川人。中国古代著名政治家、军事家、谋略家、经济学

① （宋）李焘撰《续资治通鉴长编》，中华书局，1985。
② 《习近平赞扬张謇：民营企业家的先贤和楷模》，中国政府网，https://www.gov.cn/xin-wen/2020-11/13/content_5561189.htm。
③ 转引自刘艳、杨岚《毛泽东为何说"讲到轻工业，不能忘记张謇"？答案在这四点上》，《人民政协报》2019 年 12 月 6 日。
④ 《习近平著作选读》第二卷，人民出版社，2023，第 321 页。

家，被史学界称为治国良臣、兵家奇才、经营之神、商家鼻祖，被中国民间恭奉为"文财神"，被后人尊称为"商圣"。曾献策帮助越王勾践复国，兴越灭吴，后三次弃官归隐经商，提出"逐十一之利"，薄利多销，贾法廉平，不盘剥百姓。主张道德经商、农商俱利、随时以行、积贮之理、重视人才，成为巨贾，且三散家财救济贫民，淡泊名利。

4. 长江商文化之商品

（1）丝绸

中国丝绸源远流长，杭州、苏州、南充、九江等地以出产优质丝绸闻名。各地丝绸各具特色，如杭州的杭罗、苏州的宋锦等，不仅传承传统工艺，还不断创新，推动丝绸产业繁荣发展。丝绸是中国的特产，更开启了世界历史上第一次东西方大规模的商贸交流，史称"丝绸之路"。从西汉起，中国的丝绸不断地大批运往国外，成为世界闻名的产品。那时从中国到西方去的道路，被欧洲人称为"丝绸之路"，中国也被称为"丝国"。

（2）瓷器

中国瓷器是瓷器故乡。瓷器起源于3000多年前。宋代时瓷业最为繁荣，汝窑、官窑、哥窑、钧窑和定窑并称为宋代五大名窑，被称为瓷都的江西景德镇在元代出产的青花瓷成为瓷器的代表。与青花瓷并称四大名瓷的还有青花玲珑瓷、粉彩瓷和颜色釉瓷。除此之外，长江流域的浙江越窑（秘色瓷）、江西昌南窑、龙泉官窑、江苏宜兴窑等都是生产瓷器的重镇。瓷器作为丝绸之路上重要的对外贸易商品，对长江商文化的繁荣具有重要意义。

（3）茶叶

茶叶源于中国，最早被作为祭品使用。从春秋后期就被人们作为菜食，在西汉中期发展为药用，西汉后期才发展为宫廷高级饮料，普及民间作为普通饮料是西晋以后的事。目前发现的最早人工种植茶叶的遗迹在浙江余姚的田螺山，距今已有6000多年的历史。目前中国六大茶系在长江流域均有分布，成为长江流域古今重要的贸易商品。

（4）其他

除丝绸、茶叶、瓷器外，长江流域在国内外输出最多的商品还包括盐、铜镜、漆器、铁器、货币、金器、银器等，输出的技术包括养蚕缫丝的技术、铸铁术、井渠法、造纸术、铁犁牛耕技术、水利工程技术等。

5. 长江商文化之商帮

（1）徽商

徽商起源于东晋时期，主要活跃在明清两代，其全盛期在明代后期至清代初期。徽商主要来自古代徽州府，包括歙县、休宁、婺源、祁门、黟县、绩溪六县。徽商的商业活动遍及国内外市场，对当时市场经济的发展和中国近代对外贸易的兴起起到了重要的促进作用。徽商的商业活动涵盖多个领域，包括盐业、茶业、木材业、典当业等，并且在突破明代海禁政策后，还扮演了明代海外贸易先行者的角色。徽商以诚信为本的商业道德和灵活多样的资本运作方式著称，其商业资本之巨、活动范围之广、经营能力之强、从业人数之多，在商界首屈一指。此外，徽商还以"贾而好儒"著称，强调商业与文化的结合，重视教育，体现了独特的亦贾亦儒的文化自觉。

（2）江右商帮

江右商帮即赣商，起源于唐代，兴起于宋元，定型繁荣于明清，衰弱于清中晚期。其活动地域和范围广布全国，称雄中华工商业900多年，是中国古代实力最强的商帮之一。江右商帮以其坚韧和极富开拓、开创的精神著称，对江西乃至全国的经济文化发展做出了巨大贡献。江右商帮通过漕运文化，将景德镇的瓷器、河口的纸张等远销四方，形成"无江西商人不成市"的盛况。江右商帮坚持诚信为本、以客为尊的商业文化，赢得了顾客的信任，为商帮的长远发展奠定了坚实的基础。江右商帮通过修建会馆和标志性建筑（如万寿宫）作为商帮的落脚点和联络点，进一步增强了商帮的凝聚力和影响力。

（3）甬商

甬商即宁波商人，其历史可以追溯到清乾嘉年间，兴起于清末至民国时期。鸦片战争后，上海开埠，宁波商人成为上海商业界的主导力量，不仅在贸易领域迅速崛起，还转向航运、金融、工业等新兴领域。甬商的文化和特点主要体现在他们的商业精神和道德操守上。宁波商人精明活络、善于经商，注重信用，强调信托责任。甬商还具有强烈的创新精神和开拓意识，敢于尝试新事物，不断推动商业的发展。甬商对近代中国的影响巨大。他们在上海、天津、武汉等城市的崛起中发挥了重要作用。抗战时期，甬商对香港经济的繁荣做出了重要贡献。改革开放后，宁波成为民营经济的热土，涌现出雅戈尔、方太、奥克斯等全球知名的企业。

（4）龙游商帮

龙游商帮以浙江衢州府龙游县得名，萌发于南宋，兴盛于明代中叶，以经营珠宝业、垦拓业、造纸业和印书业等行业著称。龙游商帮以其独特的经营方式和精神文化，在明清时期的商界中占据重要地位，被誉为"遍地龙游"。龙游商帮文化素养较高，埋头苦干、不露声色，尤擅长珠宝古董业、印书刻书贩书业和海外贸易。具有开拓进取、不怕苦、诚信为本、开放包容、创新等优良品质，具有无远弗届的精神意志、互帮互助的团队精神、诚信务实的经商理念等，以儒家道德观念规范商业行为，注重产品质量和信誉，赢得了良好的市场声誉。较早形成了产业资本意识，将商业资本转化为产业资本，极大地提高了生产力。

（5）洞庭商帮

洞庭商帮的历史可以追溯到明代，被称为"钻天洞庭"，意思是他们善于抓住各种商机，无物不营，无地不去。主要活跃在江苏省太湖地区的洞庭东山和洞庭西山，他们善于理财和把握时机，能够与时俱进，不断更新经营理念和手段。洞庭商人没有与徽商、晋商在盐业和典当经营上争夺市场，而是扬长避短，稳中求胜，利用太湖得天独厚的经商条件贩运起米粮和丝绸布匹，并开辟买办店、银行、钱庄等金融实体。洞庭商帮的成员以洞庭东山和洞庭西山的居民为主，这些商人善于利用当地的自然资源和社会资源进行商业活动，他们的成功不仅在于对商业机会的敏锐把握，还在于他们不断创新和适应变化的能力。

（6）川商

川商的历史可以追溯到三星堆文化时期。三星堆文化距今 4800 年～3100 年（公元前 2800 年～公元前 1100 年），与商朝（建立于约公元前1600 年）至少有 500 年的重叠时期，而与商族首领王亥发明商业的重叠时期有 600 年以上。三星堆遗址中挖掘出的玉器、陶器、青铜器和海贝等与中原地区同时期的同类物品具有高度相似性，尤其是来自印度洋深海的环纹货贝，常见于同时期的商代墓葬中，表明古蜀与古印度和古代中原地区之间存在贸易往来。说明三星堆文化时期川商已经形成。春秋时期，蜀人修筑了川陕栈道、三峡水道等多条通向川外的蜀道，并与秦国开展密切的贸易往来，揭开了川商出川的序幕。秦汉时期，川商开始多批次地走出四川，与中原地区、江汉平原、西南民族地区开展广泛的商业交流与融合。隋唐时期，部分川商更是将业务核心迁移至川外地区。

川商的内质是"和"。"和"代表包容、接受和认可，包括对外来文化的兼容并蓄。追求勠力同心，和合共荣，实业报国，以汇聚川商群体力量。川商的发展初期，勤劳能干的川商凭借当地农业发达等条件，面对"蜀道难，难于上青天"的重重艰险，开辟了千里栈道、茶马古道和南方丝绸之路，发明了全球第一张纸币"交子"，创建了中国最繁华的盐都，造就了百业汇聚、万商云集的天府之国。

（二）长江商文化的历史贡献

发明交子，推动了金融创新和技术进步。北宋四川十六富商发明了交子，其历史意义在于它是中国最早的纸币，也是世界上最早的纸币，对中国的金融历史和货币史产生了深远的影响。交子的出现促进了金融创新和技术进步，开启了纸币作为信用货币的伟大实验，对货币政策和币值稳定有重要借鉴意义，同时交子的印刷需要复杂的图案和技术，推动了印刷技术的进步。

开辟茶马古道，促进了经济交流和民族团结。茶马古道是古代中国西南和西北地区的主要商贸通道，以茶叶和马匹为主要交易物品，以马匹为主要运输工具，连接川、滇、藏等地的茶叶产区与西藏、西北和西南地区的市场，成为当时中国与周边国家进行物资交流的重要通道。促进了各民族之间的经济、文化和情感交流，加强了民族团结。

开挖隋唐大运河，沟通中华南北经济和文化联系。大运河以洛阳为中心，北至涿郡（今北京），南至余杭（今杭州）。后通过浙东运河延伸至会稽（今绍兴）、宁波，是中国古代劳动人民创造的一项伟大的水利建筑工程。大运河使中华大地南北贯通，沟通五大水系，纵贯中国最富饶的华北平原和东南沿海地区，地跨北京、天津、河北、山东、河南、安徽、江苏、浙江 8 省市，在中国隋朝及以后朝代为沟通南北经济、文化联系做出了巨大贡献。

拓展海上丝绸之路，推动港口城市发展和中外交流。海上丝绸之路萌芽于商周，发展于春秋战国，形成于秦汉，兴于唐宋，转变于明清，是中国迄今已知最为古老的海上航线。海上丝绸之路通常分为东西两条，其中西向航线又称为"南海丝路"，从中国东南沿海多城市出发，其中长江下游的宁波为三大主港之一。南海丝路的支线港口有长江流域的南京、杭州、扬州、丽水等城市，经南海、印度洋至西亚、非洲。商品种类多元化，包括丝绸、瓷器、香料、茶叶等。自汉代以来，海上丝绸之路逐步占据中国对外贸易的主导地位，带动了沿线港口城市的发展。在官方主导、民间参与下，中外产品、技术、文化等通过海上丝绸之路，不断融入双方的社会经济文化之中，给世界带来了深远影响。

开辟南方陆上丝绸之路，促进中外贸易，助力抗日战争。即"蜀身毒道"，因穿行于横断山区，又称高山峡谷丝路。大约公元前 4 世纪，中原群雄割据，蜀地（今川西平原）与身毒（今印度）间开辟了一条丝绸之路，延续两个多世纪尚未被中原人所知，所以有人称它为秘密丝绸之路。直至张骞出使西域，在大夏发现蜀布、邛竹杖是由身毒转贩而来，他向汉武帝报告后，公元前 122 年汉武帝派张骞打通"蜀身毒道"。南方丝绸之路由 3 条道组成，即灵关道、五尺道和永昌道，从成都出发分东、西两支，经掸国（今缅甸）至身毒。该路延续 2000 多年，特别是抗日战争期间，大后方出海通道被切断，沿丝绸之路西南道开辟的滇缅公路、中印公路运输空前繁忙，成为支援后方的生命线。

三　长江商文化的现实意义

长江商文化崇尚诚信包容、团结互助、实业报国和商赢天下等，所蕴含的价值观、道德观、商业规范与社会主义核心价值观一脉相承，有利于提高全社会的商业素养，有利于引导企业家恪守社会责任，有利于促进企业可持续发展，对于构建和谐社会，实现中国式现代化具有现实意义。长江商文化在长期的商业实践中形成，浓缩了中华民族诸多商业文明和精神，如甬商的诚信、务实、开放、创新精神；江右商帮的群策群力、不避艰险、渗透力强、"草根"创业精神；龙游商帮的开拓进取、不畏艰辛、不恋家土、敬业爱业精神；洞庭商帮的乘势取巧、顺势而行精神等。长江商文化根源于博大精深的长江文化，根深叶茂、传承有序。从人工驯化水稻创造的稻作商文化、早期玉器工艺创造的珠宝商文化、都江堰等大型水利设施创造的水商文化，到享誉中外的丝绸之路商文化、运河商文化、瓷器商文化、丝绸商文化等，对中国乃至世界文明的发展都产生了深远影响，至今仍具有现实意义。

1. 水商文化的现实意义

水商文化是指为实现以水兴农、富商、强国之目的，通过引水、蓄水、泄水、防水等治水和水上运输、养殖、灌溉等用水技术和手段，在实现水资源效益最大化过程中缔造的商文化之和。长江商文化的轴心是水，其繁荣和衰败均与水密切相关。长江水商文化包括以都江堰为代表的水利枢纽工程项目、以隋唐大运河为代表的南北水运大通道项目，以及海上丝绸之路等。以都江堰为例，战国时蜀守李冰"凿离碓，辟沫水之害，穿二江成都之中。此渠皆可行舟，有余则用溉浸，百姓飨其利"[1]，有效地消除了水患，保障了农田灌溉，造就"天府之国"。都江堰为长江三峡、黄河小浪底等枢纽工程提供了历史范例。隋唐大运河则在南水北调中线工程中找到了时代印证。海上丝绸之路不仅得到了承继，而且进行了扩展扩围，成为新的开放标志。

2. 工商文化的现实意义

工商文化是指为实现以工促商、以工兴农、以工助银、以工强国之目的，通过政策、资本、技术和人才等要素对实体工业的支持，在实现工业效益最大化过程中创造的商文化之和。长江商文化的支点是实业。以实体工业为主导带动商贸、金融、财政、就业等不同领域发展，实现实业报国

---

① （汉）司马迁撰《史记·河渠书》，中华书局，1959。

是长江流域古今商人的共同使命。长江工商文化以上海、武汉、苏州、南京等为代表，其中，上海和武汉地位最为显要。1933年由中国经济学社和中国统计学社合办的中国经济统计研究所，在刘大钧主持下完成《中国工业调查报告》①。该报告提供了17省4市共146个县市的内资工业数据，其中，长江下游的上海市工厂有5515家，工业产值8亿多元，出现荣氏企业集团、刘鸿生企业集团、简氏南洋兄弟烟草公司、郭氏永安集团、孙氏通孚丰集团、莫氏久成缫丝集团；长江中游的武汉市在1899年张之洞出任湖广总督后，开办汉阳铁厂、大冶铁矿厂、汉阳兵工厂，创建布、纱、丝、麻四局，兴建武昌白沙洲造纸厂，到清末，武汉市有民族工业140多家，冶炼、造纸等工业居全国之首，纺织工业位居全国第二，成为仅次于上海的中国第二大近代工业中心。

长江工商文化不仅呈现机声隆隆、百业繁昌的现代文明之象，而且汇聚成"实业救国"的思想潮流，孕育了改革开放之后长江流域企业家群体勇立潮头、善于变革、崇尚实务、兼顾义利的时代风尚。

3. 农商文化的现实意义

农商文化是指为实现以农安民、以农固本、以农促商、以农强国之目的，通过改进农业生产技术、提高农民素质、改善水土条件等，在实现农业效益最大化过程中创造的商文化之和。长江商文化的基点是农，起点也是农。长江农商文化最早的表现是稻作文明。距今约5000年的湖北天门石家河文化中稻作农业已经占主要地位，长江下游的河姆渡、良渚、马家浜等文化遗址也都形成了以稻作为主的农业社会。成都平原和太湖平原是长江农商文化的典型代表。成都平原在商代就开始从事早期的农业耕作，战国时期蜀王开明在成都平原修筑水利设施，都江堰的修筑为成都农业的进一步发展奠定了基础。长江农商文化不仅为中华民族的繁衍生息提供了物质基础，开启了东亚最早的农商文明化进程，支撑了东亚文化圈的内部大循环，而且持续稳定地推进中华农耕文明形态达到人类社会的极高水准，成为新时代以袁隆平为代表的杂交水稻新稻作文化等农业革命的历史基

---

① 刘大钧：《中国工业调查报告》，中国经济统计研究所，1937。

因，推动当代中国乡村振兴和以农强国的进程。

4. 外商文化的现实意义

外商文化是指为实现以对外贸易促进工业品、农产品、矿产品等发展，通过建立港口、海洋运输、优化海关、税收和金融政策等措施，在实现对外经贸合作效益最大化过程中创造的商文化之和。外向型经济是长江商文化的亮点。长江外商文化的城市典范有上海、武汉、扬州、南京、成都、杭州、重庆等，商品主要是茶叶、丝绸、瓷器、金器、银器等，渠道主要有陆上丝绸之路、万里茶道、海上丝绸之路等。以湖北赤壁市羊楼洞茶马古道为例，始于宋，繁荣于明清。极盛时有茶庄 200 多家，商旅店铺 100 多家，"洞茶"远销边疆、俄罗斯和欧洲国家，形成了万里茶道，促进了中亚和欧洲的茶叶消费和文化交流。再如扬州，对外开放可以追溯到唐代，当时扬州享有"商贾如织""富甲天下"的美誉，成为海上丝绸之路的著名港口、对外开放的重要窗口。公元前 486 年，吴王夫差开挖古邗沟，沟通江淮，既是扬州作为运河原点城市的开始，也是扬州对外贸易兴盛的基础，此后扬州几度繁荣，经济地位一度超过当时的长安、洛阳二都，有"天下之盛扬为首"之说。长江外商文化成就了长江流域众多城市的历史性繁荣，至今以上海浦东新区为代表的中国开放高地仍在分享着对外开放带来的发展红利。

总览中华民族数千年的商文化发展历程，不乏"（长）江（黄）河互济"特征，从商品文化讲，南稻北粟、南丝北皮、南釜（煮饭用的餐具）北鬲（煮饭用的餐具）；从商文化人物讲，北吕（吕不韦）南范（范蠡）、北乔（乔致庸）南沈（沈万三）；从商文化发明讲，北车南舟、北铸币南交子。长江商文化与黄河商文化、珠江商文化等共同谱写了中华商文化交响曲，成就了生生不息的、博大精深的中华商业文明。

"商帮圆"视域下黄河与长江流域
商文化比较

任维哲　姚龙辰[*]

摘　要：本文构建了商文化"369"结构图。发现中国商文化存在以下特性：中国商文化演变有四个周期，即确立期、成长期、成熟期、觉醒期，且每个周期约为 680 年；商帮的诞生地分布在圆（"商帮圆"）周上及其附近；黄河与长江流域营商理念存在差异。基于此，期望各流域通过思想交流、诚信经营、发展创新，共筑跨地域文化沟通桥梁，为实现中国式现代化贡献商文化力量。

关键词：商文化结构　商文化周期　商帮空间分布　商文化比较

一　中国商文化的内涵与结构

广义商文化是复杂的文化集丛，包括商务文化、商人文化、商业文化、商政文化等。商业文化是商品流通领域中所表现出来的具有商业特性的文化现象的总和。胡平将商业文化分为商品文化、营销文化、商业伦理文化、商业环境文化、商业精神、新商人文化六个方面。[①] 叶显恩认为传

---

[*]　任维哲，西安财经大学发展规划处处长，研究方向为秦商文化；姚龙辰，西安财经大学硕士研究生，研究方向为数字金融。

[①]　胡平：《论商业文化》，中国商业出版社，1991。

统社会的商业文化是随着商品交换的产生而出现的,在商业实践中,由长期养成的贾道、商业伦理,以及从业人员的品德、经营理念、业务技能等所铸成的商业道德和行为取向。① 商帮文化是指中国明清时期形成的,以地域为中心,以血缘、乡谊为纽带,以共同的文化根源和心志为精神核心,以共同方言为沟通手段,以会馆、商会、总商会等为异域联络中心,由商家、企业家等自愿组成的联合性、服务性、非营利性的商业群体和社会组织所形成的独特文化现象。商人文化是指经商之人在进行商业活动时所展现的心理积淀与处事特征,包括价值取向、行为准则和思维方式等,它是商业文化的主体体现和核心内容,反映了商人在商业活动中的行为模式和价值追求。企业家文化是企业家在企业经营管理中所展现和遵循的一系列理念、价值观、行为准则和领导风格的综合体现。

商文化、商业文化、商帮文化、商人文化和企业家文化之间相互联系、相互影响,共同构成了商业领域的文化生态。商文化是商业文化的核心和灵魂,商帮文化是商人文化在地域和行业层面的具体体现,企业家文化是商人文化的重要组成部分和推动力量,商业文化为商文化、商帮文化、商人文化和企业家文化提供了丰富的文化土壤和灵感来源。这些文化形态在商业领域中相互交织、相互渗透,共同推动着商业文明的进步和发展。

笔者认为商文化是指在商业活动过程中创造和体现的物质文化、精神文化和制度文化的总和;本文通过对中国商文化的深入研究,构建了商文化的"369"结构图(见图1)。"369"结构中的"3"是指商文化的三个层面,即物质文化、精神文化和制度文化;"6"是指组成三层文化的要素之间的六个连接,即创新—营销—环境(物质文化两个连接)、精神—伦理(精神文化一个连接)、组织—治理—制度—资源(制度文化三个连接);"9"是指构成商文化结构的九个要素。

创新是商文化的核心要素,它推动商业活动的不断发展和进步;营销是商文化的关键环节,有效的营销策略能够提升品牌知名度,推动企业持

---

① 叶显恩:《论徽商文化》,《江淮论坛》2016 年第 1 期。

续发展；环境是指影响和制约企业经营活动的各种渗透因素。

商业精神是商业的灵魂，是企业在长期经营过程中形成的独特气质和信念；伦理是指在商业活动中各种利益关系的伦理道德标准与规范体系的总和。

组织是在内部管理和外部交往中形成的独特组织结构和行为方式；治理是指遵循的理念、规范、价值判断、行为模式等的总和；制度是为规范内部管理和外部交往而制定的一系列规章制度和行为准则；资源是企业运营所需的各种有形和无形的资源。

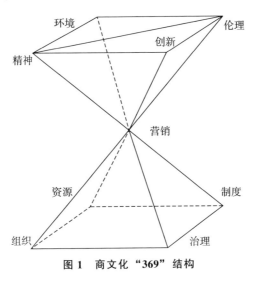

图 1 商文化"369"结构

二 中国商文化的演变周期

通过对中国商文化演变的深入研究，笔者发现 11 个演变长波（52.8 年）为"隋波"（581 年），"隋波"及其前的"过渡期"（97±2 年）约 680 年，组成商文化演变的一个周期。图 2 中，正方形的四个边对应着从公元前 771 年至 1949 年中国商文化演变的四大周期：确立期、成长期、成熟期、觉醒期。

比如，在中国商文化成熟期（590—1270 年）这一周期，590 年至 690 年武周建立共 100 年为过渡期，690 年至 1270 年为 580 年的"隋波"，两者共计 680 年。

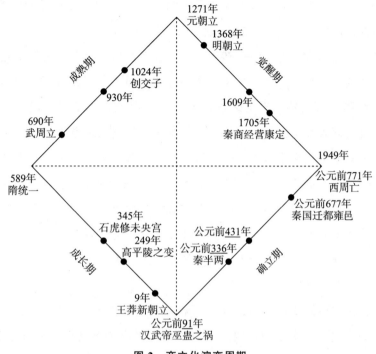

图 2　商文化演变周期

确立期（公元前 771 年—公元前 92 年）：凯恩斯在《货币论》中说："如果以货币为主线，重新撰写经济史，那将是相当激动人心的。"① 货币变革多是自下而上的，呈现多元化、地域化特征，是商文化史难得的观察点。古代货币的铸造方式、货币制度和货币文化自成一派，只有理解古代货币文化，才能理解古代中国。最早的铸币产生于春秋时期。从公元前770 年秦襄公护送周平王至洛阳因功封侯享国，到第十八代的秦惠文王，秦国于公元前 325 年才称王，以前均为公；至秦始皇，历经二十二代，一统华夏。农耕地区的晋（韩、赵、魏）等地产生了由农具铲演变的铲形货币，即布币；渔猎地区的燕、齐等地产生了由刀具演变的刀币；列国货币演变为更易流通的圜钱，据说它的形状由纺轮演化而来；楚国的蚁鼻钱、金版、钱牌等别具一格；布币、刀币、圜钱、楚币合称战国四大货币体

---

① 〔英〕凯恩斯：《货币论》，罗淑玲、曾怡译，重庆出版社，2021。

系。半两钱在公元前336年即已铸行,公元前221年后秦半两的出现标志着中国货币大一统,为后世王朝钱币定制奠定了基础。公元前118年铸造的五铢钱,使用了739年,是古代使用最长的铸币。

成长期（公元前91年—589年）：巫蛊之祸后,汉武帝的统治理念发生急剧转变,回到了与民休息及发展经济的轨道上。汉武帝任用桑弘羊进行经济改革,行均输、平准之法,统一币值尽笼天下之货。然而官商盛行,侵害了商人和地主的利益。汉昭帝始元六年（公元前81年）,朝廷召集地方举荐的贤良文学与以桑弘羊为代表的公卿大夫进行辩论,即"盐铁会议"。"盐铁会议"取得的成果是部分废除盐铁专卖制度；加强对富商大贾的监管,打击官商勾结；提出"与民休息"的理念。"盐铁会议"后形成的经济政策和文化观念对中国古代商业文化产生了深远影响,其中官商一体趋势、商业中的道德伦理规范等都在一定程度上塑造了后世中国商业发展的基本格局和文化特征。

王莽在位期间变革汉制,打击商业发展。对工商业曾实行五均六筦,对商贾经商进行更多限制；四度改革币制,制定了极其复杂的货币制度,通过以铜换金、以小换大、以轻换重的手法搜刮民财,使"百姓愦乱,其货不行""农商失业,食货俱废"[①],对国家的经济发展造成了极大的损害。249年高平陵事变,司马氏开始掌握实权,魏国内部斗争开始平息,在一定程度上为商业活动提供了更为稳定的政治环境,政治稳定是商业发展的基础。六朝时期"草市"开始出现,大约持续到隋朝统一,唐宋时发展为专门的商业中心。草市是乡村与城市之间的商品交换场所,草市的繁荣形成了以乡土气息和亲民性为特点的独特商业氛围,促进了商业交流与信息传播、丰富了商文化的内涵以及推动了商文化的创新与发展,在多个方面对商文化的发展演变产生了深远影响。

在战乱频发、政治动荡及复杂多变的市场环境中,在政治、经济等多方面的外在压力下,商人群体不断求生存、谋发展,磨炼了他们坚韧不拔的生存意志、灵活多变的经营策略、诚信为本的商业道德、合作共赢的团

---

① （汉）班固撰《汉书·王莽传》,中华书局,2007。

队意识和创新进取的开拓精神,为中国商文化的发展积累了宝贵的精神财富。

成熟期（590 年—1270 年）：继秦汉之后隋朝再次实现全国统一,均田地、改赋役、开运河,为商业经济的繁荣打下了坚实的基础。唐承袭西汉五铢钱的规制,铸造开元通宝。为方便长途贩运,名为"飞钱"的票据于 807 年应运而生。在商人的助推下,1024 年宋朝在"飞钱"的基础上发行了中国最早的纸币"交子",中国纸币制度得以正式确立,古代货币进入了符号化、规范化的阶段。中国商人以独特的商业智慧极大地促进了商品流通和商业活动的繁荣。

唐朝时期活跃于商业领域的商人群体,善于跨国经营与多元文化交融、具有创新驱动与灵活应变的精神、注重诚信经营与品牌建设,形成了独特的商业经营方式和风格,闯下了"国都商人"的显赫名声,提高了商人的社会地位,推动了唐朝的繁荣,也对中国乃至世界的经济发展和文化交流产生了重要影响。他们的商业智慧和创新精神为后世商人树立了榜样。

觉醒期（1271 年—1949 年）：明承元制,成立之初即行纸钞。大明宝钞如同元朝的金钞、元钞一样,迅速走向衰落。由于中西方金银之间的巨大利差,世界白银涌入中国,明朝变为白银帝国。从 1408 年起,明朝开始铸造永乐通宝,其在明朝对外贸易中使用广泛,具有较高的国际影响力,是对外经济交流的重要见证。近代随着西方钱币文化的传入和国内经济发展的需要,清朝于光绪年间开铸清代银圆,反映了社会变革和经济发展,具有丰富的历史背景和文化内涵。

明清时期中国商业活动达到了巅峰,涌现出一大批商业团体,其中最出名的被称为"中国十大商帮"。商帮在商业实践中将经商行贾与重视文化相结合,系统性地提出了"贾道""贾德"等理念,形成了"儒""商"并重的独特商业文化,不仅体现了商人群体对商业伦理与道德规范的重视,也展现了其对中华文化精髓的深刻理解与传承。此外,"郑和下西洋""隆庆开关""蹚古道""广东十三行""一口通商"等重大事件,使中国商人在商业活动中不断吸收东西方文化的精髓,与中华文化相辅相成,共同构成了商业文化的多元性与包容性。不仅彰显了中国商人的商业智慧与文化自觉，升华了中国商文化的意蕴内涵，也为后世留下了宝贵的文化遗产与精神财富。

三 "商帮圆"中国商（商帮）文化的空间分布

在中国地图上，将北京与广州、西安与上海分别连线，两线的交点（点 U）为安徽省阜阳市临泉县。过秦岭顶峰太白山（点 O）与点 U 作直线 OU，其为南北分界线；过点 U 作与水平线夹 60 度角的 FU 线，其为水陆运输分界线，FU 线西部以陆运为主，FU 线东部以水运为主；点 U 为南北分界线与水陆运输分界线的交点。过点 O 作 FU 的平行线 OD，其为中国东西分界线。AF 为国家安全线。

以点 U 为圆心、点 U 到西安的距离为半径画圆，我国古代六大商帮（秦商、晋商、鲁商、苏商、徽商、赣商）所在地都处于圆周上及附近，故将其命名为"商帮圆"。

中国商（商帮）文化的空间分布有如下规律。

其一，六大商帮都位于国家安全线和东西分界线的东边。

其二，在"商帮圆"中，南北分界线以上部分的商帮包含秦商、晋商、鲁商，均位于黄河流域；以下部分的商帮包含苏商、徽商、赣商，均位于长江流域（徽商尽管发源于新安江流域，但考虑到如今安徽省大部分地区位于长江流域，故将其暂且归入长江流域）。

其三，都深受地理环境影响，有得天独厚的优势。秦商所处的关中地区，连接中原与西域，有着丰富的地理优势；晋商所在地区是中原与北方游牧民族的交界地带，是连接东西、南北的重要交通枢纽；鲁商所在地区位于中国东部沿海，是连接内陆与海洋的重要节点，且处于儒家文化发源地；苏商以太湖流域为中心，周围水系发达，交通极为便捷；徽商所在的徽州地处江南，连接东西，南北通途，自然资源丰富；赣商地处长江中游的鄱阳湖平原，拥有长达 1000 多公里的黄金水上贸易通道，是明清时期国内贸易循环的重要枢纽。

四　黄河与长江流域商（商帮）文化比较

（一）黄河流域三大商帮文化阐述

秦商，被认为是中国最早出现的商帮之一。从西周到秦汉时期，秦商开始崭露头角，并在隋唐时期达到鼎盛。明清时期，秦商更是形成了名震全国的商业资本集团。同时秦商在古丝绸之路上也扮演了重要角色，与中外商人共同开辟了通往世界的商业大道。他们不仅促进了东西方的经济文化交流，还推动了民族间的融合和边疆的稳定与开发。

秦商以诚信经营著称，注重商品质量。他们的商业活动遍及长江以南、宁夏、甘肃、新疆、河南等地区，甚至走向国外。秦商不仅在商业上取得了巨大成就，还在文化上留下了深刻印记。"厚德重道、勇毅精进、融创实干、义利报国"已成为激励当代秦商的内在动力。秦商文化是中华优秀传统文化的重要组成部分。它以其独特的历史背景、深厚的文化底蕴和强大的影响力，成为连接过去与未来的桥梁，激励着代代秦商不断前行。

在明清时期晋商成为中国十大商帮之首，称雄商界达500年之久。晋商以敢为人先的商业胆识和创业精神著称，建立了自由灵动的经济模式，形成了自身卓越不群的文化特色。他们注重诚信经营，强调人伦关系。晋商在经营中注重理财理念与技术的创新，如记账核算、信用贷货等，形成了独特的理财理念和管理方法。晋商重视教育，认为商业是立家富国的正业，通过家庭教育和私塾培养商业人才。晋商文化以其独特的历史渊源、商业精神、经营理念和社会影响，带动了平遥古城、乔家大院等文化遗产的形成，并且对后世产生了深远的影响，成为中国商业史和商业文化的重要组成部分。

鲁商以诚信经商著称，注重商品质量，忠厚做人。受儒家思想影响，他们认为教育是培养人才、提升家族和团队整体素质的重要途径。在关东地区的经商过程中，鲁商切身实践着儒家积极入世的思想，以仁义道德为安身立命之本，会通儒术与贾事，讲诚信，重义气，讲礼仪，求和谐，积极投身公益事业，舍小利谋大利，创造良好的经商环境，体现了鲁商特有的经营方式和经营文化。在鲁商进行商业活动过程中产生的鲁商文化包括以商为德、诚信为本、谋利有度、竞争有义、以仁待客和宽厚圆融。其中鲁商文化的"德"体现在商业交往中的礼仪和尊重上；"信"体现了在商业经营上货真价实和顾客至上的服务品质；"义"体现在商业伦理和对社会的贡献上；"仁"体现在对员工的关怀和社会责任感上。

（二）长江流域三大商帮文化阐述

洞庭商帮起源于苏州的洞庭东山、西山地区，地理位置优越，紧邻太湖，水系发达，为商贸活动提供了便利条件。洞庭商帮的历史可以追溯到春秋战国时期，以陶朱公范蠡为代表的商业精神在此地生根发芽。明清时期，随着江南地区的经济繁荣，洞庭商帮逐渐发展壮大，成为苏商的主体。苏商以稳健务实著称，他们善于处理政商关系，能够在复杂的社会环境中寻找商机，创造商机。无论是在本地还是外地，苏商都能够凭借其精明能干和广泛的人脉网络，取得显著的商业成就。苏商的文化精神深受儒家思想的影响，崇尚"实业富国、产业报国"的理念。他们注重教育和文化传承，许多商人同时也是学者和文人。在经商过程中，苏商坚持诚信为本，讲究商业道德，这种文化精神一直延续至今。苏商的活动地域广泛，不仅在江南地区有着深远的影响，还通过各种商业活动将影响力扩展到全国乃至海外。他们在继承传统的同时不断创新，将苏商文化推向新高度，商业实践和创新精神为中国近代工商业的发展奠定了坚实的基础。

徽商的历史可追溯至东晋时期，兴盛于明清两代，衰落于清末。徽州地区山多地少，农业条件有限，迫使当地人走出大山，从事商业活动，逐渐形成了庞大的商帮集团。而徽商文化，作为中国古代商业文化的重要组成部分，起源于徽州，是徽州商人在长期商业实践中形成的独特文化现象。徽商文化以"诚、信、勤、义、仁、和"等为核心价值观；徽商不屈不挠地艰苦创业，孜孜不倦地求知上进，同甘共苦地群体发展，并游走四方，诚信服务。徽商善于把握商机，权衡大道，在商海竞争中技高一筹。徽商重视文化建设，捐资兴学，刻书藏书，培养子弟读书入仕，谋求政治地位的提高。

徽商"贾而好儒",在经商的同时,也注重对儒家文化的学习。他们善于将儒家思想融入商业活动中,以儒家的诚、信、义等道德观念为商业行为的准则。这种儒商精神不仅提升了徽商的商业信誉,也促进了商业资本的发展。徽商在明清时期对中国社会经济和文化发展产生了深远影响。他们开拓了全国市场,促进了商品经济的发展,促进了城乡繁荣,尤其在长三角地区徽商是当地经济兴起的重要力量。

赣商,又称江右商帮,历史悠久,成就辉煌,称雄商界900多年。赣商文化以"厚德实干、义利天下"为核心精神,展现了赣商在商业活动中的道德追求和社会责任感。赣商文化注重商业道德和诚信经营,强调厚德载物、诚信为本的理念。赣商在商业活动中始终坚持公平、公正、公开的原则,注重商业伦理和社会责任,以诚信赢得市场,以信誉铸就品牌。他们不仅追求利益,更注重长远发展和企业价值提升,体现了赣商的高尚情操和远大抱负。

赣商文化还体现了赣商勇于创新、敢于拼搏的精神风貌。他们不仅在国内市场占据重要地位,还积极拓展海外市场,为古代中国的商业发展做出了重要贡献。赣商文化的形成和发展,得益于江西丰饶的物产和深厚的文化底蕴。江西地处江南腹地,物产丰富,粮食、药材、瓷器等商品畅销全国乃至海外。江西还拥有悠久的历史和灿烂的文化,为赣商的形成和发展提供了丰富的精神养分。

(三) 黄河流域商帮与长江流域商帮文化比较

黄河流域商帮(秦商、晋商、鲁商)与长江流域商帮(苏商、徽商、赣商)在长久的发展中形成了其独特的文化特征(见表1)。

黄河流域商帮与长江流域商帮的共同点包括三个方面:其一,他们都深受儒家思想影响,强调诚信、忠义、仁爱等道德观念,并将这些价值观深刻融入商业活动中,无论是"以义制利",还是"义利合一",都体现了商帮在追求利益的同时,不忘道德底线,注重商业伦理的共同文化底色;其二,都有着实干兴业、坚韧不屈的商业精神,支撑其流域内商帮文化的传承赓续；其三，都强调了商帮群体的社会责任，发挥商业对流域经济社会发展的带动促进作用，在不同的历史阶段内为国家谋进步、为民生求福利。

表 1 六大商帮文化对比

文化结构		秦商	晋商	鲁商	苏商	徽商	赣商
伦理文化		以义制利	忠义	以义为先	以义取利	财自道生	积极活跃
		循义经商		吃苦务实	义利合一	利缘义取	不避艰险
创新文化	产品创新	茯茶	山西老陈醋	德祥东面粉	苏绣	张小泉剪刀	连史纸
				郑发菜刀	苏式家具	王致和调味品	婺源绿茶
	思想创新	贾道	以义为先	任贤重能	审时度势	经儒治商	贾德
			利他利己		合作竞争		
营销文化		异地销售	全产业链	分门别类	品牌捆绑	长途贩运	土特产
		树立品牌	销售	足尺加一	联合促销	季节性销售	大市场
			因地制宜				
环境文化	商品包装	茶砖	"醋"字坛	花布	西式包装纸	茶饼	灯芯糕
	店铺布置	前店后坊	前辅后户	前柜	底层铺面	布号染坊混合	重楼店面
				二柜楼上	上层为家		
	会馆风格	平面组合	院套院	青砖瓦房	层楼叠院	体现农耕	古朴典雅
		总体方正	门连门	高墙红柱	粉墙黛瓦	气势恢宏	明堂开阔
		中轴明晰	错落有致		错落有致	东韵西风	雄伟壮丽
		严格对称	布局合理				
商业精神		神往神来	诚实守信	以商为德	厚德	敢为人先	厚德实干
		能伸能屈	开拓进取	诚信为本	崇文	诚信守法	义利天下
		争长争短	和衷共济	谋利有度	实业	贾而好儒	
		觉人觉世	务实经营	竞争有义	创新		
		美轮美奂	经世济民	以仁待客			
				宽厚圆融			
制度文化		盐钞法	股俸制	商业经营	集体	宗族化治理	母子法
		万金账	龙门账	代理制	所有制		经营术
		东西制	财务稽核制				

黄河流域商帮与长江流域商帮的差异点体现在以下四个方面：其一，黄河流域商帮侧重道德伦理与商业道德的融合，强调诚信与义利合一的商

业精神；长江流域商帮则更注重实效与效率，展现出务实与创新的双重特质。其二，黄河流域商帮主要从事大宗商品与农副产品贸易（茶马、布匹），商业足迹遍布全国（天下会馆数山陕），注重品牌建设，如闻名全国的山西老陈醋；长江流域商帮主要从事地方特色产品、手工艺品等贸易，依托地利，经营范围主要集中在长江流域。其三，黄河流域商帮受文化融合影响，商业活动讲究因地制宜，顺应当地环境；长江流域商帮受理学、心学等影响，更具创新与冒险的精神，具备"敢为天下先"的首创意识，不拘于小节。其四，黄河流域商帮组织严密，注重商业规范和制度文化建设，如创造出东西制、股俸制、经营代理制等更符合现代思维的商业制度；长江流域商帮主要依靠家族式管理，讲究血缘和地缘关系。

五 结语

习近平总书记指出，"创新是引领世界发展的重要动力"①"市场活力来自于人，特别是来自于企业家，来自于企业家精神"②。许倬云在《从历史看组织》中将中国历史中的文化现象与现代企业管理相比较，强调企业文化和道德建设在企业管理中的重要性，认为企业的成功不仅取决于经济因素，更取决于其文化和道德底蕴。③因此，要促进民营经济发展，必须以来自中国商业文化中的创新、守信等特质，为现代企业家精神注入活力源泉。民营经济作为社会主义市场经济体制的构成要素，其繁荣程度深刻影响着国民经济的整体活力与增长潜能。然而，当前民营经济面临诸多问题，如思想亟须解放，企业创新乏力，企业诚信意识有待提高，等等。

对此本文提出以下建议。

第一，企业家要解放思想，不断创新。通过构建创新型企业文化、推动创新实践、培养创新人才、强化创新管理等将创新文化融入企业文化建

---

① 《习近平在亚太经合组织第二十八次领导人非正式会议上的讲话》，人民出版社，2021，第10页。
② 《习近平关于社会主义经济建设论述摘编》，中央文献出版社，2017，第62页。
③ 〔美〕许倬云：《从历史看组织》，上海人民出版社，2000。

设，不断提升企业的创新能力和竞争力，实现可持续发展。

第二，企业家应当自律垂范，树立牢固的诚信理念。通过明确诚信文化的核心价值观、制定诚信准则和行为规范、加强诚信教育和培训、树立诚信典型和榜样、建立诚信评价和激励机制、强化诚信文化的传播和宣传，以及将诚信文化融入企业经营管理全过程等措施，企业家要带领企业构建具有自身特色的诚信文化体系。

第三，长江流域的企业家应当汲取黄河流域的企业家诚信守义的商业精神，而黄河流域的企业家也应借鉴长江流域的企业家创新审慎的商业精神。这两个流域的企业家精神，应如江河交汇，相互融通，相辅相成，共筑跨流域商文化交流之桥梁；为推动黄河流域与长江流域商文化向高质量发展，为实现中国式现代化贡献商文化力量与历史启迪。

海上丝绸之路与长江经济带历史关联考察

孙玉琴　孙　倩*

摘　要：本文利用相关史料考察了海上丝绸之路与长江经济带的历史关联，发现长江沿线经济开发和经济水平的提高为海上丝绸之路的贸易发展提供了物质、技术基础，不断巩固了海上丝绸之路在中国对外贸易中的主渠道地位。与此同时，海上丝绸之路贸易的发展不仅推动了中国对外开放水平的提高，而且使长江经济带在开放中进一步获得长足发展，其中政府有效政策、生产要素的流动、富有冒险精神的企业家等发挥了重要作用。

关键词：海上丝绸之路　长江经济带　对外贸易

长江经济带与"一带一路"倡议是当前中国的重要举措，二者的有机融合关系着我国高水平对外开放与经济高质量发展目标的实现。习近平指出："长江经济带是'一带一路'在国内的主要交汇地带，应该统筹沿海、沿江、沿边和内陆开放，实现同'一带一路'建设有机融合，培育国际经济合作竞争新优势。"[①] 长三角地区，既是长江经济带与 21 世纪海上丝绸之路的主要承载地区，也是丝绸之路经济带的重要延伸地之一。历史上长江经济带长期以来是中国经济最活跃的地带，而海上丝绸之路是中国与世界连接的重要通道，长江经济带与海上丝绸之路有怎样的关联？其发展演变有怎样的现实启示？本文拟对此进行简要探讨。

---

* 孙玉琴，对外经济贸易大学国际经贸学院教授；孙倩，对外经济贸易大学国际经贸学院副教授。

① 《习近平著作选读》第二卷，人民出版社，2023，第 158 页。

一 长江经济带是海上丝绸之路贸易兴盛的源头

自秦汉以来，我国就沿着陆上和海上丝绸之路对外贸易，丝路贸易兴起，唐代以前陆上丝绸之路占据主导地位。而从唐后期开始，中国对外贸易的主渠道从陆上丝绸之路向海上丝绸之路转移，其中长江流域特别是长江中下游的开发是中国对外贸易重心转换的根本动因。

（一）长江经济带经济发展为海上丝绸之路贸易奠定了物质基础

中国传统经济重心位于北方，特别是黄河中下游平原。经由洛阳、长安、河西走廊及西域的陆上丝绸之路是中国对外贸易的主渠道，作为全国政治经济文化中心的长安及其周边的渭河平原在全国经济中处于遥遥领先的地位，工商业高度兴旺。司马迁在《史记》中称关中地区"膏壤沃野千里，自虞夏之贡以为上田"，"故关中之地，于天下三分之一，而人众不过什三；然量其富，什居其六"，"长安诸陵，四方辐凑并至而会，地小人众，故其民益玩巧而事末也"。[1] 自汉末以来，随着北方人口南迁，特别是魏晋南北朝时期，南朝实施了一系列有效举措，江南经济逐步得到开发。但直到唐朝前期，中国经济重心依然与政治中心密切结合，西北的丝绸之路沿线仍是中国经济发达地区，司马光在《资治通鉴》卷二一六中说，"是时（唐天宝十二年，癸巳，公元 753 年）中国盛强，自安远门西尽唐境凡万二千里，闾阎相望，桑麻翳野，天下称，富庶者无如陇右"。而到唐朝后期，中国经济重心已由西北的关中一带转移到长江中下游地区了，江淮地区已经成为中国最重要的经济区。韩愈在其《送陆歙州诗序》中称："当今赋出于天下，江南居十九"。唐朝后期，国家财政收入主要来自江南，粮食、丝绸等物每年经由京杭大运河源源不断北运。史称："天宝之后，中原释耒，辇越而衣，漕吴而食。"[2] 到宋代更是"国家根本，仰

---

[1] （汉）司马迁撰《史记·货殖列传》，中华书局，1959，第 3262 页。
[2] （唐）王起：《故太子少保赠尚书左仆射京兆韦府君神道碑》。

给东南"①，有"苏湖熟，天下足"之说。

经济重心是对外贸易重心形成的基础，因而中国经济重心从黄河流域转移到长江流域从根本上导致了陆海丝绸之路地位的转换。

（二）长江经济带商品生产为海上丝绸之路提供货源

两汉时期，中国沿陆上丝绸之路输出的大宗货物有丝绸、铁器和漆器等，货源地主要集中于河北、山东、关中等北方各地。如临淄的官营丝织作坊"作工各数千人，一岁费数巨万"②。京师长安的东西织室，所需费用更高。丝织技术创新也在北方，如河北巨鹿人陈宝光之妻发明了 120 综、120 蹑的提花织机，可制造各种各样的花纹，工艺水平大为提高。冶铁业同样集中于北方，现已发现的汉代冶铁遗址涉及河南、河北、陕西、山西、山东、内蒙古、北京及新疆等多个区域。其中仅在河南发现的汉代冶铁遗址就有 20 多处。

魏晋南北朝时期位于南方的六朝，均致力于南方经济开发，在北方人口南迁带来的技术与劳动力资源基础上，长江流域的手工业获得显著进步。如三国时吴国孙权诏令各地官员劝课农桑，并让其夫人赵氏在宫中亲自纺纱、织绸，以表率全国。都城建业（今南京）设立官营丝织机构——蚕堂（即织室），专门生产丝织品，文献记载孙权时宫中有织工数百人，到景帝孙休时（258～264 年）已发展到数千人，说明生产规模颇为可观。民间丝绸生产亦颇兴盛，史载吴国妇人"不勤麻枲，并绣文黻"，最下层的兵民之家也是"内无担石之储，而出有绫绮之服"。③ 一些地方还出现了"乡贡八蚕之绵"④ 的发达景象。荆扬二州所产"丝绵布帛之饶，覆衣天下"⑤。两晋南朝时，统治者继续倡导农桑，并且制定了以丝织品——绢、绵纳税的户调制度，客观上促进了江南丝绸生产规模的扩大。东晋末年，刘

---

① （元）脱脱撰《宋史》卷 337《范祖禹传》，中华书局，1985，第 10795 页。
② （汉）班固撰《汉书·贡禹传》，中华书局，1965，第 3068 页。
③ 《中国历代食货典》，卷 36，"农桑部"，江苏广陵古籍刊印社，1989。
④ （梁）萧统编，（唐）李善注《文选》，中华书局，1977，第 97 页。
⑤ （梁）沈约撰《宋书》卷 54，中华书局，2018，第 1538 页。

裕灭后秦，迁关中"百工"于江南，并在首都建康（今江苏南京）设立了官营锦署——斗场，江南织锦业自此开始发展起来。长江上游的巴蜀地区在汉代时所产的丝织品已闻名全国，三国时蜀国重视丝织业的发展，在其统治区域内大力提倡植桑养蚕和织锦，官方及民间丝织业得到进一步发展，左思《蜀都赋》称"阛阓之里，伎巧之家。百室离房，机杼相和。贝锦斐成，濯色江波"，生动描述了蜀国丝织业发达的盛况。特别是高级丝织品蜀锦畅销海内外，成为蜀国重要的财政来源，诸葛亮称"今民贫国虚，决敌之资，惟仰锦耳"①。不过在唐朝前期我国纺织业特别是丝织业中心仍然在黄河中下游，其中河北定州的丝织品产量、品种及质量在全国均负盛名，所产高级丝织品罗、绸、细绫、瑞绫、两窠绫、独窠绫、二包绫、熟线绫均为贡品。而南方丝织业相对落后，唐人李肇在《国史补》中称"初，越人不工机杼"。唐大历二年（767年），江东节制薛兼训"募军中未有室者，厚给货币，密令北地娶织妇以归……由是越俗大化，竞添花样，绫纱妙称江左矣"②。中唐以后，南方的丝织业出现飞跃性的进步，开始超越北方，高级丝织品如缭纱、缭绫主要产于吴越地区，如越州，在唐德宗年间向宫中进贡的丝织品种类众多，"凡贡之外，别进异文吴绫，及花皶歇单丝吴绫、吴朱纱等纤丽之物，凡数十品"③。宋代沿江一些地区还出现了丝织专业户，如建康句容县"俗以纺纱为业"④。他们生产的产品由中间人（包买商）集中起来，源源不断运到市场，专业化生产带来效率的提高，使宋代丝织品蔚为可观。

战争与农业生产对武器及工具的需求必然引致冶铁业的发展，东吴已开始在江南各地设置相应机构管理冶铁事宜，《宋书·百官志上》明确指出"江南诸郡县有铁者，或置冶令，或置丞，多是吴所置"⑤。东晋南朝时沿袭吴制，开展官营冶铸业。长江下游的扬州、丹阳，中游的江夏、武昌，上游的临邛（今四川邛崃）、广都（今四川成都南）等地均是著名的冶铁产地。

① （宋）李昉等编《太平御览》卷815，中华书局，1960，第3662页。
② （唐）李肇撰《国史补》，上海古籍出版社，1979。
③ （五代）刘昫等撰《旧唐书》列传第一百零五《卢商传》，中华书局，1975，第3244页。
④ （元）方回撰《桐江续集》卷14《夜宿白土市》，文渊阁《四库全书》，电子版。
⑤ （梁）沈约撰《宋书》卷39，中华书局，2018，第1228页。

　　唐代中国瓷器制造业显著进步，南北各地形成了多个制瓷中心。其中以邢窑（河北内丘县）、越窑（浙江余姚县）、昌南窑（江西景德镇）、邛窑（四川邛崃县）、定窑（河北曲阳县）、潮州窑（广东潮州）最为著名。六大名窑中有两个位于长江地带。唐朝后期海上丝路贸易中输出的大量瓷器主要来自沿长江各地出产，如近代以来在日本、东南亚、印度、阿拉伯半岛乃至埃及发现的唐代瓷器来源地除了北方邢窑外，主要是南方的长沙窑、越窑和昌南窑等。

　　南方丝绸、瓷器制造业的发展，为对外贸易准备了丰富货源。与此同时，经济发展带来的收入水平的提高为对外贸易提供了市场。来自阿拉伯半岛、南亚及东南亚各地的香药及各类奢侈品涌入六朝都城建康（今南京）等大都市。唐代张九龄在《开凿大庾岭路序》中写道"海外诸国，日以通商，齿革羽毛之殷，鱼盐蜃蛤之利，上足以备府库之用，下足以赡江淮之求"，足见畅通海路贸易的重要性。

（三）长江经济带的舟楫之利为海上丝绸之路提供了远洋航运的交通技术基础

　　江南地区河湖密布，各地相互往来主要依靠水运，因而江南地区的造船、航运业有良好基础。六朝政府为适应水陆交通及航海业的需要，并希图利用长江天堑抵挡北方势力的南下，因而都非常重视造船、航运业。

　　东吴时，江南地区设有多处造船基地，如在永宁（今浙江温州）、横阳（今浙江平阳）、温麻（今福建连江）等处设有专门营造海船的工场——船屯。在建安郡（今福建）的侯官（今福建闽侯）驻有管理造船的官员——典船校尉，负责组织造船工匠及罪徒造船。所造船只无论在规模还是水平上均大大超过前代。文献记载，晋灭吴时，仅在建康缴获的船只就达5000艘。① 此时建造的船长二十余丈，高出水面二三丈，装载六七百人。运货物上万担的巨舶，船上不仅设有操纵航向的舵，还有可随风灵活调整的风

---

① （晋）陈寿撰《三国志·吴志·孙皓传》注引，中华书局，1982，第1186页。

帆，有的船上甚至有七张帆。[①] 东晋南朝时，造船业进一步发展，所造船舶规模和数量显著增加。东晋安帝时，建康城一场大风就可以毁坏停泊于长江中的大型官私船只万余艘。船舶的载重量也大为提高，据《颜氏家训》称，南朝时已有载重二万斛的大船了。

随着航海经验的积累和航海水平的提高，东吴时的航海家已能测算航速和航程。到东晋时，远海航行除已能利用季风外，还能根据天象辨别航向前进。

在东南沿海经济发展的基础上，唐代的造船和航海技术有了飞跃性进步。在造船方面，一方面船舶数量众多，另一方面造船技术显著提高。唐代造船场遍及全国各地，见于记载的主要地区有：宣州（今安徽省宣城市）、润州（今江苏省镇江市）、常州（今江苏省常州市）、苏州（今江苏省苏州市）、湖州（今浙江省湖州市）、越州（今浙江省绍兴市）、台州（今浙江省临海县）、婺州（今浙江省金华市）、江州（今江西省九江市）、洪州（今江西省南昌市）等及剑南道的沿江一带。如扬子县（今江苏省仪征市）一地，便有造船场十处之多。这一时期造船技术显著进步，突出体现在所造船舶结构更为坚固实用。文献记载，唐代船舶中出现了水密隔舱，并以铁钉和石灰桐油进行接合，严密坚固。造船、航海水平的显著提高为海上丝路的勃兴提供了技术保障。随着知识的积累和技术进步，人类征服海洋的能力大大提高，唐代造船业有了新的发展，所造船舶不仅载重量大大提高，而且坚固性增强，适宜远洋航行，以致一些外商也搭乘唐代商船往来贸易。据文献记载："舶，大船也，今江南泛海船谓之舶，昆仑及高丽皆乘之，大者受万斛也。"[②] 同时唐朝人对季风、潮汐规律的掌握，对海洋地貌的认识也有了进一步加强。造船航海技术的进步使海上航行的风险性大大降低，从而为唐朝人利用海上运输方式开展对外贸易活动提供了可能。

宋代造船工场广泛分布于江、浙、闽、粤沿海各地，苏州、扬州、杭

---

① （汉）刘熙撰《释名》卷7《释船》，中华书局，1985，第38页。
② （唐）玄应撰《一切经音义》卷1，上海频伽精舍，1982。

州、宁波、温州、泉州和广州均是当时的造船业重地，所造船舶数量可观，如宋太宗至道末年（997年）"诸州岁造运船，……三千二百三十七艘"①。宋代海船载重量也大为提高，宋徽宗时出使高丽的船舶被称为"万斛船"，抵达高丽时出现高丽人"倾国耸观，欢呼嘉叹"的轰动场面。与此同时，出现运用于航海的指南针、观星术（即以量天尺为测星工具的大洋天文定位术，可用来测定海船所处的纬度），二者配合使用即可确定船舶在海洋中的位置，由此大大提高了航行线路的准确率，宋代船舶不再仅仅沿岸航行，而是可以横渡大洋，使海外贸易成本大大降低，更多一般性货物得以进入海外市场流通。至此，陆上丝绸之路在我国对外贸易中的地位终于被海上丝绸之路取代。

二　沿江地带活跃的中外贸易

随着沿江地带经济开放及六朝政府的积极经营，长江中下游地区与海上丝绸之路日益紧密地联系在一起，沿线物产沿江入海，经由海上丝绸之路输往海外各地，同时域外货物也溯江而来。唐宋时期，江南经济超越北方后，沿江经济带即成为中国商贸最活跃的区域，中外商贾云集，各国商品荟萃。

三国时期吴国建都于沿江重镇建康（今南京），此后包括后继者东晋、宋、齐、梁、陈等朝均以长江为基地，通过海上丝绸之路开展持续不断的中外贸易。东吴黄武五年（226年），孙权派出以从事朱应、中郎将康泰为首的外交使团出访东南亚各国。朱、康二人出使东南亚历时十余年，"其所经及传闻则有百数十国，因立记传"②。由此了解了东南亚各国的政治、经济，特别是贸易及物产情况。回国后，朱应、康泰分别撰写了《扶南异物志》和《吴时外国传》。③朱应、康泰出使东南亚，不但增强了中国人对东南亚的了解，而且直接推动了双方的贸易往来。据史料记载，自朱应、

---

①　（元）脱脱等撰《宋史·食货志·漕运》卷128，中华书局，1977，第4215页。

②　（唐）姚思廉撰《梁书·海南诸国传序》卷54，中华书局，2020，第838页。

③　这两本著作已亡佚，其内容散见于《水经注》《异文类聚》《通典》《太平御览》等书中。

康泰出使后，"扶南、林邑、堂明诸王，各遣使奉贡"①。东晋南朝时，遣使出访之事不绝于书。

六朝时期海上丝绸之路的路线得到扩展，一方面，通往朝鲜半岛及日本列岛的东方航线的起点从山东半岛向南移至江浙沿海口岸。《文献通考》卷 324 载："倭人初通中国也，实自辽东而来，至六朝及宋，则多从南道，浮海入贡及通互市之类，而不自北方，则以辽东非中国土地故也。"② 南朝时，东方航线的大致航路为：由建康出发，顺江而下，出长江口后，沿岸北航，至山东半岛的成山角附近，继续沿岸而行，到达朝鲜半岛北部。或由成山角东进，横渡黄海，抵达朝鲜半岛东南部，然后再沿岸南下，渡朝鲜海峡，航抵日本。这条新航线的开辟，不仅大大缩短了中日之间的航程，更重要的是将长江中下游地区与海外国家联系在一起。另一方面，通往印度洋的西方航线在汉代的基础上继续向西延伸。更多东南亚、南亚、阿拉伯半岛等地的商贾来华，其中不少还深入长江地带。

东晋时，来华贸易的天竺商船，不仅大量见于沿海港口，而且有的商船深入中国内河、内地，《高僧传》中记载，东晋时，曾有五艘天竺商船沿长江上溯至江陵开展贸易活动。魏晋南北朝时，中国与大秦间的官方朝贡贸易不时见诸史料，如晋太康二年（281 年），大秦使节携带各种珍宝、火布等物来华。东晋穆帝时，有罗马使节到达建康，363 年东晋王朝也曾遣使拜占庭。

梁朝时，扶南连年入贡，从梁天监二年至梁太清二年（503 年至 548 年），40 多年间，扶南商使来华多达 12 次，并向崇佛的梁武帝赠送珊瑚、佛像等佛教用品。扶南商使来华众多，因而梁朝特在京城建康修建了一座"扶南馆"，专门用来接待扶南的商人和使节。

唐朝中期陆海丝绸之路同时发展，一些从陆上丝绸之路来华的胡商也多从洛阳沿运河南下到扬州、广州等口岸城市贸易，实现了陆海丝绸之路贸易一体化。杜甫《解闷十二首》之二云："商胡离别下扬州，忆上西陵

---

① （晋）陈寿撰《三国志·吴书·吕岱传》卷 60，中华书局，1982，第 1383 页。
② （宋末元初）马端临撰《文献通考》卷 324，武英殿刊本。

故驿楼。为问淮南米贵贱，老夫乘兴欲东流。"唐朝中期，长江中下游各地外商贸易往来更为活跃，如饶州（今江西上饶）"颇通商外夷，波斯、安息之货，国人有转估于饶者"[①]。湖北江陵城内有长期定居的高丽商人修建的高丽邸，在楚州也设有"新罗坊"。在洪州（今江西南昌）、江州（今江西九江）、义兴（今江苏宜兴）等地均有胡商开设的邸店。"安史之乱"时，洪州曾有胡商协助唐军平乱，"胡乐输其财"[②]。

沿江经济发展繁荣，不少城镇吸引了越来越多的中外商贾前来贸易。如隋唐时期扬州临江濒海，地处我国东部海岸线中间地带，兼有南北之利，既可通过东海丝绸之路也可通过南海丝绸之路交通海外。隋代沟通南北的大运河进一步凸显了扬州地理位置的优越性，扬州也因此迅速成为南北水陆交通的枢纽和货物的集散地，商品经济日趋活跃，到唐中期扬州国内外贸易发展程度位居全国前列。诗人徐凝盛赞扬州称："天下三分明月夜，二分无赖是扬州。"此时的扬州不仅国内商贾云集，而且沿丝路前来的各国商人也是络绎不绝，说明扬州已成为一个国际性大都会。

唐代前来扬州的朝鲜人和日本人为数众多，除使节和商人外，还有数量可观的留学生和学问僧。如从日本来扬州的遣唐使团，达9次之多。学问僧荣睿在华18年，曾4下扬州；学问僧普照在华21年，曾8下扬州。各国民间来扬州贸易的商人数量也颇可观，唐肃宗时，扬州的外国商人有数千人之多。据《旧唐书·邓景山传》记载田神功之乱："神功至扬州，大掠居人资产，鞭笞发掘略尽，商胡大食、波斯等商旅死者数千人。"中外商贾不仅频繁往来扬州贸易，而且还有不少外商长期居住在扬州开展贸易活动。

三 结论及启示

（一）主要结论

长江中下游地区的经济发展为对外贸易提供了物质与技术基础，其发

---

① （唐）沈亚之：《表医者郭常》，载黄仁生、罗建伦校点《唐宋人寓湘诗文集》（一），岳麓书社，2013，第674页。

② （宋）李昉等撰《太平广记》卷403，中华书局，1981。

展水平赶上并逐渐超越黄河流域，导致海上丝绸之路取代陆上丝绸之路在中国对外贸易的地位。海上丝绸之路贸易的发展使长江沿线各地经济与域外国家和地区的联系日益紧密。与陆路贸易比较，海路运输成本大大降低，使更多货物进入海外市场流通，从而大大扩展了可贸易品的范围，由此改变了陆路贸易时期以奢侈品贸易为主的局面。一些一般性的农产品及手工业品也成为对外贸易品，更多的货物、更广的区域参与到对外贸易活动之中，不仅使中国对外开放水平大为提高，更使长江沿线经济发展面向海洋，经济增长不断加速。

随着贸易的发展，与出口货物相关的行业受到更大需求刺激得以更加快速发展。在海外贸易的推动下，长江沿线地区的制瓷业、缫丝业、制茶业和造船业等更趋兴盛，外贸口岸城市经济更加繁荣，《新唐书·天文志》称："吴越，负海之国，货值之所阜也。"

与陆路贸易相比，海上贸易面临更大的自然风险，从南海暗礁万里海塘到各种海上暗流、飓风和沿线海盗等均构成海外贸易的巨大威胁，因而要开展海上贸易必须敢于冒险、富有创新精神，由此不仅推动了中国造船、航海技术的不断进步，而且催生了一代代不畏艰险活跃于海上丝绸之路的外贸商人，他们具备的企业家精神是海上丝路贸易得以长期发展的重要因素。

（二）启示

1. 长江经济带是我国实施"双循环"战略的关键区域

通过对丝绸之路和长江经济带的历史关联考察，可以发现长江经济带的经济发展与海上丝绸之路密切相关，是海、陆丝绸之路的商品源头和有效市场，因而其发展始终面向海洋、连接内陆，即对内对外开放。今天长江作为我国最大内河、航运的黄金水道，不仅经行 10 多省，而且连接全国各区域，因而长江经济带不仅是我国以"一带一路"建设不断提高对外开放水平的关键区域，而且其持续稳定的发展有利于贯彻实施双循环战略，进而加速推进新时期西部大开发、协调中西部发展和开放我国内陆地区。

2. 有效的政策措施是长江经济带发展的重要前提

魏晋南北朝以来，历代政府实施的积极措施是推动长江经济带加速发展的重要动因，因此新时期长江经济带战略措施应在不断扩大对外开放中持续创新性发展。

3. 生产要素自由流动是长江经济带高质量发展的基础

大运河的开凿，南北技术、劳动力、商品等生产要素的活跃，与长江经济带固有的资源禀赋相结合，造就了中国经济最为活跃的地带。因而在交通基础设施高度发达的今天，长江经济带沿线各地应加强区域协调，打破各种人为的壁垒，充分发挥各地优势，实现人流、物流、资金流的自由有效流动，提高资源的配置效率，推动长江经济带高质量发展。

4. 不断优化营商环境，充分发挥市场主体作用

历史上长江沿线一批批敢于冒险、富有创新意识的工商业者沿着海上丝绸之路开展贸易，使长江经济带面向海洋、与世界经济相联系，巩固并不断强化长江经济带在全国经济中的领先地位。今天长江经济带战略贯彻实施的市场主体是投资于此的中外企业家，因而长江经济带沿线各地应不断优化营商环境，为企业家成长及其经营活动提供便利化、法治化的制度保障，以使企业经营活动实现效率最大化，进而推动长江经济带成为引领全国经济社会发展的战略支撑带。

明清时期中国工商市镇转型动力机制研究

赵　煌[*]

摘　要： 明清时期，随着商品经济的发展，一批新型工商市镇开始兴起，并呈现不同于传统封建城镇发展的新模式。近代开埠通商以后，中国被迫卷入世界资本主义市场体系，早期工商市镇由此开启转型之路。早期工商市镇的转型历程，反映出外贸型城镇和手工业型城镇在面对西方先进技术冲击时产生的不同应对机制，也说明开放性、技术创新和知识积累、地方政府治理能力和高素质人力资本是工商市镇向长江都会城市转型的重要动力。

关键词： 工商市镇　汉口　明清时期

改革开放以来，有关中国社会的近代化转型成为研究热点。学者们从司法、教育、外交等不同层面对近代中国社会的转型进行探讨，由此推动近代中国社会转型研究走向深入。[①]

在探讨中国社会近现代转型的具体呈现过程中，有关城市近代化转型这一类课题值得关注。近代城市转型在推动中国社会走向近代化过程中扮演着重要的角色。它们不仅是近代中国转型的重要表现形式和重要载体，也是重要推动力。目前有关近代城市转型的研究成果已取得长足的进步。

---

[*] 赵煌，武汉市社会科学院历史与文化研究所助理研究员，研究方向为城市史、日常生活史。

[①] 代表作有张仁善：《论中国司法近代化进程中的耻感情结》，《江苏社会科学》2018 年第 4 期；张建军：《中国军需教育近代化的缘起与发展——以清末民初中央军需教育机构为中心的探讨》，《军事历史研究》2022 年第 4 期；王承庆：《中国外交体制的建立与近代化转型》，《史学月刊》2015 年第 6 期。

上海、成都等城市的近现代转型成为重点关注的对象。与此同时，城市生活变迁、城市管理体制变化等视角也成为观察城市近代转型的重要窗口。这些都说明考察近代城市转型已成为学者们关注研究近代社会的重要视角和对象。

不过，近代城市转型研究领域中，仍有一些问题值得进一步探讨。除近代大城市外，那些在封建社会生成的以商贸功能为主导的、带有自发特点的传统城镇更值得关注。它们虽不同于传统的郡县等级城市，但也在近代城市转型过程中发挥着重要作用。因此，这些以商贸功能为主导的城镇在传统社会经济模式中兴起，并伴随着整体社会转型而兴衰，是考察中国社会转型的关键之地。通过对这些城镇的关注，可以探究中国式现代化本土起源。当前，对工商市镇近代化转型的考察主要集中于个体城镇的经济结构和衰落等方面，对传统市镇转型的纵向对比及现代化演进方面还有进一步拓展的空间。本文试以明清时期中国工商市镇为考察对象，以汉口镇为考察重点，通过梳理其转型过程中的兴衰历程，探索明清时期中国工商市镇转型动因。

一 明清时期中国工商市镇的兴起及特征

明末清初，随着商品经济的发展和社会长期的稳定，一批以经济功能为导向的新型市镇兴起。这些市镇不同于传统封建时期的传统城市，虽然行政等级低，但具有较强的区域经济中心功能。这些市镇既有因特色手工业而崛起的，也有因贸易而兴起的。如汉口是长江沿江商品集散中心。发达的商贸带动了城市的繁荣。汉口城内"行户数千家，典铺数十座，船泊数千万"，其繁华程度位列名镇之首，"九州诸大名镇皆有让焉"。① 朱仙镇、佛山镇和景德镇三镇则属于因手工业发达而兴起的市镇。朱仙镇以制作年画而出名，全盛时期，人口达 20 万人，"年画店 300 余家，年产年画

---

① 武汉市蔡甸区地方志编纂委员会办公室编《乾隆汉阳府志》，武汉出版社，2014，第151页。

300 余万张"①。景德镇则以行销瓷器而出名，清初已发展为"民窑二三百区，终岁烟火相望，工匠人夫不下数十余万"的制陶业大镇，其镇内"事陶之人动以万计"。② 佛山镇则以生产铁器著称。清乾隆年间，佛山镇炒铁所增至 40 余所，炒铁行业工匠 5000～7000 人。③ 发达的汉口镇、朱仙镇、景德镇、佛山镇并称明末清初的"天下四镇"。除"天下四镇"外，其他类型的工商市镇也在这一时期得到快速发展。以内河贸易转运而兴起的太仓浏河镇，至清初"自海关至外口十有余里，商船相接，有回揽停泊者，直至口外四五里"④。江南地区此时也有一批以丝织业而兴起的市镇。如作为棉布交易生产中心而出现的朱家角，早在明代就"商贾辏聚，贸易花布，今为巨镇"⑤。而盛泽镇则以发达的丝绸业而迅速发展成为大镇。明清时期不同类型工商市镇的出现，既展示出该时期中国商业城市的发展现状，也清晰地勾勒出该时期商业城市的发展脉络。

工商业兴盛，不仅带动了城市繁华，也对城市风貌和社会结构产生了深远影响。总体来看，明清时期中国商业城市发展均呈现几大共性特征。

一是城镇的城区普遍实现了扩大和增长。商业的发展带动了商品和人员聚集，由此推动了城市城区的扩张，就早期工商市镇而言，这一特征均表现得较为明显。汉口镇起初仅为一芦洲。明成化年间因汉水改道便于通航而逐渐兴盛。至清初，汉口已发展为"商贾麇至，百货山积，贸易之巨区"⑥。朱仙镇也因鲁贾河便于商品转运而兴起，至清初全盛时期，已发展成为周长 20 公里、面积 110 平方公里，人口约 30 万人，商户 4 万多家的大镇。⑦ 景德镇早在宋代因生产瓷器而成为重镇，至明代发展成"延袤十

① 张民服、戴庞海主编《豫商发展史》，河南人民出版社，2007，第 406 页。
② 韦庆远、叶显恩主编《清代全史》第 5 卷，方志出版社，2007，第 110 页。
③ 罗红星：《明至清前期佛山冶铁业初探》，《中国社会经济史研究》1983 年第 4 期。
④ 杭州文史研究会、杭州市政协文化文史和学习委员会编《15 世纪以来长三角地区社会变迁与转型》，杭州出版社，2022，第 155 页。
⑤ 〔日〕森正夫编《江南三角洲市镇研究》，丁韵、胡婧等译，江苏人民出版社，2018，第 37 页。
⑥ 涂文学：《中国赌博史》，武汉大学出版社，2021，第 323 页。
⑦ 陶善耕主编《中原古代商路与商业经济研究》，大众文艺出版社，2004，第 83 页。

三里许，烟火逾十万家"①的大城镇。随着铸铁业发展和人员聚集，佛山镇也实现了城镇扩张。明末，佛山由乡村墟镇向城镇转变，并催生出铺区制度。至清道光年间，佛山已发展成四墟十一市的规模，有铺区27个，码头渡口28个。②以丝织业著称的盛泽镇，明初还是只有五六十家的村，至清初已发展成为丝织业的大城镇。③从明清时期中国工商市镇城区扩大的过程来看，商业因素的带动作用表现得较为突出。

二是形成了较为发达的贸易网络市场。发达的贸易网络市场既是早期工商市镇兴起原因，也是其繁盛的主要体现。汉口镇因水运优势，"不特为楚省咽喉，而云贵、四川、湖南、广西、陕西、河南、江西之货，皆于此焉转输"④。明代时期景德镇瓷器畅销国内市场，"自燕云而北，南交趾，东际海，西被蜀，无所不至"⑤。至清乾隆年间，更是"行于九域，施及外洋"⑥。清初广州、韶州、惠州等地铁器均是从佛山而来，并沿着北江、罗定江、韩江、梅江等形成了固定的运铁线路和通道。⑦朱仙镇也是北方重要的货物集散地，清乾隆年间，"食货富于南而输于北，由广东佛山镇至湖广汉口镇，则不止广东一路矣，由湖广汉口镇至河南朱仙镇，则又不止湖广一路矣"⑧。以榨油而出名的浙江石门镇也是交通中心和重要的货物转运地，"上通闽、广，下达沪、苏……舟车驿骑，昼夜不绝"⑨。

三是形成了以商人为主体的城市人口结构。工商市镇的繁华也对城市的人口结构产生了深远影响。与传统封建城市以官吏、军事人员为主的城市结构不同，由于商品经济发展是早期工商市镇兴起的主要动力，因此这

---

① 周思中主编《中国陶瓷名著校读》，武汉大学出版社，2016，第239页。
② 明清广东省社会经济研究会《明清广东社会经济研究》，广东人民出版社，1987，第42页。
③ 朱伯康、施正康：《中国经济史》（下卷），复旦大学出版社，2005，第274页。
④ （清）刘献廷撰《广阳杂记》，中华书局，1957，第193页。
⑤ 张甘霖：《中国古代陶瓷批评史》，江苏凤凰美术出版社，2020，第114页。
⑥ 方李莉：《中国陶瓷史》（下卷），齐鲁书社，2013，第716页。
⑦ 广东省交通运输厅编《广东省水运史》，华南理工大学出版社，2021，第145页。
⑧ 山西省政协《晋商史料全览》编辑委员会编《晋商史料全览》（会馆卷），山西人民出版社，2007，第206页。
⑨ 浙江省名镇志编纂委员会编《浙江省名镇志》，上海书店，1991，第212页。

些市镇形成了以商人为主要群体的城市人口结构。汉口镇就是外来人口来此经商贸易形成的，正所谓"此地从来无土著，九分商贾一分民"①。佛山镇居民大多以冶铁为生，至清乾隆年间，"乡民仰食于二业者甚众"②。景德镇也是"窑户与铺户当十之七，土著十之二三"③。在朱仙镇，商人、手艺人和船户成为城市人口的大多数。除此之外，外地客商纷纷来此聚集也是四镇一大特征。佛山镇因为外商众多，呈现出"舟车云集此天涯，半是侨居半故家"④ 的景象。为方便经商和凝聚乡情，外地商人还纷纷修建会馆。会馆林立也是工商市镇共有的景象。清代佛山镇呈现一派商贾云集景象。清道光时期，佛山已有山陕会馆、江西会馆、楚南会馆等各地会馆25所，汉口镇也是会馆林立，有会馆公所39所，景德镇也有都昌、抚州、徽州、苏湖等地的会馆20余处。⑤

二　明清时期中国工商市镇兴起的共因

明清时期中国工商市镇的兴起有共同的原因，即交通区位优势、行政等级低、政策支持等因素在城市发展中发挥着重要作用。这些因素共同促进了商业发展，也带动了城市兴盛。

一是交通便利。交通区位条件佳是明清时期中国工商市镇发展的重要因素。早期工商市镇在地理位置上有共同的优势，即处在重要水运交通沿线。汉口兴起的原因就是其地处汉水入长江处，水运交通便利。朱仙镇兴起的原因则是因货物由贾鲁河水运达周家口后，通过淮河可直达扬州。清乾隆年间，朱仙镇已发展成"水陆舟车会集之所"⑥，成为河南乃至华北地区重要的水陆联运枢纽。佛山镇"地当省之上游，西北两江汇于此而后入

---

①　沙月编著《清叶氏汉口竹枝词解读》，崇文书局，2012，第6页。
②　朱培建主编《佛山明清冶铸》，广州出版社，2009，第9页。
③　祝慈寿：《中国古代工业史》，学林出版社，1988，第877页。
④　赵东亮：《明清佛山地方治理研究》，广东人民出版社，2017，第41页。
⑤　韦庆远、叶显恩主编《清代全史》（第5卷），方志出版社，2007，第110页。
⑥　韦庆远、叶显恩主编《清代全史》（第5卷），方志出版社，2007，第112页。

海"①，借水运之利发展起来。景德镇也是借助昌江水运才得以发展起来，正所谓"陶舍重重倚岸开，舟帆日日蔽江来"②。浙江省嘉兴府平湖县的乍浦港兴起，"地处国内外五条水上航线的汇聚点"③，成为各地商品转运出口中心。因此，无论是贸易型市镇、手工业型市镇，还是港口型市镇，在其兴起发展过程中，水运优势都发挥了重要的作用。

二是行政级别偏低。传统社会中城市的规模与政治等级密切相关，一些大的城市大多也是行政中心。而从明清时期中国工商市镇发展来看，城市等级都相对较低。如汉口镇直到1727年才设立仁义、礼智等两个巡检司进行管理。1732年，汉口设立同知署。朱仙镇隶属于祥符县管理，直到1725年才移开封府同知驻朱仙镇。1728年，朱仙镇开始设巡检司。景德镇的行政管理级别也较低。明隆庆以前，景德镇巡捕事务属桃树镇巡检管辖。直到1683年，饶州府军捕厅才移驻景德镇。至于佛山镇，其行政管理等级更低。清雍正以前，佛山镇没有专门的管理机构，直到1733年才设立海防分府同知、巡检司等分治机构。尽管如此，管理机构也不设置固定办公场所，正所谓"皆僦民舍以居，无定所"④。其他的工商市镇也同样存在行政层级低的现象。作为山西重要的产铁中心，长治县西火镇直到1744年才将本县的虹梯关巡检移驻此处。⑤ 行政等级偏低，说明政府管理相对较弱，有利于减少经济剥削现象的发生，也为商人参与城市管理创造了条件。如景德镇的社会纠纷均由商会先行调解，"凡有纠纷者均由会馆先行调解，判别是非，确定赏罚"⑥。这反映出商人力量在社会中起到的重要作用，客观上有利于城镇商品经济的发展和商人群体成长。

---

① 赵东亮：《明清佛山地方治理研究》，广东人民出版社，2017，第41页。

② 景德镇市志编纂委员会编《景德镇市志略》，汉语大词典出版社，1989，第218页。

③ 王兴文、陈清：《清中前期江南沿海市镇的对日贸易——以乍浦港为中心》，《浙江学刊》2014年第2期。

④ 明清广东省社会经济研究会编《明清广东社会经济研究》，广东人民出版社，1987，第46页。

⑤ 白如镜、张俊峰：《清代山西市镇管理体系及其基层实践》，《中国高校社会科学》2023年第6期。

⑥ 中国人民政治协商会议景德镇市委员会文史资料研究委员会编《景德镇文史资料》（第四辑），1987，第192页。

　　三是政府的政策扶持。明清时期中国商业市镇的快速发展，与政府的政策支持也是分不开的。清嘉庆以前，广东省铁器一直是按照"官准专利"的制度，由佛山地区实行统运统造，广东全省的民间日用铁锅，"必令归佛山一处炉户铸造，非此即为私货"①。在政府的支持下，佛山实际成为广东的铁器生产和制造中心，由此带动了佛山铁器业的兴盛和城市的发展。由于水运的便利，汉口镇也成为盐粮转运的中心。1573 年，明政府规定原湖广的衡阳、岳阳、长沙等地的漕粮由原来的城陵矶改到汉口交兑。汉口一时成为湖广地区漕粮的转运中心，带动了城市的迅速发展。1619 年，由于武昌金沙洲崩塌，各地盐商又转泊汉口，汉口遂成为"楚商行盐"的总口岸。盐运和漕运均在汉口中转，刺激着城市水运贸易的发展，城市也随之扩大。至清代初期，汉口已发展成为天下四聚之地。景德镇的兴起也与政府的政策息息相关。景德镇的瓷器生产在政府的关注和扶持下得以发展。1402 年，明政府就在景德镇设立御器厂进行瓷器生产制作。1680 年，景德镇御窑厂由清政府派遣督陶官直接管理。官窑的设立，不仅提高了景德镇的政治地位，同时，由于"官搭民烧"制度的实施，也推动了官窑烧造技术向民窑的传播，从而带动了景德镇制瓷业的发展和城镇规模的扩大②。除了"天下四镇"外，以港口为代表的新型市镇的崛起也有政府政策支持的因素。如浙江省嘉兴府平湖县的乍浦港，之所以成为清代对日贸易第一大港，一个重要的原因就是政府的特许政策。清初，政府特许乍浦与日本通商，以生丝和丝绸换取洋铜，并通过派遣水师维护远洋贸易，推动了港区的迅速发展。③

三　明清时期中国工商市镇发展殊途

　　15 世纪大航海时代开始后，世界联系逐渐加强。18 世纪以后，随着

---

①　刘正刚：《佛山"铺"历史研究》，广东人民出版社，2021，第 123 页。
②　罗学正、罗丹：《瓷海泛舟——景德镇陶瓷文化研究文选》，江西高校出版社，2020，第245 页。
③　王兴文、陈清：《清中前期江南沿海市镇的对日贸易——以乍浦港为中心》，《浙江学刊》2014 年第 2 期。

工业革命的开展，以英国为代表的西方国家迅速走上工业化道路，并逐渐发展起来。同时，随着殖民主义扩展，西方在全球建立起了世界资本主义市场体系。在这种情况下，西方利用坚船利炮打开了中国市场的大门。鸦片战争后，中国被迫卷入世界资本主义市场体系，沿海沿江等城市逐渐开埠通商。正是在这种情况下，中国内陆城市被迫开启了近代化的转型。一部分以传统手工业制造为主要功能的市镇在西方先进技术的冲击下支柱产业遭到打击并造成了城市衰微，另一部分城市则积极吸收西方先进技术发展近代工业和主动与海外扩大交流发展商贸，并推动自身成功转型为现代城市。不同类型的工商市镇选择的不同转型道路也决定了最终的发展结果。

（一）传统手工业型市镇和商贸型市镇的衰落

由于受到西方技术的冲击和交通区位的转移，传统的手工业型市镇和商贸型市镇在人口、行业和城市规模等方面均出现没落的趋势。其一是城市人口减少。早期工商市镇因商业兴盛吸引大量人口来此聚居，但随着商业衰落吸引力降低导致人口锐减。朱仙镇鼎盛时期，人口约有30万人。而到了1906年，朱仙镇只有3000多户，人口约1.5万人。至1931年，朱仙镇只剩下8500人左右，"与往昔繁盛时期较，相差约二十四倍"[①]。佛山镇在清初康熙年间，据外国传教士估计人口"至少可计及百万"[②]。1830年，佛山发展到鼎盛时期，全镇人稠地广，烟户十万余家，人口接近60万人。[③]随着交通优势的丧失和西方技术的冲击，佛山镇人口逐渐减少。至新中国成立前，佛山镇只剩下20多万人。[④]景德镇人口流失也较为严重。1542年，景德镇仅从事瓷业的人员就有10多万人。[⑤]清乾隆年间，景德镇的工

---

① 开封教育试验区教材部编《岳飞与朱仙镇》，开封教育试验区教材部，1934，第123页。

② 罗一星：《帝国铁都——1127—1900年的佛山》，上海古籍出版社，2021，第248页。

③ 张群：《南粤星火——中共佛山早期党组织的创建和革命活动》，广东人民出版社，2021，第3页。

④ 中国人民政治协商会议广东省佛山市委员会文教体卫工作委员会编《佛山文史资料》第10辑，1990，第123页。

⑤ 景德镇市地方志编纂委员会编《景德镇市志》(1)，中国文史出版社，1991，第106页。

匠不下数十万人。随着制瓷业衰落，景德镇人口随之减少，1953年，全镇仅剩92134人[①]。

其二是行业的衰落。佛山镇、景德镇等城镇是依托手工行业而兴起的，因此，城市衰落最为明显的表现就是手工行业的普遍凋敝。朱仙镇全盛时期富贾聚集，店铺林立，有绸缎、杂货、时货等各类商铺620多家，共32类，以致形成杂货街、铜货街、曲米街等专业街市。[②] 到1934年，全镇大小商业只有200多家，其中杂货店20多家，大多为小本经营，镇中每月营业税仅30多元。[③] 朱仙镇在清代初期，全镇从事木版年画制作的有300多家，"艺人近8万名，年销售木版年画达300多万张"。至民国初年，只剩"40多家，艺人2000多人"[④]。商业凋敝还影响了商业组织的发展。朱仙镇商会在1922年取消后，再无任何商业上的组织。佛山镇行业衰落也比较严重。清道光年间，佛山镇全镇共有工商店号3000家以上。[⑤] 清光绪年间，全镇手工行业还剩178行。[⑥] 自冶铁业衰落后，以铸炼为名的孤村再无往日的繁盛，"仅存屠肆果摊而已"[⑦]。景德镇同样如此。1930年，景德镇瓷器出口总值为390多万元，到了1934年已下降至90多万元。[⑧] 瓷器行业衰落也导致专业人员大量减少。清初景德镇"烟火逾十万家，陶户与市肆，当十之七八"。而到了1929年，景德镇全镇只有工厂1284家，瓷窑104座。[⑨] 至新中国成立前夕，全市瓷业职工仅剩下8000余人，[⑩] 其中，青花绘瓷的艺人只剩下130人。[⑪] 嘉定县纪王庙镇，繁盛时期"大小商店二

① 葛剑雄主编《中国人口史》（第五卷）下，复旦大学出版社，2005，第814页。
② 陶善耕主编《中原古代商路与商业经济研究》，大众文艺出版社，2004，第83页。
③ 开封教育试验区教材部编《岳飞与朱仙镇》，开封教育试验区教材部，1934，第123页。
④ 河南省地方史志编纂委员会编纂《河南省志》第五十三卷，河南人民出版社，1994，第309页。
⑤ 明清广东省社会经济研究会编《明清广东社会经济研究》，广东人民出版社，1987，第42页。
⑥ 张留征主编《中国农村经济发展探索》，中国经济出版社，1990，第235页。
⑦ 佛山市图书馆整理《民国佛山忠义乡志（校注本）》上，岳麓书社，2017，第417页。
⑧ 傅扬编著《青花瓷器》，中国古典艺术出版社，1957，第59页。
⑨ 罗克典：《中国农村经济概论》，民智书局，1934，第360页。
⑩ 张学恕：《中国长江流域近代经济发展研究》，山西经济出版社，2017，第484页。
⑪ 傅扬编著《青花瓷器》，中国古典艺术出版社，1957，第60页。

百余家，以大街中市及林家巷最热闹，布商、靛商向为各业最"，至1930年前后，"今靛业衰落，布业亦不如昔"。①

其三是城区萎缩。由于人口减少和行业凋敝，镇区不得不随之荒废，城区不断缩小。朱仙镇在清乾隆年间是长十二里、宽五里的大镇。由于商业功能弱化，至清咸丰年间，朱仙镇已不足兴盛时的十分之一。② 到民国时期，朱仙镇只有西大街、估衣街、京货街等处还稍有商铺，其他街道早已荒废或只有少量居民居住。由于人口锐减，朱仙镇大量房屋荒废，居民将废弃房屋砖瓦出售。到1934年镇内房屋已拆去4/5，镇内耕田面积已占到城区的1/2。就连荒废的宅院内，耕田也占到一半以上，以致"断壁残垣，触目皆是"③。佛山镇由于城镇衰落，城区发展也十分缓慢。清乾隆年间，佛山镇有"铺区25个，街巷233条，3墟6市，码头津渡11个"，是"周遭三十四里"的商业大镇。④ 而至清道光年间，佛山镇已发展为"铺区27个，街巷596条，码头津渡28个"⑤。民国时期铺区仅增至28个。⑥ 嘉定县钱门塘，全盛时期"东达盐铁塘，西过姚家宅，人烟稠密，街巷纷歧"，至1930年前后，城区只有"其西北一隅"。⑦

（二）汉口镇的崛起

汉口镇在开埠通商后，由传统工商业市镇成功转型为现代都会城市，在人口、行业和城区等方面实现了快速发展。

城市人口实现了进一步的增长。近代汉口镇人口随着城市发展获得了持续增长。清代初期，汉口镇处于繁盛时期，城镇人口较多。1772

---

① 黄苇、夏林根编《近代上海地区方志经济史料选辑（1840—1949）》，上海人民出版社，1984，第279页。

② 朱军献：《因革之变：中原区域中心城市的近代变迁》，山西人民出版社、山西经济出版社，2013，第271页。

③ 开封教育试验区教材部编《岳飞与朱仙镇》，开封教育试验区教材，1934，第122页。

④ 韦庆远、叶显恩主编《清代全史》（第5卷），方志出版社，2007，第109页。

⑤ 黄启臣：《明清经济史论集》，中山大学出版社，2021，第205页。

⑥ 关宏编《佛山年俗》，世界图书出版公司，2013，第17页。

⑦ 黄苇、夏林根编《近代上海地区方志经济史料选辑（1840—1949）》，上海人民出版社，1984，第280页。

年，汉口镇就有居民 32209 户，人口 99381 人；1813 年，汉口镇有居民 36926 户，人口 129183 人。[①] 开埠通商后，由于城市交通和工商业得到进一步的发展，汉口镇的城市吸附能力得到进一步增强，人口规模迅速增长。1888 年，汉口镇的人口有 180980 人，1908 年，汉口镇的人口达到 244892 人，1911 年汉口镇的人口达到 59 万人。民国时期汉口镇发展为都会城市，人口数量进一步增长。至新中国成立前，汉口镇的人口已达到 84.6 万人。[②]

汉口镇的手工业行业此时日益发达。清初汉口镇行业发达，以至于有上八行和下八行之说，至 1907 年已发展出行业 140 个，商家 7000 多户。[③] 而随着开埠通商和外商在汉口镇办厂，除传统的手工行业得到发展外，外来洋货也开始进入汉口镇，成为城市中的特色品种。以纱布为例，1911 年，汉口镇有洋纱布店 20 多家，至 1919 年，已发展到 40 多家。[④] 民国时期，汉口镇的工商业分工更为精细。仅经营纺织品就分为批发、各色布行等多个门类。服装类则根据款式和功能有西服店、时装店等店铺。染料业则发展为单独的门类。电料电器业、无线电行等新式商业行业也纷纷出现。[⑤]

汉口镇的城区也进一步扩大。清道光年间，作为"天下四镇"之一的汉口镇已发展成为以河街、后街、夹街、堤街为主干道，由 32 条街、64 条巷形成"形如眠帚，上直下广"的城区版图。晚清时期，汉口镇开埠后外国政府纷纷在汉口镇沿长江一带设立租界。同时，京汉铁路的开通也带动了汉口镇城区的延伸和扩张。在此影响下，晚清的汉口镇城区进一步扩大，并沿长江岸边伸展和跨越铁路线向西北扩张。[⑥] 民国初期，

①　硚口区地方志办公室编著《汉正街与汉口城市》，武汉出版社，2017，第 10 页。
②　傅才武：《近代化进程中的汉口文化娱乐业 1861—1949——以汉口为主体的中国娱乐业近代化道路的历史考察》，西苑出版社，2022，第 91 页。
③　闫志主编《汉口商业简史》，湖北人民出版社，2017，第 157 页。
④　袁北星编著《荆楚近代史话》，武汉出版社，2013，第 182 页。
⑤　陈争平主编《中国市场通史》第 3 卷，东方出版中心，2021，第 84 页。
⑥　李军编著《近代武汉城市空间形态的演变（1961—1949 年）》，长江出版社，2005，第 18 页。

汉口镇面积已达 28 平方公里。①

(三) 明清时期中国工商市镇发展不同的原因

明清时期中国工商市镇虽有不同的发展走向，但有共同的作用因素。交通、政策和产业等因素在推动市镇的转型过程中发挥着重要作用。正是上述三个因素的作用程度不一，才导致了早期工商市镇的不同发展走向。

交通方面。交通区位优势变化是导致市镇发展走向异同的首要原因。工商市镇的兴起很大程度上得益于交通的便利，而各市镇的兴衰，也是因为交通区位的调整。早期朱仙镇是依托贾鲁河的水运而发展起来的，清道光年间，贾鲁河淤塞逐渐加重。1722 年，黄河发生决口，顺贾鲁河而下。由于贾鲁河河道狭窄，而朱仙镇又人口稠密，洪水漫溢，"镇上房屋多被惨毁"②。1843 年，黄河在中牟地区决口，朱仙镇被淹，水深达丈余，居民均在屋顶避难。水退之后，朱仙镇积留黄沙达七八尺之深，"商品全被浸没"③。朱仙镇的商业由此遭受沉重打击，"朱仙镇之精华，至此损毁殆尽"。1887 年，黄河又在郑州一带决口，致使贾鲁河河道不通，河流断绝数百里之长。朱仙镇的发展进一步受到影响，"商业经此益衰，贾鲁河因之益病"。1900 年春，受数次风沙影响，贾鲁河"岸被水毁，河由沙填"，"自此不通舟楫矣"。④ 同时，随着京汉铁路和津浦铁路的开通，漯河等地开始崛起，朱仙镇最终失去了南北货物转运枢纽的地位。佛山镇的衰落也与交通优势地位丧失有关。佛山镇因佛山涌连接广州而兴。随着佛山涌的壅塞，佛山交通优势逐渐丧失。清代中期以后，佛山涌"非遇潮汐，则舟不可行"⑤。为此，清道光至光绪年间佛山涌先后开展了三次大规模的治理。1936 年，随着粤汉铁路的开通，之前经西江、北江、东江方向运输的

---

① 硚口区地方志办公室编著《汉正街与汉口城市》，武汉出版社，2017，第 53 页。

② 山西省政协《晋商史料全览》编辑委员会编《晋商史料全览》（会馆卷），山西人民出版社，2007，第 208 页。

③ 陈超：《现代城市水生态文化研究——以中原城市为例》，中国水利水电出版社，2020，第 94 页。

④ 开封教育试验区教材部编《岳飞与朱仙镇》，开封教育试验区教材部，1934，第 131 页。

⑤ 朱培建主编《佛山明清冶铸》，广州出版社，2009，第 132 页。

货物不再经过佛山而是直达广州，人流物流开始向广州聚集，这进一步加速了佛山镇的衰落。

景德镇的衰落也与交通有关。清代初期，景德镇的瓷器业之所以发达，水运发挥了重要的作用。然而，随着河道的淤积，瓷器的外运受到严重影响。1934年，杜重远在对景德镇的瓷业进行调查时就发现景德镇的运输全依赖饶河，而饶河的上流水浅滩多，运输极为不便，"费时既久损害又多，影响于销路实大"①。位于吴淞江处的青龙镇，得益于便利的水运条件，在唐代成为盛极一时的港口。元明以后，由于河道逐渐淤塞交通优势丧失，青龙镇逐渐走向没落，至明万历年间已完全没落，成为"田夫耕废县，山鼠过颓墙"②的荒废之地。

反观汉口，随着开埠通商，航运业得到了进一步发展。晚清时期，汉口的长江航线更加繁忙，自1862年美国旗昌公司开辟汉申线后，各国纷纷加入上海至汉口的长江航运争夺中。20世纪初，上海至汉口间的定期航线上出现了五国八公司"混战"的局面。③1906年，京汉铁路通车后，以铁路为代表的近代新式交通方式促进了内陆交通格局的改变，并进一步巩固了汉口的交通枢纽地位。京汉铁路的开通不仅使河南北部融入汉口的商圈，也使"北京、汉口经济的关系亦加紧密"④。在京汉铁路和长江航运的加持下，沪汉联系不仅得到了进一步加强，也使得汉口的商圈和影响范围进一步扩大，在近代中国对外开放的大格局中，汉口通过和上海联动来影响内陆广大地区并加强自身地位⑤，为汉口从内陆中心城市向国际大都市转型奠定了基础。

政策方面。传统商镇兴衰也与政府扶持政策有关。一些城镇随着政府扶持政策的消失，因丧失市场竞争优势而迅速衰落。以佛山镇为例，佛山镇之所以能够迅速发展，在很大程度上得益于政府垄断政策的扶持。然而，到了1834年，广东省向全省开放铁锅铸造、发卖政策后，各地的铁锅

① 肖振松编著《近代景德镇陶瓷史略》，江西美术出版社，2017，第163页。
② 顾炳权编著《上海风俗古迹考》，华东师范大学出版社，1993，第74页。
③ 〔日〕水野幸吉：《中国中部事情：汉口》，武德庆译，武汉出版社，2014，第73页。
④ 徐焕斗：《汉口小志》，张博锋、尉侯凯点校，武汉出版社，2019，第148页。
⑤ 涂文学：《武汉近代城市史论》，武汉出版社，2022，第534页。

铸造厂开始纷纷出现。失去政府特许制度的庇护后，佛山冶铁业在广东的霸主地位开始受到冲击，1888 年，佛山的铁锅产值不及之前的三分之一[①]。景德镇的衰落也与御窑制度的衰落有关。1864 年，景德镇御窑厂才开始再次筹备开工，而此时景德镇御窑厂已停产 11 年。[②] 景德镇御窑厂的衰落对景德镇瓷器业的发展产生了重大影响，影响了景德镇瓷业的整体发展。明末清初，汉口镇在政府的盐运和漕运政策扶持下得以发展。第二次鸦片战争后，汉口作为沿江内陆城市被迫开埠通商。在西方势力的冲击下，一方面汉口的传统手工业受到冲击，部分政治和经济的权益被迫丧失，另一方面外来资本、先进技术和城市管理制度的引入也推动了汉口从传统工商业城市向现代都市的转型。与此同时，开埠通商也加强了汉口与各国的经济和贸易联系，推动汉口从"天下四聚"的内陆商品集散中心向内陆外贸口岸中心转变。1902 年，汉口进出货物总值达 100321000 海关两。1910 年达 152199000 海关两，"增进之速，实为欧美所不及"[③]。开埠以后，汉口的进出口额在全国外贸城市中仅次于上海，以致时人认为"上海为外国贸易之总汇，汉口为内陆贸易之中枢"[④]。

城市功能方面。随着近代中国市场被纳入西方资本主义市场体系，西方资本和先进技术开始进入中国内陆，并对传统手工业造成冲击。佛山镇、景德镇等依托传统手工业而发展起来的单一功能城镇在西方技术的冲击下，城市功能遭到破坏，并随之衰落。1913 年，英、法、俄、日等国倾销到中国市场的瓷器总值达 110 余万海关两；1930 年，激增至 260 余万海关两。[⑤] 外国瓷器的大量涌入，进一步挤压了中国的瓷器市场，加剧了景德镇的衰落。佛山镇是以铁器生产销售为代表的典型手工业生产型城市。随着西方技术的侵入，佛山镇的铁器业受到了冲击。清道光咸丰年间，从事铁线行业的有 10 余家，因洋铁线的输入，至民国时期仅存数家。土针行在清咸丰同治年间有二三十家，由于洋针输入，民国时期也仅存数家。铁

---

① 朱培建主编《佛山明清冶铸》，广州出版社，2009，第 132 页。

② 肖振松编著《近代景德镇陶瓷史略》，江西美术出版社，2017，第 2 页。

③ 徐焕斗：《汉口小志》，张博锋、尉侯凯点校，武汉出版社，2019，第 119 页。

④ 陈争平主编《中国市场通史》第 3 卷，东方出版中心，2021，第 83 页。

⑤ 傅扬编著《青花瓷器》，中国古典艺术出版社，1957，第 58 页。

钉行在清道光年间也有数千人的规模，由于洋铁的输入，"除装船用榄核钉一种外，余多用洋钉"[①]。开埠通商后，大量洋布涌入内陆市场。依靠丝织业而兴起的众多江南市镇，由于城市经济功能单一，在西方技术的冲击下，很快走向衰落。嘉定县真如镇，"近二十余年来，日形式微矣"[②]。宝山县的月浦里在洋布的冲击下，本土布庄也迅速衰落，"花行、布庄不过一、二，率皆客商开设，土人鲜有投资者"[③]。

反观汉口，随着近代开埠通商，汉口原有的城市功能不仅没有弱化，反而增强了。早在明末清初时汉口就发展为内陆区域性商品流通中心，成为"天下四聚"之一，其城市行业发展为八大主要行业。随着开埠通商以及交通区位优势的增强，汉口与上海的联系加强，汉口由内陆商品交流中心演变为国际性开放口岸都市。这一转型进一步强化了汉口的外贸流通型功能属性，提升了汉口的发展能级。与此同时，晚清张之洞督鄂时期推行"湖北新政"，在武汉地区大力兴办近代新式企业，同时又有大量外资涌入，推动了汉口向近代工业城市的转型。1911年，武汉有较大官办民办厂矿企业28家，资本额1724万元，在全国各大城市中位居第二。[④] 其中，民办企业发展较快，汉口燮昌火柴厂就是当时全国最大的火柴厂，年产量在行业内居全国首位。正是在外贸和工业的双重作用下，汉口由传统工商业城市转变为国际性现代工商业城市，城市功能趋于复合，经济属性日渐增强。

四　结语

明清时期中国早期商业市镇转型之路，反映出中国城市发展的演进历程。19世纪以后，世界出现了大分流。大分流产生的一个重要原因是西方

① 戴鞍钢、黄苇主编《中国地方志经济资料汇编》，汉语大词典出版社，1999，第419页。

② 黄苇、夏林根编《近代上海地区方志经济史料选辑（1840—1949）》，上海人民出版社，1984，第276页。

③ 黄苇、夏林根编《近代上海地区方志经济史料选辑（1840—1949）》，上海人民出版社，1984，第275页。

④ 湖北省地方志编纂委员会编《湖北省志·经济综述》，湖北人民出版社，1992，第26页。

通过殖民掠夺开发了海外市场从而获得发展要素。就中国社会来看，汉口镇、佛山镇、景德镇等地生产的商品虽然也远销海外，但主要还是依赖国内市场，国外市场还不足以支撑这些城镇发展出变革性因素，因而未产生类似西方的发展转向。不过，就东西方文明各自转型来看，欧洲文明早在中世纪中期以后就开始了向现代文明的转型，并得益于宏观、中观和微观的配套改革。① 而中国的现代文明转型则与明清时期商业城镇的兴起有着密切关系。这些商业城镇特别是以贸易为主要类型的商业城镇成为中国城市早期现代化重要的孕育区，19 世纪中期以后在西方冲击下艰难地实现了转型发展。正如罗威廉所言，19 世纪的中国社会并非停滞，也并不是等待外来刺激后才做出反应。事实上早在此前的一个世纪里，汉口社会就处在变化中，这种变化"只不过是沿着由中国自身社会经济发展的内在理路所规定的道路而已"②。进一步深入探究可以发现，这一变化可以从世界、国家、行业和个人四个视角所体现出的要素来展现转型动力的基本特征。

从全球来看，开放性对于市镇转型至关重要。城市的开放性不仅有利于各种要素的聚集，更在与外界的交流互动中相互学习提升，从而实现自身转型发展。以汉口镇为例，随着开埠通商，汉口镇从传统的封闭城市逐渐走向开放城市，由内陆型城市转变为对外开放的口岸城市。随着汉口的城市开放性日益增强，汉口从内陆物流中心发展成为世界重要的商业中心。同时，汉口的开放性也吸引了西方资本、技术，以及近代化的城市管理制度的传入，并推动了城市的转型。汉口的这种开放性在与其他通商城市的互动中，特别是在商业、人员往来等方面向上海等城市不断学习，使得城市现代性不断增强，最终发展成为近代重要的都会城市。而景德镇、佛山镇等其他传统手工业型市镇，由于没有通过开埠通商来扩大开放吸引先进技术、高素质人力资本聚集，只是单纯在西方技术冲击下被动应对，从而在世界资本主义体系中逐渐没落。

---

① 徐浩：《欧洲文明的现代转型——以转型、大分流与小分流的争论为中心》，《天津社会科学》2024 年第 1 期。

② 罗威廉：《汉口：一个中国城市的商业与社会（1796—1889）》，江溶、鲁西奇译，中国人民大学出版社，2016，第 415 页。

从国家角度来看，地方政府的治理能力也对工商市镇转型成败有重大影响。城市之间由于行政层级、经济因素和交通因素上的差异，实际上形成了一种中心与外围的关系。对于中心城市来说，外围城镇处于依附地位，一方面这种依附关系造成了二元结构日益严重，另一方面外围城镇也依附于中心城市获得一定资源而实现发展。早期工商市镇发展情况就体现了这一特征。汉口镇、朱仙镇、佛山镇的兴起，均有一个共同特征，就是距离省会城市较近，同时又交通便利。然而随着交通区位改变，佛山镇等市镇的优势迅速丧失，并因省会城市的"虹吸效应"而走向衰落。同时，工商市镇大多数行政级别过低，在近代社会转型中缺乏引领力，城市难以吸引近代化企业，也难以得到政策上的支持。相反，汉口镇因为靠近当时的湖北省省会武昌，同时又作为开埠城市，较早开始了开埠通商，因而在中国城市近代化过程中启动较早。同时，张之洞推行"湖北新政"后大力扶持汉口发展，不仅奏请清廷提升了汉口的行政等级，同时还采取了鼓励在汉口创办近代企业、修建京汉铁路等举措，加速了交通资源、经济要素等向汉口聚集，推动汉口近代工业和商贸业的快速崛起。

从城市行业来看，工艺技术创新和知识积累在城市转型中发挥着重要的作用。工艺技术上没有实现创新是手工业型市镇衰落的最直接原因。以景德镇为例，19世纪上半叶全世界风行的瓷花纸贴花工艺，直到20世纪中叶景德镇才开始普及。[①] 在这种情况下，自然难以抵挡西方技术的冲击。当然也有部分产品因工艺技术积累，也能在与西方产品的竞争中生存下来。如佛山镇的铁镬行，因工艺技术过硬、制作精良，为本乡特有工业，清同治年间外国人曾在香港招工铸造铁镬，后来因产品质量不如佛山而放弃。[②] 汉口镇在明末清初时期，手工业发达，有八大行之说。随着开埠通商和洋务运动的开始，大量近代企业的创办和西方先进技艺的引入，推动着汉口传统手工业的改造升级。以汉口传统的纺织业为例，由于湖北制麻官局等现代企业的创办，机器纺织技术大量运用，

① 罗学正、罗丹：《瓷海泛舟——景德镇陶瓷文化研究文选》，江西高校出版社，2020，第126页。

② 朱培建主编《佛山明清冶铸》，广州出版社，2009，第12页。

1892 年，武汉地区的纱锭占全国的 40.9%，仅次于上海，成为全国第二大纺织工业中心。[①]

最后从个体来看，高素质人力资本是推动市镇转型的成功因素。在市场交易中需要交易成本，其中就包括市场制度运行的费用、发现交易对象的费用等。[②] 当一个城市拥有大量符合市场需求的高素质人力资源时，必然会降低这些成本，提高经济效益。汉口镇之所以在转型过程中实现经济快速增长，一个重要原因是各类高素质人力资源的涌现。各类教育场所和大量外地高技术人才来汉口为城市提供了充足的高素质人力资本。其一是外地客商培养的人才。如晚清时期山陕商人等外地客商在汉口创办新安书院、紫阳书院等教育机构，培养了大量人才。其二是近代新式人才。如张之洞新政期间建立的湖北工艺学堂、两湖书院等新式学校也培养了大量人才。其三是外地优秀人才。如以清末宋炜臣为代表的一批近代浙江商人投身汉口建设。反观景德镇、佛山镇，因为没有培育和吸引掌握近代先进工艺技术的人才，它们在西方技术的冲击下迅速衰落。

综上所述，开放性、技术创新和知识积累、地方政府推动、高素质人力资本是明清时期中国工商市镇转型的重要动力。开放性保障了各类要素的汇聚，技术创新和知识积累保障了城市经济功能的巩固，地方政府推动则决定了城市的政策导向，而高素质人力资本则为城市的现代化发展提供了基本人员保障。

---

① 叶学齐等编著《湖北省地理》，湖北教育出版社，1988，第 315 页。
② 李云荣：《现代经济学理论与发展研究》，哈尔滨出版社，2023，第 74 页。

长江文化传播研究

南京博物院空间媒介实践考察*

邓天白　王从健**

摘　要：南京博物院是中国最早创建的博物馆，也是南京市民和世界各地游客的热点选择。在列斐伏尔空间三元辩证法的基础上，本研究通过参与式观察与深度访谈等方法发现，作为现实空间修补器的空间实践，南京博物院通过现实空间及云端南博的虚拟实践完成了对区域文化的时空延展、文化赓续和场景融合。作为多元需求承载物的空间表征，其通过立体策展、多媒介呈现、文化教育沟通地方历史文化与民生风貌，打造"网红"打卡点传播更适合社交展演的纪念符号与文化意象。作为重塑日常精神生活的再现空间，南京博物院通过市民日常生活的转译与改造，同"空间实践""空间表征"实现统一，完成了空间再生产的自主循环过程。南京博物院完成地方形象、文化消费与教育空间三元一体的身份打造，为文博空间的媒介设计与实践提供了新思路，为提高文化公共服务效能提供了参考。

关键词：空间三元辩证法　空间媒介　媒介实践　南京博物院

党的二十大报告明确提出，中国式现代化是物质文明和精神文明相协调的现代化。城市文化空间作为社会主义精神文明建设的重要载体，承担

---

* 本文得到2024年度江苏省重点智库研究课题"长江文化遗产的数字人文新景观创建研究"（项目编号：SCJ2401）的资助。

** 邓天白，扬州大学新闻与传媒学院副教授，研究方向为文化传播与新媒体；王从健，中国社会科学院新闻与传播研究所硕士研究生，研究方向为文化传播与平台经济。

着十分重要的责任。2023 年政府工作报告指出："实施文化惠民工程，公共图书馆、博物馆、美术馆、文化馆站向社会免费开放。"明确了博物馆作为政府投资兴建的公共文化空间要满足当下社会主义精神文明建设的需求——打造人民群众喜闻乐见的社会主义先进文化。

南京博物院作为国内馆藏丰富程度仅次于故宫博物院的博物馆，在承担社会主义文化建设、满足所在地人民乃至全体中国人的公共文化需求方面有着重要地位。本研究通过参与式观察、问卷调查法和深度访谈法，在列斐伏尔的空间三元辩证法（空间实践、空间表征和再现的空间）基础上，探寻南京博物院文化空间如何进行媒介实践的同时，也对个体关于南京博物院文化空间的媒介实践进行考察，思考"表征空间"如何作为一种文化资本帮助个体更好地进行自身的社会生活。

一　空间实践：作为现实空间修补器的南京博物院

列斐伏尔的空间生产理论认为，权力与资本的运作对空间生产和塑造具有关键作用，需要从三个维度理解特定的空间生产模式，由此提出了三元辩证法，包括空间实践，即城市的社会生产与再生产以及日常生活，它包括建成环境与物质生产过程；空间表征，即概念化的空间，它是一个由科学家、规划师等的知识和意识形态所控制的空间，是他们实现其空间生产目标的途径；再现的空间，即生活和体验的空间，是权力博弈后的结果。① 诚如黑格尔所言，空间并不是静止不动的，而是在持续运动发展中与时间相互转换。空间的生产也并不是静止不动的，三者之间存在相互影响，相互支撑，不断地滚动式、波浪形运动的关系，三者之间不断地交叉重叠。

空间修复理论由美国马克思主义学者戴维·哈维提出，他认为，根据"fix"的双重意思，空间修复的第一个含义是在空间装载某种东西，第二个意思是解决空间中的问题。② 博物馆作为历史和当下的综合体，是作为

---

① 〔法〕亨利·列斐伏尔：《空间的生产》，刘怀玉等译，商务印书馆，2021，第 12~13 页。
② 戴维·哈维：《空间转向、空间修复与全球化进程中的中国》，周宪、何成洲、尹晓煌译，《学术研究》2016 年第 8 期。

城市空间中重要的文化景观的存在。南京博物院不仅展现江苏地区的历史文化风貌和地域发展状况，更在当下这个深度媒介化的社会中作为困在城市中的居民的精神安身处，弥合社会加速导致的城市居民身体和心灵的分离。在空间的生产中，物质空间、社会空间和精神空间都在滚动着向前发展。就南京博物院而言，博物馆空间内的物、策展和个体实践所产生的生产行为，也影响着博物馆文化空间本身的生产。

（一）线下场馆的空间实践功能

1. 伴随时空发展的城市建设空间

南京博物院自 1933 年在蔡元培先生等人的倡议下建立，至今已经 90 年，经过数次扩建。新中国成立初期，政府拨款对博物院的建筑进行整修、增建，至 2009 年，为适应发展需求，南京博物院二期改扩建工程启动，改造艺术馆，新建特展馆、民国馆、数字馆、非遗馆，至 2013 年底重新向大众开放时，已然成了"一院六馆"的全新格局。结合南京博物院数次扩建的历史节点可知，南京博物院一直是随着南京城市建设的推进而扩充。

2. 寻根文化血脉的民族赓续空间

南京博物院对于历史的复现，使得原本在 20 世纪中期、20 世纪末和 21 世纪初城市快速扩展期间被资本扩张摧毁的历史风貌重新呈现在游客眼前，原本存在于基础教育阶段教科书中的历史知识活化在人们眼前。钱穆先生在《国史大纲》序言中说："当信任何一国之国民，尤其是自称知识在水平线以上之国民，对其本国已往历史，应该略有所知。"[①] 南京是一座历史文化名城，无论是本埠的市民还是外来的游客，想要集中了解南京乃至江苏的历史文化风貌，南京博物院是一个必然的选择。作为六朝古都和十朝故都的南京有着丰富的历史文化资源，城市中间各种历史文化遗迹、当代文化空间数不胜数且各具特色。然而，正是由于南京这座城市的历史文化底蕴深厚，任何一处文化空间都难以展现南京的完整风貌，因此需要

---

① 钱穆：《国史大纲》，商务印书馆，2022，第 1 页。

给匆匆而来的外地旅客、奔波在学习工作中的本地居民一个可以瞥见南京历史文化全貌的空间——南京博物院的存在就满足了这一需求。南京博物院作为南京（江苏）地区的国民进行历史教育、寻根民族血脉的重要空间。既成为城市文化旅游的展示窗口，又成为本地居民完成自我身份地方性构建的重要场所。

3. 整合"一院六馆"的综合文化场景

南京博物院所在的具体区域周围有民国时期建筑、明故宫、明孝陵，以及南京航空航天大学等其他公共文化空间，南京博物院同这些空间构成了多元文化的场景。文化场景的魅力，不在于博物馆、美术馆、酒吧等单体设施有多么完善，而在于这些设施以什么样的方式组合来形成特定的场景。[①] 南京博物院的"一院六馆"格局不仅在南京博物院的内部形成了系统性的、立体多元的文化场景，更在整个大的城市文化空间中作为枢纽性的存在，整合了周边乃至全南京的文化空间形成了泛南京城的文化场景。

（二）线上南博的虚拟实践

1. 云端展览：线上博物馆的打造

南京博物院通过实景三维空间采集设备将特别展览搬到线上，拓展了空间的容纳能力，使得游客可以通过南京博物院官方网站上的"虚拟展厅"在云端参观南京博物院举办的特别展览。"虚拟展厅"通过三维建模在用户面前重建了特展场馆，给予用户离身在场的体验。"虚拟展厅"在制作过程中尽量只保留博物馆空间中非人的装置，相较于线下参观减少了其他游客的干扰，同时通过添加切合特展主题的音乐和文字介绍来提升用户的沉浸化感知。这种"包场式"看展体验，使得用户的注意力更加集中于展览本身，从而减少了离身所带来的虚拟感和不真实感。

马歇尔·麦克卢汉有一个比喻：媒介是窃贼，我们是看门狗，媒介的内容则好比是一片滋味鲜美的肉，破门而入的窃贼用它来分散看门狗的注

---

① 陈波、侯雪言：《公共文化空间与文化参与：基于文化场景理论的实证研究》，《湖南社会科学》2017 年第 2 期。

意力。这启发了我们关注媒介的物质性。线上博物馆虚拟展厅的打造，一方面可以视为南京博物院现实空间通过媒介技术在虚拟空间的延伸与再造；另一方面，也可以视为平台对南京博物院现实空间的收编。博物馆和技术一起打造了具有南博特色，同时也带有平台技术特征的"虚拟展厅"。

2. "我的南博"：构建跨媒介社交空间

早在 1995 年，麻省理工学院媒体实验室的创办人尼古拉斯·尼葛洛庞帝（Nicholas Negroponte）就曾预言"我的日报"（the Daily Me）的诞生，昭示着科技能够让人的见闻不受报纸操控，也可以绕开电视网。人们可以精心选择每一个组件，设计一个专属于自己的通信程序包。当前，随着智能化移动终端的普及，平台作为嵌入个体日常生活中的基础设施一样的存在用户可以自由地挑选符合自我需求的信息资源在社交媒体空间中构筑属于自己的"我的南博"——游览者个体视角和数字媒介技术耦合的全新空间。根据调查问卷结果可知，84.72% 的游客表示，会在社交媒体上和他人分享在南博拍摄的视频和照片，由此我们不难推测游客对构建属于自己的"我的南博"有着较高的热情。

同时，在各社交媒体平台以"南京博物院"或"南博"为关键词进行搜索，发现了大量的有关"参观体验""游览攻略""拍摄技巧"的帖子。综合调查问卷和深度访谈中关于南博游览体验分享内容的回答可知，用户通过各种媒介产品在各个平台（微博、微信朋友圈、抖音、小红书、知乎、美团、大众点评等）上搭建属于自己的"我的南博"。

约书亚·梅罗维茨在他的著作《消失的地域：电子媒介对社会行为的影响》中，以"情境"为视角考察了媒介对现代社会的一系列影响，其中一点就是电子媒介使原本的私有情境变成了公共情境。[①] 当前，由于社交媒体平台在我们生活中广泛存在和被使用，这些居于社交媒体平台之上的"我的南博"事实上构筑了一种分布式存在的、各具特色的"南博分博"，成为南京博物院文化空间的新的物质性存在。

---

① 〔美〕约书亚·梅罗维茨：《消失的地域：电子媒介对社会行为的影响》，肖志军译，清华大学出版社，2002，第 158 页。

　　然而，这种"我的南博"往往都是"碎片化"的。这里的"碎片化"有两层含义，一是指空间的生产者通过复制媒体对南京博物院空间的再造是碎片化的，媒介对于空间的攫取受限于采集工具和呈现界面的有限性。用户生产内容（UGC）往往是相对静止的、碎片化的，是基于生产者自我的体验而言的，难以实现在数字空间中复现完整的南京博物院。二是指平台用户在游览社交媒体上的"我的南博"时的实践也是碎片化的，基于当下社交媒体使用的碎片化——在忙碌日常的空隙中浏览微博、微信、抖音、小红书等平台，这种碎片时间中的社交媒体体验导致"我的南博"注定是"碎片化"的。

二　空间表征：作为多元需求承载物的南京博物院

　　公共文化空间从本质上讲是一个社会空间和精神空间，然而，社会的、精神的活动往往需要有一个物理空间作为活动的平台和载体，因此公共文化空间是物理、社会、精神三种空间成分的结合体。[①] 作为公共文化空间的南京博物院的社会空间层面，即其"空间的表征"，承载着国家政策、地方政府、城市设计、自我经营等多方面的需求，其中的政治、经济、技术等多元关系相互交织，相互协调，使南京博物院作为一家大型综合博物馆，不仅仅是文物的展示柜，更是综合性公共文化空间。

（一）作为地方形象载体的南博意象呈现

1. 立体策展沟通地方历史文化

　　虽然如今的南京博物院是国内馆藏仅次于故宫博物院的博物馆，但13万多平方米的空间难以完整展出南博所有的珍藏。为更好地展示和介绍江苏乃至长江中下游的历史文化，南京博物院对自身格局进行重新规划，将博物馆划分为六个不同的场馆，即历史馆、特展馆、数字馆、艺术馆、非遗馆、民国馆，这样的场馆设计在某种程度上也将江苏的历史分割为横向

---

① 肖希明：《图书馆作为公共文化空间的价值》，《图书馆论坛》2011年第6期。

的几个部分，通过特定的文物选择和场馆安排将历史的横剖面展现在游客面前，使游客可以在游览过程中对当时的社会风貌有一种切身的体验。

南京博物院的常设展览分为史前到明清七个部分（"天地造化、史前神韵""列国风云、吴越春秋""郡国华章、汉家故里""江东风流、六代迭兴""东南都会、隋唐华彩""江淮多姿、宋元气象""盛世江南、明清辉煌"），通过展览不同历史阶段的文化遗迹——文物、民俗，以及相关的延伸品——在时间纵向上讲述了江苏地区的政治、经济、文化面貌。德里克·格雷戈里在其著作《地理学想象》（*Geographical Imaginations*）中首次提出"作为话语的地理学"这一观点，通过"知识、权力、空间性"这一主线阐释了空间作为一种话语对于构建"自我"和"他者"的作用。① 南京博物院通过空间的呈现，一方面强化本区域居民的"本地人"的认识，另一方面也通过这种差异化的区域文化，让外地游客产生"历史上的江南原来是这样的"想象。

2. 多媒介展现地域市民生活风貌

南京博物院在策展安排中充分体现了各阶段本区域大众的生活风貌，通过反映居民生活场景的文物展出，复原先民的生活场景与仪式，以及安排地方民俗和非遗技艺的展示，实现了多元媒介下对地域内市民生活的再现。南京博物院在民国馆内复原了一条民国风情街，从整体到细节，无一例外都呈现民国特性。展厅通过复原民国风格的火车站、邮局等建筑展示当时的城市生活景象，利用声、光、电等技术模拟再现了民国时期的街景，营造出真实的历史氛围。民国馆的民俗茶社中安排了白局、京剧、昆曲、扬剧等传统戏曲曲艺的演出，复原了民国茶馆的经营与消费场景，使游客可以跨时空沉浸体验民国市民的生活风貌。非遗馆也会定期安排非遗展示活动，向游客展现江苏地区的非遗。在数字馆中，通过数字媒体技术，南京博物院将五代十国时期南唐画家顾闳中的《韩熙载夜宴图》活化，展现了南唐士大夫的真实生活场景。

正如鲍德里亚在《消费社会》中所指出的那样，当下"富裕的人们不

---

① 转引自林耿、潘恺峰《地理想象：主客之镜像与建构》，《地理科学》2015年第2期。

再像过去那样受到人的包围，而是受到物的包围"①。南京博物院的空间呈现的是一种多媒体共同体互动互嵌的复杂景观，个体被丰富的媒介环境所包围，陷入现实与虚拟技术共建的复杂景观中，在其中流连忘返。这样的空间营造是对游客日常空间的"偏离"——无论是本埠的居民还是外来的游客对于这样的景观空间都是陌生的。他们短暂逃离了日常的现实空间，具身于南京博物院营造的先民生活场景与技艺、仪式等历史情境中，获得了不同于日常的"异质"空间体验。

3. 丰富展览连接南京与世界

南京博物院立足南京本埠的同时，也为游客带来与世界相遇的机会。南京博物院与国内外多家博物馆进行文物交流展出，2023 年初南京博物院就安排了名为"小人书 大世界——中国美术馆藏连环画原作精品展"的展出，展览精心挑选了 200 多幅由中国美术馆收藏的不同时代的具有代表性的连环画原作精品，和广大观众一起回顾中国连环画发展的历史。此前更是策划了"浮世绘特展""金色阿富汗——古代文明的十字路口"等世界其他文明的优秀文化成果的展出，让游客可以在南京看见世界，在南京博物院的文化空间中展示来自异国他乡的文明，不同文化在同一空间中交流碰撞，让游客体验到人类文明和文化的多样表达。

此外，南京博物院也同国内外其他博物馆合作，开展文物赴外展出活动。例如，苏州博物馆的"元代的江南"特展中就展出了 9 件（套）藏品，这些展品在装点苏州博物馆空间的同时，也展示了南京博物院在藏品积累上的成果，吸引了更多游客前往南京博物院参观。在跨国的展览交流中，南京博物院多次参加国家文物局、中国文物交流中心组织的海外展出，南京博物院的文物在大英博物馆、大都会艺术博物馆、苏格兰国家博物馆等多家海外博物馆有过展出活动。南京博物院以文物为媒介参与跨文化传播中的中国文化空间的构建。诚如麦克卢汉所预言的那样，数字媒体的发展与普及，使地球村成为某种程度上的现实。作为承载东西方文明的公共文化空间，南京博物院在空间的表征上将遥远的文明拉近到眼前，构

---

① 〔法〕让·鲍德里亚：《消费社会》，刘成富、全志钢译，南京大学出版社，2014，第 1 页。

建了当下与历史、南京与世界对话的真实情景。

（二）适应社交媒体传播的南博意象

1. "网红"打卡点的构想与实践

正如尼克·库尔德利（Nick Couldry）等在《现实的中介化建构》中所说，当复杂的媒体技术系统被建立起来并保持稳定，且相关的通信实践变得制度化时，现实的中介构建就显得"自然"，这样，中介的构建过程就变得物化。[①] 社交媒体的影响力已然渗透进了我们日常生活的方方面面，在南京博物院文化空间的空间表征中也可以看到媒介技术的体现。社交媒体平台上意见领袖的攻略指引或者拍照姿势都深深影响了南京博物院文化空间中的符号表征。借用拉图尔的行动者网络理论来解释，即游客作为社交媒体平台的转译者进入南京博物院空间内，并经由游客的实践来改造空间使之成为更符合社交媒体平台需求的空间。例如，历史馆前的汉白玉栏杆、古代文明展厅中的红墙设计、民国馆的火车站和邮局都成为重点的打卡区域，常常聚集游客排队打卡，成为空间中新的表征。

不仅如此，社交媒体平台的力量还在南京博物院的空间设计中得以体现，在最初的空间实践的基础上产生符合社交媒体平台需求的空间的表征。这点主要体现在民国馆的店铺经营中，其中的旗袍租赁服务提供了物质支撑，经营者的民国服饰则与原本的民国建筑交相映衬，再现历史风貌，使用户的打卡实践得到了空间内物质与精神的支持。

2. 适合社交展演的纪念符号

在当前游客的符号消费需求和博物馆经营性需要的双重影响下，南京博物院也选择性呈现了一些适合社交展演的纪念性符号，其中既有南京博物院的文化特色，也有社交媒体消费风潮的影响。其中最具代表性的是南京博物院的打卡盖章活动和文化纪念品商店。

博物馆盖章活动在国内最早是在故宫博物院兴起的，南京博物院的打

---

① 〔英〕尼克·库尔德利、〔德〕安德烈亚斯·赫普：《现实的中介化建构》，刘泱育译，复旦大学出版社，2023，第 273 页。

卡盖章模式基本上复刻故宫博物院的做法，通过在空间中设置盖章打卡点，来引导游客的游览路线。南京博物院在自己的社交媒体账号中也推出了官方的盖章地图，进一步明确游客的观展体验，从而打造更符合策展人需求的意义体验之旅。另外，打卡盖章活动在社交媒体平台上的传播也将这些打卡点的空间的表征加以放大，拓展到更为广阔的互联网空间中。

目前南京博物院内文化创意产品开发分为典藏精品、创意文具、趣味生活、饰品配饰四大类，品种共近 2000 种。据笔者对南京博物院文化创意部工作人员的采访得知，在这四大类产品中"创意文具"类最受消费者欢迎。除了自身的设计人员，南博还定期举行"紫金奖·博物馆文化创意设计赛"吸引社会力量——尤其是高校大学生群体参与文创设计，设计出符合青年人需要和符合互联网文化潮流的文创产品，从而促进文创产品的销售。

（三）符合文化教育功能的南京博物院意象

1. 学校教育补充的意象选择

南京博物院丰富的馆藏以及专业全面的研究组织架构，为南京博物院开展各年龄段公众教育活动提供了强大的专业保障。每年寒暑假期间，南京博物院社会服务部都会向中学生推出"考古夏令营""文物修复营"等品牌研学活动，吸引了海内外许多对文化、历史感兴趣的中学生前来报名。在此过程中，南京博物院打造出属于自己的游学品牌"清溪课堂"。

此外，为了贯彻落实《关于利用博物馆资源开展中小学教育教学的意见》，推动博物馆资源开发应用，促使学校更好利用博物馆资源开展教育教学，提升大中小学生利用博物馆学习的效果，南京博物院策划推出了"双师云学堂"系列视频教学案例，通过双师授课、展厅沉浸式教学，启发教师利用博物馆资源进行多学科开发的思路，并以线上推广的方式，促进博物馆与大中小学网络教育资源对接，建立线上线下相结合的教育服务机制，让更广泛的师生享受到博物馆空间中的教育资源。此外，南京博物院还特别开展"大江万古流——长江下游文明特展"种子教师线下培训，通过展览概况介绍、教育活动开发分享等环节带领教师认识长江下游文明，探讨相关教育课程的策划与实施思路，实现博物馆与学校的合作共赢。

2. 公民教育提升的意向选择

正如鲍曼所指出的，在今天，无论是全球性资本还是民族国家，无论是大多数人还是知识分子，道德责任的衰落和沉寂在历史上是前所未有的。① 南京博物院在策展过程中明确自身的定位——不仅仅是文物的陈列空间，更是公民教育的公共课堂。南京博物院在面向公众服务时，针对观众的类别和特性实施分众教育项目，主要按年龄层次、知识结构、参观目的等方面划分出青少年、成年人、残障人士、普通观众、专家等群体，策划、实施了不同层次的展览和配套社教活动。

同时，南京博物院结合时事背景推出社会主体议题的展览活动，如2014 年南京青奥会期间结合"博·戏——中国古代体育文物展"推出了射箭、投壶、滚铁环、鞭陀螺等中国传统体育项目比赛，让公众在游戏中感受中国体育文化。② 在日常参观中，南京博物院提供的电子讲解器和免费的人工讲解都在一定程度上成为公众提高认知、加强历史文化学习和思想道德修养的重要媒介。

三 再现的空间：重塑日常精神生活的南京博物院

为了满足个体自身的精神和文化的需求，人们需要有一个"共在"的公共场域进行交流与互动。没有人与人在空间上的交往，就不可能发生社会互动。安东尼·吉登斯在其结构化理论中反复强调"共同在场"对社会结构的重要性，因为"共同在场"使日常接触成为可能，而这是社会存在的基础。南京博物院的空间体验和记录会一直延续到日常生活中，在日常生活的交往实践中再现的空间构建出了"共同在场"新场景，使南京博物院的空间实践和空间的表征得以参与到个体日常生活中，而"再现的空间"也会在新的交往场景中参与空间实践和空间的表征，以实现空

---

① 穆宝清：《流动的现代性：齐格蒙·鲍曼的后现代思想研究》，《中山大学学报（社会科学版）》2013 年第 5 期。

② 龚良：《从社会教育到社会服务——南京博物院提升公共服务的实践与启示》，《东南文化》2017 年第 3 期。

间生产的循环。

（一）个体与群体归属的文化展演需求

1. 自我印象管理中的南京博物院体验

在戈夫曼的拟剧理论中前台（front stage）与后台（back stage）这一对概念是最为人所知晓的。前台指的是"个人在表演期间有意无意使用的、标准的表达性装备"，后台则与之相反，说的是"那些被竭力抑制""可能有损于它所要造成的印象的那些行动"。[①] 我们对于前台和后的操纵，便是所谓的"印象管理"（impression management）。[②] 当前，随着社交媒体和现实生活的充分绑定，原本个体为展现自我品位而进行的前台表演活动也延伸到各大社交媒体平台。

而作为公共文化空间的南京博物院也成为个体印象管理的重要符号资本，南京博物院在个体社交媒体发布的内容中达成空间再现，通过对南京博物院空间场景与活动内容的截取与再现，来更好地呈现自我形象。一方面，南京博物院的空间实践在个体的自我阐述中被复原到具体的交往情境中，成为个体的文化资本，帮助个体更好地完成自我形象的展示。另一方面，南京博物院的空间复现借助个体的转译重塑了自我话语，实现了空间的生产循环。再现的空间一方面是作为个体前台表演的道具，另一方面也是观众理解用户表演的媒介。个体通过对南京博物院的空间挪用和改造，满足了日常生活的交流沟通，以及展现个体品位，提升自我形象等需求。

2. 社交群体交往中的南博空间

阿尔弗雷德·格罗塞曾指出，媒体可以传递身份认同，同样也可以传递阶层认同。[③] 在《区分：判断力的社会批判》中布尔迪厄介绍了"生活风格"（style of life）的概念，他认为"生活风格"是不同阶层的人所呈现的

---

① 〔美〕欧文·戈夫曼：《日常生活中的自我呈现》，冯钢译，北京大学出版社，2016，第19、97页。

② 董晨宇、丁依然：《当戈夫曼遇到互联网——社交媒体中的自我呈现与表演》，《新闻与写作》2018 年第 1 期。

③ 〔法〕阿尔弗雷德·格罗塞：《身份认同的困境》，王鲲译，社会科学文献出版社，2010，第 12 页。

日常消费偏好，"生活风格"的差异反映了趣味的差异，趣味的差异能反映出不同阶层之间的差异。[①] 这种由"生活风格"所反映的阶层差异也往往基于媒介的呈现体现在用户身上。对于当前深度媒介化的社会生活而言，通过社交媒体平台展现符合自身所在社群的文化品位成为用户的重要消费之一。用户通过在社交媒体平台上发布自己参观南博的体验，从而实现了空间的再现，并在与观看者的交互中实现了对社群的社会资本的主观性改造与挪用。

著名媒介学者何塞·凡·戴克（José van Dijck）认为，人的社会性（sociality）和聚合性（connectivity）的生产是社会化媒体的基本特征，[②] 通过在社交媒体平台上对南博空间的重现，个体可以构建起同群体之间的联系，群体也可以构建与其他群体之间的关系。这种对日常消费偏好的选择反映出个体的社会地位、文化层级等社会性属性，在一定程度上也可以认为是社会空间在个体精神空间的投射。这一相互交织、相互缔造的双重空间在群体选择、群体归属和群体交往中产生着重要的作用。被访者 X 同学提到，作为博物馆爱好者，他经常去一些博物馆参观，并在社交媒体平台上发布相关内容，还因此加入了一个博物馆爱好者群，并在里面交流自己参观南京博物院的经历。游客基于对中华传统文化和民族身份的认同，产生线下购买纪念品，或在线上完成关注南京博物院社交媒体账号、"我的南博"的生产及其互动等行为，完成了"重新部落化"[③]。这时观看所诞生的文化意义，产生了新的社会群体和社会关系，对于南博空间的共同体验和认知，是社会群体得以联结和互相认同的文化印记，是一种进行社会交流的社会资本。

（二）地方文化归属的重建

1. 完成对区域性身份的认同

当前，各种文化思潮通过社交媒体平台以信息瀑布的形式不断冲刷着

① 〔法〕皮埃尔·布尔迪厄：《区分：判断力的社会批判》，刘晖译，商务印书馆，2015，第 59~60 页。

② J. van Dijck，"Facebook as a Tool for Producing Sociality and Connectivity," *Television & New Media*，Vol.13，No 2，2012，pp.160-176.

③ "重新部落化"这个概念是指人们在城市实体空间所衍生的聚落"文化部落"中，个体与群体的身体演变出一种对城市精神意象的观念指引与主体性身份的反复确认。

用户的心理，现代性对个体的侵袭使人们在现代生活中很难明确自身的归属。个体的地域性身份的认知来自对地域文化的共同认知，例如方言、民俗、饮食文化等。地方博物馆作为构建一个整合、呈现文化资源的重要空间，是个体习得、验证和展演自身地域性身份的重要资源。一方面，在个体进入博物馆空间之时，通过对自身过往习得的地方性的经验、经历与博物馆展出的文物和举行文化展演活动的体验进行相互验证、相互补充，提升并融合自身对地方文化的理解，达到对自我地域性身份的想象与认同；另一方面，在日常生活中通过对南博空间的截取，与日常生活相互印证，并在日常生活中持续输出与南京博物院相关的话语，加强了个体对地方的归属感与认同感。

2. 重建个体地方性展演的自觉

对于南京本地的居民来说，他们在向非南京人介绍南京这座城市的重要资源时会经常提及南京博物院。在本研究的问卷调查中，当被问及"你乐意在介绍南京时提及南京博物院吗"，超过半数（50.22%）的被调查者表示积极的态度（"非常同意"占22.71%；"同意"占27.51%），同样在深度访谈中，被访者中大多也表示，在向非南京人介绍南京时愿意推荐南京博物院。

博物馆作为地方性文化集中呈现的重要公共文化空间，成为外地游客认知地方的重要空间，在其社交媒体呈现南博空间也成为游客到达南京、认识南京的重要地方性展演行为。在个体愈发趋于流动的现代性阶段，如何在文化层面锚定自己的地域身份成为流动中的个体找寻自己的"根"的重要问题，这个问题在中国社会中极为明显——在中国社会中对乡土的坚守是扎根在记忆深处的。费孝通先生在《乡土中国》开篇的第一句话就说："从基层上看去，中国社会是乡土性的。"[①] 南京博物院的空间体验和空间再现成为游客在日常生活中构建自己在地性身份的重要"锚点"，使流动的个体在再现空间的地方性展演中获得身份的确定性和自豪感。

---

① 费孝通：《乡土中国》，北京出版社，2005，第1页。

（三）市民日常生活的补充

1. 虚拟与现实的意义连接器

历史唯物论认为，意义是人的社会存在和社会实践的产物。意义体现了人与社会、自然、他人、自己的种种复杂交错的文化关系、历史关系、心理关系和实践关系。基于此，我们对意义作出如下界定：所谓意义，就是人对自然事物或社会事物的认知，是人为对象事物赋予的含义，是人类以符号形式传递和交流的精神内容。[1] 意义活动属于人的精神活动的范畴，但它与人的社会存在和社会实践密切相关。

南京博物院作为一家"网红博物馆"无论是在社交媒体上，还是在线下交流中都有着众多拥趸。许多人因接触南京博物院的社交媒体账号，或用户生成内容 UGC 构建的"我的南博"，从而踏入了现实的南博空间，被其中灿烂的历史文化遗存所惊艳，从而收获历史、文化、艺术等诸多方面的体验和认知。同时这些接触行为，也深刻影响了游览过程中的空间实践，以及日常生活中精神空间对南京博物院空间的再现，这也是日本学者藤竹晓提出的"拟态环境的环境化"在社交媒体时代的新体现。

2. 公民教育的补充性存在

作为近代法国最具国际影响力的思想家之一，皮埃尔·布尔迪厄（Pierre Bourdieu）创造性地提出了"文化资本"等理论概念。布尔迪厄阐述的文化资本有三种形态——身体化形态、客观化形态和体制化形态。[2] 身体化形态，指行动者通过家庭环境及学校教育获得并成为精神与身体一部分的知识、教养、技能、趣味及感性等文化产物；客观化形态，即物化状态，具体地说，就是书籍、绘画、古董、道具、工具及机械等物质性文化财富；体制化形态，是将行动者掌握的知识与技能以某种形式（通常以考试的形式）正式予以承认并通过授予合格者文凭和资格认定证书等社会公

---

① 　郭庆光：《传播学教程》，中国人民大学出版社，2011，第 44 页。

② 　转引自张宏邦、陶艺《区隔与认同：影评社群话语阐释》，《现代传播（中国传媒大学学报）》2021 年第 3 期。

认的方式将其制度化。① 博物馆空间若想要作为文化资本而发挥作用，就必须对应某些身体形态文化资本。双方结合起来，才能发挥文化产品的文化资本功能。布尔迪厄认为，经济资本、社会资本与文化资本三者之间可以互相转化。

南京博物院首先作为被消费的"物"而存在，南京博物院及其衍生品作为文化商品能够进入市场流通、消费和买卖，有一定的使用价值，能够给生产主体带来一定的经济资本，同时也作为文化符号被消费，近年来文物与博物馆热度的大涨，使人们对博物馆的参观与消费成为对传统民族文化符号消费的表征。这种符号消费延续到生活中，对个体的审美提升有着重要的影响，因此南京博物院成为公民教育中美育的重要课堂，在潜移默化中转化成为博物馆具身传播中的公民教育读本，从而实现社会资本的积累以及现代公民的自我素养提升。

四　反思与结语

本研究从空间实践、空间表征和再现的空间三个层面，分析了南京博物院文化空间的媒介实践，讨论了南京博物院文化空间如何通过媒介实践完成公共文化空间的呈现，以及社会公共性需求和个体日常性需求的连接。南京博物院的文化空间在个体的反复进入实践中、在日常生活中的反复话语实践中完成了空间生产与再生产的循环。

正如尼克·库尔德利在《现实的中介化建构》一书中提醒我们的那样，当前我们的社会生活越来越被置于媒介的基础设施之上。游客对南京博物院的参观体验越来越基于作为空间的媒介。在南京博物院进行参与式观察期间，笔者发现大多数游客对拍摄的兴趣远大于对南京博物院空间展出本身的兴趣，更多的人沉溺于对空间内符号资源的"掠夺式"取用，却对真正的意义视而不见。近来社交媒体上兴起一种"特种兵式旅游"，即

---

① 朱伟珏：《"资本"的一种非经济学解读——布迪厄"文化资本"概念》，《社会科学》2005 年第 6 期。

只追求到达空间，完成打卡式任务的空间体验，这一现象与笔者的观察相一致。斯科特·麦夸尔（Scott McQuire）在《地理媒介：网络化城市与公共空间的未来》一书的结尾曾提醒我们，地理媒介与城市公共空间之间的纽带如今已经成为我们尝试重新理解数字和技术问题的关键场景。① 在这种与他人和世界相处被长期中介化的当下，平台和技术对南京博物院的媒介空间、媒介实践影响有多大，本文并未深入讨论，值得以后继续研究。

此外，本研究的样本量和参与式观察周期十分有限，对于南京博物院丰富的馆藏和各类策展、活动的空间实践呈现只是笔者研究期间的一瞥，难以展现南京博物院作为城市公共文化空间的全部媒介实践。由于南京博物院接待游客的复杂性远超个体研究者能力所涵盖的范围，所以笔者对参观者的"空间再现"的调研也是挂一漏万的，期待后来者的深入探讨。

---

① 〔澳〕斯科特·麦夸尔：《地理媒介：网络化城市与公共空间的未来》，潘霁译，复旦大学出版社，2019，第143页。

国际传播中长江文化形象的结构确立及媒介实践

杨郑一[*]

摘　要：长江作为国家象征赋予对外传播实践以广阔场域，在其文化形象传播的过程中，"东言西渐"的传播理想与"西强东弱"传播格局形成激烈碰撞，促使长江文化在传播过程中面临表达错位与观念偏移的双重困境。基于现实的情境，可以从"文化的循环"的理论视角出发，审视和把握国际传播中的构成主义空间实践，在符号表征和规则层面加强代表性符码的建设能力，在文化生产和消费层面通过"排他"建立边界，在文化意义和价值认同层面形成历史与当下的复杂聚合。在长江文化形象的媒介传播中，还需要打造中华通用符号叙事体系，提升媒介话语供给能力，形成文化认同保障机制，实现整合文化营销，以此为建构中国文化软实力提供强大力量。

关键词：长江文化　国际传播　媒介建构

20 世纪哲学和社会科学的"语言学转向"和"文化转向"把认识论意义上的表征概念拓展为泛文化实践意义上的表征概念，其研究方法提供了建构文化形象、传播文化意义的实践理路。在全球范围持续拓展的现代性背景之下，其理论意义和现实意义得到充分彰显。党的二十大报

＊　杨郑一，扬州大学新闻与传播学院硕士生导师，扬州广播电视总台副研究员，研究方向为文化传播、视觉修辞。

告明确提出要"加快构建中国话语和中国叙事体系……全面提升国际传播效能"①。党的二十届三中全会通过的《中共中央关于进一步全面深化改革推进中国式现代化的决定》提出，要"构建更有效力的国际传播体系。推进国际传播格局重构，深化主流媒体国际传播机制改革创新，加快构建多渠道、立体式对外传播格局"②，这些表述已经形成了完整而清晰的宏观改革设计。在国家意志的驱动下，中华文明在与世界文明的交流互鉴中不断推动文明更替与话语更新，新的话语与社会实践作用于国际传播领域，带来了新的问题域与实践域，而长江作为中华文明的代表性文化符号，是被各方面关注和阐释的重点。作为兼具地理（生命）意义和文明（记忆）意义的超级文化系统，长江文化在国际传播实践中能够形成显著的辐射力、感染力、亲和力、同化力，成为表征国家形象、建构共同意识的有力工具，能够推动世界更好地读懂中国、接受中国、理解中国、认同中国。但与此同时，长江文化在对外传播的过程中也面临着"东言西渐"中的诸多困境，如何破解文明对话中的传播壁障和表达错位，形成更加有力有效的文化传播体系，成为必须认真解决的课题。

一　问题的提出：国际传播中表达错位与观念偏移的双重困境

作为中华文明的母亲河，长江为多元一体的中华文明提供了丰厚的滋养。从空间形态上看，长江串联了羌藏、滇黔、巴蜀、荆楚、湖湘、皖赣和吴越等七个文化区，形成了包含羌藏文化、滇黔文化、巴蜀文化、荆楚文化、湖湘文化、皖赣文化、吴越文化和海派文化等八种文化的巨型流域性文化系统，形成了具有异域的共时性和历时的共域性特征的拓扑空间

---

① 习近平：《高举中国特色社会主义伟大旗帜　为全面建设社会主义现代化国家而团结奋斗——在中国共产党第二十次全国代表大会上的报告》，人民出版社，2022，第45~46页。

② 《中共中央关于进一步全面深化改革 推进中国式现代化的决定》，《人民日报》2024年7月22日，第1版。

群。① 从文化资源上看，长江沿线分布着全国约 40% 的不可移动文物，800 多项国家级非物质遗产项目，集聚了具有超级规模的文化富矿。从文明形态上看，长江与中华民族的形成息息相关，自新石器时代起形成了三星堆文化、河姆渡文化、良渚文化、金沙文化等文化遗存，在历史上更是长期成为经济富饶发达的文明腹地，在中国古代形成了"一江一河"（长江和黄河）相互渗透影响的文明形态，为中华文明体系的最终形成奠定了基础。② 从经济贡献上看，长江作为超级水道，串联了从内陆到沿海的广阔地区，通过发达的交通运输促进了人员和物资的流通，形成了繁盛的商业社会，长江上游的成都，中游的江陵和宛城，下游的扬州、苏州等在历史上都是发达的中心城市，孕育出具有鲜明特色的城市文化与市民文化。近年来，我国正积极挖掘长江文化的时代价值和传播价值，以国家文化公园为基本载体，统合和开发长江文明的基因和灵韵，进而传递其独特的文化意义和审美价值。在国际传播中，我国也积极运用各种平台载体，推动长江文化的对外阐释与传播，力图在长江文明叙事中展现当代中国的"文明大国形象""东方大国形象""负责任大国形象""社会主义大国形象"等国家特征③，并最终实现以文化发展推动经济发展和对外开放的总体目标。

　　形象塑造的本质是信息传播，文化形象的建构是本国自我话语描述与他国话语描述相互博弈的结果。④ 在数千年的中华文明史中，长江文化作为中华文明的源头、家园和智慧的象征符号，早已形成伟大的传统，在其时空场域内流转延伸的符号、传说、话语和故事，成为中华民族和中华文明的重要象征，并为当代中华文明的创新发展提供丰厚滋养。在全球多元文化融合竞争的背景下，文化形象的建构是保持国家文化主体性的有效手段，也是国家"软实力"的重要组成部分，中国的和平发展迫切需要中国

① 李越、傅才武：《长江文化共同体：一种基于文化拓扑的解释框架》，《学习与实践》 2022 年第 6 期。

② 刘士林、姜薇：《长江文明视域下江南城市发展与文化传承》，《江西社会科学》 2022 年第 4 期。

③ 《习近平：建设社会主义文化强国　着力提高国家文化软实力》，《人民日报》 2013 年 12 月 30 日，第 1 版。

④ 蒙象飞：《文化符号在中国国家形象建构中的有效运用》，《社会科学论坛》 2014 年第 6 期。

文化和中国价值的广泛传播，以达到消解成本、促成对话、推动发展的积极作用。同时，在中国文化对外传播的过程中，我们既面临来自西方话语的"傲慢与偏见"，也需要应对自身文化生产和传播能力的不足，必须在精准定位的基础上，建构一种行之有效的认知体系、话语体系、传播体系，形成推动中国文化走出去的有效方法和路径。

现实中，在"西强东弱"的国际传播格局下，我们的对外传播普遍面临着表达错位的问题，它已经成为制约中华文化对外传播效能的显著影响因素。其一，从外部环境系统维度来看，中华文明的对外阐释面临着政治宣传和意识形态错位的挑战。在全球文化与意识形态竞争的背景下，西方舆论场中长期存在歪曲、渲染与抹黑中国的强大声音，这一现象符合国际传播中关于发展中国家民族文化和价值观念会受到发达国家观念认知侵害与支配的文化帝国主义观点。① 在文化帝国主义思想驱动下，诸多西方传播机构力图通过系统性的话语实践建构符合西方利益和地缘意识形态的传播话语体系，并积极推动对中国国家理念和价值精神的消解与扭曲。特别是近年来，对中国国家形象的整体性曲解已经在很多场景中成为"政治正确"，这种外部扭曲会促使中国文化在国际传播活动中陷入话语陷阱与表达失语的情景之中，导致中国文化传播陷入失位与被动之中。其二，从内部符号实践维度来看，文明传播中的互文性缺失成为制约符号叙事和文化表征的内部阻隔。从现实情况看，全球东方文明、西方文明、南方文明间存在显著文化差异，在文化传播链条中能够形成关键影响的除了文化精神与观念之外，还有在地情感、观念与思维模式、社会背景与时尚观念等复杂因素，特别是在当下复杂媒介界面融合传播的情境下，文明叙事需要围绕"元概念"和"源故事"进行互文性建构，为受众打开接受文明叙事和文化价值的有机窗口。但是在国际传播实践中，由于叙事场景与传播场域的局限，中华文化的符号系统与世界多元文化符号系统的对话尚显不足，在符码错位的情况下，文化观念在传播过程中会出现"偏移"，进而影响其建构意义的能

---

① 余清楚、郭迎春：《美国主流媒体报道对中国在东盟可信政治形象的影响探究——以美媒关于"一带一路"报道为例》，《国际新闻界》2024年第8期。

力。因此中华文化在对外传播的过程中也迫切需要强化符码互译与接合的能力，即综合运用文化的、语言的各种概念系统去建构起更丰富的表征和内涵，最终实现一种观念上的建构，这将在对外传播实践中产生显著意义。

基于存在的现实问题，近年来研究者们聚焦长江文化的传承发展和中华文明国际传播议题开展了系统研究，铺展了宽广而深厚的问题域。在长江文化传播方面，研究者们认为长江在"世界之中国"时代成为承载中华民族"过去—现在—未来"的超级文化母体，其所蕴含的民族文化基因和族群集体记忆成就了超级文化IP，形成了显著的文化资本增值意义;[1] 长江文脉所蕴含的和谐共生、求同存异、革故鼎新、自强不息的文化精神构筑了现代文明的价值脊梁，为中国以中国式现代化创造人类文明新形态的愿景提供了面向世界的窗口和传播中华文化的舞台;[2] 传承长江文明基因、弘扬其内在精神，需要实现精神文化与物态文化的结合，通过让长江流域的文化要素互相融通，文化感情更加密切，文化传统得到传承，文化优势充分发挥来打造具有世界影响力的长江文化带。[3] 长江文化的生产和传播实践，需要在充分把握"创造性转化"和"创新性发展"原则的基础上，从文化元素、形象的感知符号、品牌形象生命力等维度开展积极的建构实践，[4] 还需要围绕民众形成与增强归属感、关怀感与使命感这三个目标构建文化共同体。[5] 从国际传播视角，研究者认为当前国际传播中的知识生产与全球对话是以话语体系建构为基础的，因此需要依托有效的话语体系，在符号媒介层、形式结构层、语义内容层、实践语境层、意识形态层五个层次开展的传播实践，促进地方性知识与世界性知识的互动[6]，而在

① 傅才武、程玉梅：《"文化长江"超级IP的文化旅游建构逻辑——基于长江国家文化公园的视角》，《福建论坛（人文社会科学版）》2022年第8期。
② 曹劲松：《长江文化的时代价值与文明形态》，《南京社会科学》2024年第6期。
③ 毕浩浩：《论长江文化的时代价值及其创造性转化》，《学习与实践》2021年第5期。
④ 王艳红、秦宗财：《文化带传统文旅品牌的形象塑造与国际传播》，《安徽师范大学学报（人文社会科学版）》2020年第2期。
⑤ 秦宗财：《文化共生视角下长三角文化共同体的建构逻辑与实践路径》，《南京社会科学》2023年第5期。
⑥ 唐青叶、于桂章：《中国式现代化的知识生产及其国际传播话语建构》，《东岳论丛》2024年第10期。

此过程中，跨媒介平台能够丰富中华文化对外传播的叙事维度，互文性建构能够深化中华文化对外传播的叙事空间，受众的参与式互动则有利于促进中华文化对外传播的叙事共鸣。① 总体来看，学术界既有研究展现了深邃的理论思考和积极的理论创新，具有显著参考意义，但是就本文的研究主题而言，针对长江文化对外传播的理论研究还呈现比较薄弱的情况，相关文献比较匮乏，因此有必要结合现实情况开展理论分析和阐释工作。

总体而言，基于国家战略、对外传播、文化发展等多重维度，在推动中华文明实现对外传播的过程中，对于长江文化的挖掘和传播能够产生显著的价值和意义，其可以通过对民族文化与精神的讲述与表达，对民族情感与文化哲学的阐释与呈现，形成整体性、连续性和协同性的文化空间，实现文化共同体的建构与文化认同的塑造。与此同时，基于国际传播实践中表达与观念陷阱的存在，我们也迫切需要系统性的范式与方法，通过建设性、可沟通、外向型的文化实践，促进中华文明在世界范围内的传播与扩散，向世界展示全面、立体、真实的中国形象。在此背景下，充分厘清国际传播视域下长江文化形象建构的理据、路径和方法，分析其面临的机遇与挑战，形成合理的对外文化传播策略就具有显著的现实意义。

二　文化的循环：国际传播中的构成主义空间实践

20世纪以来文化与社会研究的一个重要成果，就是对空间价值的发现与阐释，空间议题与传播实践的结合突破了既往的传播学研究边界，将更多想象力带入传播学研究，挑战了将空间视为社会过程容器的观念②，认为社会结构、社会交往、符号象征、地方与流动性等多元因素能够在传播

① 陈盼盼、孙绍勇：《中华文化对外传播的跨媒介叙事机理、挑战与对策》，《甘肃社会科学》2024年第11期。
② 何国梅：《传播地理学：基本范畴、互涉逻辑与问题域》，《中南民族大学学报（人文社会科学版）》2024年第3期。

实践中产生作用力，并对媒介信息的生产、传输与使用形成反向影响。在诸多学者中，斯图尔特·霍尔（Stuart Hull）提出的"文化的循环"理论（the circle of culture）对文化形象及其背后话语系统在文化生产与消费活动中的实践机制进行了深入剖析，他认为通过结构主义的空间实践，可以实现传播过程中客体形象、媒介形象、认知形象之间复杂表征意指的建构，实现从初级"源像"演化为典型的抽象形象的过程。

文化如何形成"表征"？霍尔在与马克思（Karl Marx）、索绪尔（Ferdinand de Saussure）、杜盖伊（Paul du Gay）、卢卡奇（György Lukács）等学者的理论对话中，敏锐地发现经由表征系统建构文化意义的构成主义路径，他认为：与其说意义是被"发现"的，不如说意义是生产的，或者说是"建构"的。在他所创立的"编码/解码"理论中，就提出了"编码仅仅是信息传播的开始，解码才是信息传播中占据主导地位的一端"①，解码是信息实现的出发点；传播的价值在于"允许在话语中符号化的意义转换为实践或意识"②等观点。他还认为，文化形象的建构是一种基于传播活动的实现意义生产的文化实践，其活动机制不能简单采用"发送者—信息—接受者"的线性逻辑进行解释。在上述观点的基础上，霍尔进一步拓展了文化传播的结构主义视角，认为社会的行动者们使用他们文化的、语言的各种概念系统以及其他表征系统去建构意义，使世界富有意义并向他人传递有关这个世界的丰富意义。③霍尔所提出的文化表征的构成主义路径给我们的启示是，文化传播是一个复杂的社会实践过程，我们在传播信息的过程中同时在建构意义，意义的形成不仅仅是在传播结束之后发生的，而是伴随着传播活动的全过程之中。

表征的构成主义循环如何建构？在进一步的研究中，霍尔和杜盖伊提出"文化的循环"的理论框架。他们从马克思主义"生产—流通—消费—再生产"的物质生产理论中获得启发，提出文化产品的生产是包含表征、

---

① 〔英〕斯图尔特·霍尔编《表征——文化表象与意指实践》，徐亮、陆兴华译，商务印书馆，2003，第8页。

② 罗钢、刘象愚主编《文化研究读本》，中国社会科学出版社，2000，第348页。

③ 〔英〕斯图尔特·霍尔编《表征——文化表象与意指实践》，徐亮、陆兴华译，商务印书馆，2003，第24~26页。

规则、生产、消费、认同等五个环节，具有复杂结构的"文化环"，即"文化的循环"。在文化循环的整体结构中，各个环节没有固定的开头与结尾，而是"以一种复杂偶然的方式不断地相互堆叠和互相缠绕"①，每一个环节都是另外一个环节的构成要素，参与了其形成过程。霍尔还进一步从构成主义立场出发，认为"事物并没有意义，我们构成了意义，使用的是各种表征系统，即各种概念和符号"②。在文化循环的运行体系中，传播活动实际上是一种意义的生产、对话和交流的协商机制而非简单的通信过程，通过将表征符码融入社会关系当中，动员其在不同文化框架和语言背景中反复进行"接合"（articulate）③，可以实现意义的整合和统一，通过多种表征在不同文化环境下的拆分和聚合，可以在共享知识的基础上建构起一种"表征链"，可以实现表达和定义复杂的文化形象的目的。

媒介如何作用于文化循环的表征实践中？从霍尔的理论观点出发进一步开展理论旅行，我们可以更加深刻地理解建构主义学者所言的"社会现实是人们经过社会行动和互动而构建的"④论点。存在于不同文化背景之中的人们，想要取得相互的理解和认同，基础性的条件就是在传播与互动的基础上，形成一种可以通用的符号系统，进而建构起共同观念和共享知识，以此推动对话和认同的形成。值得注意的是，基于数字和传播技术的快速发展，媒介系统在文化传播实践中扮演的角色值得关注，在全球深度媒介化的生态底色之下，媒介系统的影响已经溢出媒介机构和新闻传播领域之外，渗透到社会的方方面面。⑤媒介在保持其自身独立性的同时，广泛渗入其他社会机构的运作之中，成为一种塑造文化的力量，媒介化成为

---

① 〔英〕保罗·史密斯：《文化研究的回顾与前瞻》，阎嘉译，载陶东风主编《文化研究精粹读本》，中国人民大学出版社，2006，第3~4页。

② 〔英〕保罗·杜盖伊等：《做文化研究——索尼随身听的故事》，霍炜译，商务印书馆，2003，第25页。

③ 董雪飞：《文化研究的语境化：论斯图亚特·霍尔的接合理论》，《前沿》2011年第15期。

④ 潘忠党：《架构分析：一个亟需理论澄清的领域》，《传播与社会学刊》2006年第1期。

⑤ 潘忠党：《"玩转我的iPhone，搞掂我的世界！"——探讨新传媒技术应用中的"中介化"和"驯化"》，《苏州大学学报（哲学社会科学版）》2014年第4期。

与城市化、全球化和个体化同等重要的元进程①，媒介与文化之间已经呈现一种"辩证互动"的关系②，或者说媒介不仅仅在报道事实，更是在建构事实。在此背景下，"文化的循环"作为一种动态的文化实践，其核心议题是"话语"，内容是"符号"，产品是"意义"，因此我们讨论"文化的循环"的建构问题，既要关注传播对象本身的文本叙事，也要考虑接受者的实践活动，还要观照传播规则和行为机制，从而实现不同主体在不同语境和环境中的连接和互动。

综上，通过分析"文化的循环"在不同文化场域和实践中的作用机制，可以发现当前国际传播情境中构成主义空间实践呈现三个相对独立又相互影响的文化过程（见图1），它们在持续、动态进行的文化循环中反复产生作用力并形成长期影响，最终建构出大众所认知的文化现实。第一，其通过符号转译建构通用符号象征，基于符码任意性的特征，符号所表达的意义并不是天然和固定的，而是需要在社会文化实践中进行建构的，因此文化传播中的基础性工作，就是通过对表征符码的反复使用和释义，明确其意义表征和使用惯例，形成固定的反映，以此建构起通用性的符号象征体系，为大众文化生产和文化消费提供认知基础。第二，其通过文化接合建构媒介话语。文化传播需要在不同文化背景和观念间建构开展"对话"的渠道，其意义输出在错综复杂的传播实践中普遍面临干扰与错位危机，因此我们需要在文化传播过程中，将文化符码带入特定的文化语境和社会结构中，通过建立使不同文化要素相互联结的"关系构形"（the form of the connection）实现对不同文化符号系统的接合，使其可以在不同文化语境中开展互文书写并整合复杂的文化意义，通过多次的文化循环的话语装配，我们可以使深层次的文化内涵和意义得到传播和理解。第三，其通过价值传递实现文化意义认同。在文化传播过程中，媒介文本中嵌入的人类价值和意识形态言说成为获取文化认同的关键，在反复持续的文化循环

①　周翔、李镓：《网络社会中的"媒介化"问题：理论、实践与展望》，《国际新闻界》2017年第4期。

②　〔美〕曼纽尔·卡斯特：《网络社会的崛起》，夏铸九、王志弘等译，社会科学文献出版社，2003，第5~6页。

中，意义的社会生产实践性地接入符号书写中，历史和当下在文化实践中被重新解释和定义，国家形象和政治意识悄无声息地进入媒介文本之中，其在潜意识层面的持续作用成为塑造国家认同和文化认同的关键性力量。

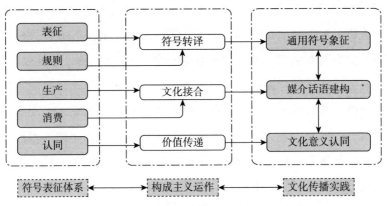

图1　国际传播中的构成主义空间实践

三　流转与形变：长江文化对外传播中的现实挑战

包亚明在《城市文化》序言中写道："全球化不再是一个单纯的经济、政治和社会学问题，它更是一个文化问题。"① 以文化逻辑解释对外传播中的媒介表征实践，其方法论意义不言自明，不仅提供了新的观察视角，也反映出新的实际问题。从历史眼光来看，世界眼中的中国形象经历了"崇拜—贬抑—贬抑和亲善交织"的流变，既有积极、正面的认知，也存在被负面化、污名化的情况。近年来，虽然中国在走向世界的过程中，通过不断总结和宣扬"中国特色""中国精神""中国价值"来建构文化主体性，但是我们在表述中国文化形象的时候，往往仍受控于强势文化所构筑的意识形态和话语体系。以长江为例，我们在展示其美学与哲学特色时，往往会遭遇西方现代性思想、基督教思想、文明生态论等西方中心主义话语的约束，在文化传播中，话语能够掌握对核心概念和关键词的定义权、解释

① 〔美〕包亚明：《城市文化》，张庭佺、杨东霞、谈瀛洲译，上海教育出版社，2006，序言第1页。

权、主导权，而控制话语霸权的西方国家则通过长期的一元化操作谋求对世界其他文明的同质化。① 在中国大运河"申遗"的过程中，就有学者深刻指出：以西方文化价值观为基础的遗产保护理念通过"威权式遗产话语"对"遗产事实"进行再生产，从而导致大运河申遗的文本陷于西方文化遗产价值标准的"功能取向"，而忽视了东方文化遗产中所蕴含的"文化和精神价值"。② 这背后折射出的就是一种话语霸权和"等级化"思维。在长江文化对外传播的过程中，这种等级化、一元化的话语操演依然产生着重大影响，其试图通过冲击与覆盖的形式消解弱势文化，实现对他国文化的重组、改造和占领，因此充分预见文化传播中主体建构的艰巨性，积极回应文化传播和建构实践中的现实挑战就成为一项紧迫任务。

文化形象的建构是一个符号聚合并表现意义的过程，是信息博弈和符号竞争的结果，在此当中发挥重要作用的并非文化本体，而是我们用来表达意义的各种表征系统和符号系统，或者说是传递和建构意义的过程。在东西方文化的互构和交融中，中国文化形象面临的危机更多，挑战更大。

一是符号表征和规则层面，需要加强代表性符码的建设能力。表征的代表性源于差异性，是一种经过高度浓缩，可以被准确辨识并引起普遍联想和接受的表征符码，例如：长江沿线城市的城市景观（图腾）、长江流域经典的景观（风景）、长江文化中典型的遗产（文化）要素等，其既包含丰富的文化积淀，也具有鲜明的表现形式，是一种受到广泛认同的代表性的符号表征。在文化循环的过程之中，各种语言都是一种"表征的系统"③，而文化建构就是经由表征系统建构意义的过程。长江文化形象的传播是一个跨文化的释义过程，需要通过表征系统的反复运作使符号意义不断地沉淀、固化，并抽象成为能够彰显其本质的意义内核，以此促使文化观念的形成、传播和接受。在此过程中，传播者并非符码意义的唯一来

---

① 彭翠、刘洋：《"研究中国""讲好中国"：中国式现代化视域下国际传播话语体系建构》，《中国出版》2024年第16期。

② 刘朝晖：《"被再造的"中国大运河：遗产话语背景下的地方历史、文化符号与国家权力》，《文化遗产》2016年第6期。

③ 〔英〕斯图尔特·霍尔编《表征——文化表象与意指实践》，徐亮、陆兴华译，商务印书馆，2003，第4页。

源，解码环境中的观念、规则和赋义同样具有巨大影响。在国际传播环境中，由于文化形象复杂性、文化环境差异性、文化主题抽象性的客观存在，符号能指所承载的意义经常出现变形，或者被歪曲或误读，进而影响共享符号的建立和传播。

二是在文化生产和消费层面，要积极通过"排他"建立边界。一方面，符号的任意性给了西方媒体对中国进行"神话制作"的空间，西方媒体通过将自己的意图和意识形态切入东方文本中进行包装和重写，使受众的理解出现偏差，导致中国文化的"接受度"下降。另一方面，由于经验的匮乏，我们自身在对外传播中也常常会走入德里克所言的"东方人的东方主义"① 的误区，从而加剧和固化了刻板印象。在媒介传播的过程中，要通过对符号进行价值判断和价值筛选去建立"符号秩序"，基于这种秩序去判定哪些符号是适合被传播的，哪些符号是有歧义的，并基于此去建构主流叙述和主流话语。例如，我们在开展对外传播实践时，长江文明所承载的具有纵深感的历史叙事能够承载较强的国际传播价值，其绵绵不绝，生机勃勃的文化景象可以有力说明中华民族的文化自信和生命魅力，但与此同时，长江在某些特定的历史切片中，就可能成为包含负面情感的历史符号，类似这样的内容需要被划定在边界之外。

三是文化意义和价值认同层面，要积极形成历史与当下的复杂聚合。中国形象曾经在西方文化中长期发挥"他者"的镜像作用，寄托了他们对于政治秩序和普适价值"乌托邦"式的想象。但是随着中西方政治经济实力的逆转和西方现代性的确立，中国的"乌托邦"形象逐渐瓦解并成为反证西方制度合理性的批判对象。伴随着中国国家实力的进步，西方世界在普遍的焦虑、失意和文化优越感中对东方文化出现了新一轮的歪曲和误读，在这样的环境和心理背景下，长江文化形象的传播被一些人赋予了额外的意义和解读，从而阻碍了共享观念的建构。所以我们在文化形象的媒介传播过程中，要创造性地将历史中的中国和现代性的中国进行嫁接融

---

① 〔美〕阿里夫·德里克：《中国历史与东方主义问题》，载罗钢、刘象愚主编《后殖民主义文化理论》，陈永国等译，中国社会科学出版社，1999，第89页。

合，让其既体现基于中国悠久文化的贴近性和吸引力，也能够通过赋予其"当下性"的意义，体现出一种"新鲜感"和"刺激感"，从而在形成认同的基础上推进文化形象的消费。

综上，我们可以比较清楚地看到，文化循环的构建是对文化本体的再生产过程，文化差异、话语权利和符号障碍成为长江文化形象获得"真实性"和"完整性"的重要影响因素，在中国加快融入世界的背景之下，如何打破话语霸权和语境差异，真实、全面、立体地展现长江文化形象，已经成为一个亟待破解的当代之困。

四　编辑与重构：长江文化国际传播的形象建构策略

在文化循环的实践链条中，媒介是一个非常重要的节点。正如霍尔所言："意义还通过种种不同的传媒生产出来，尤其在目前，通过复杂的技术，通过现代大众传媒这种全球通讯手段生产出来，这使得意义以历史上从未有过的规模和速度在不同文化之间循环起来。"[①] 文化形象的建构在本质上是意义生产的过程，各种表征在反复的使用和阐释中可以形成一种"固定反映"，这种"固定反映"的组合和叠加，能够建构出明确和固定的"表征链"，在一系列"表征链"的共同作用下，可以形成对某一文化形象的建构。这种建构实践既是形象、状态、样貌的表达与接收过程，也是意义输出和意义解读的过程，涉及概念、观念，更涉及情感、情绪、态度、意愿、归属感等[②]，在其形成过程中，环境、信息、话语、故事等元素都能够发挥重要影响。那么在长江文化形象的建构中，需要把握系统性原则，按照"交往/传播—建构"的模式，充分发挥大众媒介的传播作用，形成立体、全面的文化形象。

一是要加强符码阐释能力，打造中华通用符号叙事体系。在文化形象

---

①　〔英〕斯图尔特·霍尔编《表征——文化表征与意指实践》，徐亮、陆兴华译，商务印书馆，2013，第3页。

②　刘丹凌：《国家形象建构：作为表征意指实践的"文化循环"》，《南京社会科学》2016年第4期。

的传播和竞争中，文化符号的差异性和不可复制性是文化的魅力所在。正如凯旋门代表了法国的浪漫形象，足球是巴西的文化名片一样，每一种文化形象都需要代表性的文化符号和与之匹配的共有知识作为支撑。长江是一系列文化符号的集合，承载了复杂深厚的文化观念、历史记忆和时代主题，要阐释和传播好长江文化，就必须加强代表性符号的建设，尽可能对传播实践的"源像"进行组织、整合和规约，强调其与一般符号的差异性，并在文化交流中形成一种相对固化的阐释框架，从而减少意义阐明过程中的干扰因素。例如，在中国古代的诗歌中，长期存在对长江地理美学与生命哲学的礼赞，例如李白的"登高壮观天地间，大江茫茫去不还"，杜甫的"无边落木萧萧下，不尽长江滚滚来"，李之仪的"我住长江头，君住长江尾。日日思君不见君，共饮长江水"，等等，其所蕴含的文化传统、美学意象与哲学追求是中华文明的魅力密码，塑造了中国人的精神传统与地方情结，是一种积极、正面和进取的文化观念。在对长江文化形象进行媒介传播的过程中，要把握运用好长江文化的不同层面，以系统思维打造传播体系。第一，要对长江包含的丰富的符号资源进行梳理和提炼，将其承载的中华民族的特性具象化、符号化；第二，要把握好"民族化内容，国际化讲述"的原则，通过通约性符号的建立和使用跨越"异质性"障碍，形成一种统一的符号系统进行传播；第三，要引导受众在文化消费的过程中不断接受长江的文化底蕴和价值取向，在对长江形象"共有观念"的认同中实现古老的中国与现代的中国在观念上的结合和并立。

二是优化信息传播环境，提升媒介话语供给能力。文化形象的本质就是信息，形成的基础是信息传播中的交往互动，也就是通过传播和对话形成共有观念的过程。在文化形象的对外传播过程中，信息传播起到基础性的作用。建构主义学者认为，物质环境经过观念的加工能够产生意义，从而建构起文化形象。行为体可以通过消费和审美的过程，在共有观念的基础上进行编码和解码，以获得对文化形象的认知。例如，长城在中国古代是一种军事防御工程，但是在近代已经转化为中华民族自强不息的象征，表达了和平与发展的意象，并在国际上获得广泛认同，这种认同的基础就是跨文化的共有观念。那么建构长江文化形象，必须加快建立广泛认同的共有观念,对长江形象所包含的文化元素进行提取和定义,形成共有观念的建构基础。在此过程中还要充分认识意识形态作为文化元语言的复杂性,从接受对象的文化背景和文化习惯出发,对长江文化进行合理解读,建立起合适的文化解码环境。在自然的情形下,文化形象的建构者会根据自己脑海的想象提供一个外壳,并以意识形态、价值观念、民族哲学、文化传统等内容进行填充,从而形成一个完整而富有层次的意象。与此同时,文化形象的接受者会根据自身的知识结构和现实需要对文化形象进行解读,二者之间可能会出现很大偏差,并在不断的博弈中达到平衡。在这种博弈之中,有效信息供给的数量和质量是重要的影响因素。在长江文化形象的建构过程中,必须建立起畅通的信息传播通道和充足的信息供给,通过多元渠道向受众提供经过选择和编辑的有效信息,从而以一种"社会控制"的形式引导和塑造人们的观念、情感、言行,增强文化符号载体的内涵,降低噪音的影响,形成一种有利的集体意识形态。

三是要加强传播能力建设,形成文化认同保障机制。既有研究已经指出:国际公众对他国的形象感知只有不到 20% 是通过亲身到访获得的,80%以上是通过媒体传播来认识的。[①] 一个从没有来到中国,从没有见过中国长江的人,其脑海中的长江必然是由媒介建构形成的。在媒介化时代,世界已经从"信息匮乏"转向"信息超载",信息革命带来生态变革让媒介生产的"田野"不断拓展,大众媒体在文化形象建构的过程中获得了"首席资格","众人皆媒""万物皆媒"的社会化传播时代已经到来。在这样的传播环境下,秉持新闻专业主义的单向传播模式已经很难唤起大众的情感和热情,善于"讲故事"的人才能获得更多情感互动和身份认同。从这样的理论视角出发,在长江文化形象的建构过程中,要有意识地开展文化品牌建设和传播话语创新,提升定义和传播文化符号的能力。第一,要形成顶层设计,在主观上要提出长江文化形象的意义系统和传播战略,树立被长江沿线各城市、媒体、文化机构和广大市民所广泛接受的传播理念,同时加快建立协同传播机制,提升议题设置的能力,形成对外传

---

① 县祥:《当代中国国家形象构建研究》,博士学位论文,西南财经大学,2011,第100页。

播的合力。第二，要改进话语体系，提升对受众的细分程度，摆脱不适应非结构化受众群体的宏大叙事方式，对可能的价值观冲突进行预判和调解。比如针对欧洲的传播话语在中亚国家或者阿拉伯国家就不一定适用，同样的传播符号在不同的文化阶层中也不具有普适性，那么就要求我们改善语场和语式的建构形式，让传播话语实现从"大而全"到"小而美"的范式转换。第三，要加强互动能力，把握智能化、数字化、网络化的时代趋势，适应移动化、分众化传播环境，积极引入"第三种声音"来提供新的传播空间，大胆采用生成式大模型等智能装置，灵活运用 UGC、MGC、OGC 等生产模式，积极使用 H5、VR、AR 等新的技术手段，加强文化新质生产力的供给，提升我们的信息供给和传播效果。第四，要建立职业化的传播团队，建立一支既深刻理解中国文化，也掌握丰富跨文化传播技巧的传播团队，作为传播长江文化形象的有力保障。

四是要加强符号竞争能力，实现整合文化营销。在对外传播的过程中，媒介能够提供一种虚拟环境，这种环境与现实环境并非一种镜子式的对应关系，而是包含了对不同符码的编织和重构之后所提供的一种信息环境。提升长江文化形象的建构，需要把握好虚拟信息环境的建构。我们的文化形象"走出去"的战略还需要创新，特别是在中国加快走向世界的背景下，更需要把握好国际交往互动扩大的契机，积极参与国际文化交流，为长江形象的建构提供良好背景。第一，要提升我们国家的传播力量和投送能力，在有效信息的传播和博弈中占据主动；第二，要更科学有效地利用象征价值和符号浸润增强定义现实的能力，改变我们在文化形象塑造传播中的"失语"，使我们的文化形象由"他塑"转换为"自塑"，达到使长江的"能指"和"所指"为外界所认同的目的；第三，要推出更多优质的可以经由媒介传播的文化产品，既包含经典的戏剧、文学、表演等形态，也包括旅游、文创、纪录片等业态，加快推进文化产品领域的供给侧改革，以文化产品的高质量生产，起到引导对话形成的目的，基于人类共同美好向往的精致文化产品可以成为长江文化形象建构中的良好载体；第四，加快完善现代文化市场体系，长江文化形象的建构不是单一的政府行为，而是一种可以融合文化、商业、外交行为的复合结构，在实现其基本信息传播功能的基础上，更高层级的需求是建立完善和多层次的文化产品要素市场，打造多元产品线，形成产业集群，这是文化传播力建构的基础，也能够极大地提升我们的信息产品供给能力。

五　结语

在全球文化多元竞争和中国加快走向世界的背景下，长江文化形象的传播迎来了最好的时代，伴随着中国国家硬实力的加强和对外传播能力的建设，长江文化必将迎来更多走出去的机遇。与此同时，机遇往往对应着挑战，在各种文化形态和文化观念同台竞争的环境中，更需要加强对文化符号的编辑和控制能力，强化和完善我们的文化表征链，让其在"接受—反馈—再接受—再反馈"的动态链条中完成意义的聚合、建构和输出，最终形成对文化内涵的理解和接受。作为中国文化的代表，长江文化的构建既需要从解码能力、信息供给、符号竞争等多元角度出发，重新规划自身的定位和特色，也需要秉持系统思维，从文化体系、叙事手段、传播战略等方面进行资源整合，提升文化形象的对外传播能力和传播手段，从而推动其获得广泛的理解认同。从更深远的角度看，长江文化符号的建构与传播承载的是中国国家形象建设的重大使命，我们在彰显其文化特质的同时，还要考虑在主流视域下对中国形象的输出和外部意识形态的引导，以一种"低于意识层面的暗示"① 的方法发挥文化认同的功能，推动中国观念、中国价值、中国话语、中国魅力得到更多的认同，从而为建构中国文化软实力发挥更强大的力量。

---

① 〔美〕詹姆斯·罗尔：《媒介、传播、文化——一个全球性的途径》，董洪川译，商务印书馆，2005，第42页。

长江文化对外传播的数字游戏之道[*]

刘　念　冯　锐^{**}

摘　要：长江文化作为中华文明的标志性符号，传承长江文化遗产并推动长江文化走向世界成为关键任务。当前，融合中国传统文化元素的数字游戏产品在国际市场上展现出强劲活力，成功吸引了全球玩家的关注，这一现象标志着文化对外传播策略的转变，从传统的"自主出海"迈向了依托现代媒介"借船出海"的新阶段。本文旨在探讨数字游戏作为长江文化传播的升维媒介是如何打破传播边界并通过其特殊的数字叙事模式最终达到文化认同建构的，同时为长江文化的对外传播提供新视角。

关键词：长江文化　对外传播　游戏叙事　认同建构

一　引言

长江是中华文明的标志性象征，也是中华传统文化体系中极具代表性的地域文化形式。2020 年习近平总书记指出："要把长江文化保护好、传承好、弘扬好，延续历史文脉，坚定文化自信……推动优秀传统文化创造

---

* 本文是长江文化研究院 2024 年江苏省重点智库课题"长江文化遗产的数字人文新景观创建研究"（项目编号：CJY202408）和江苏省社科基金项目"江苏红色文化短视频生产及在青年群体中的传播效果研究"（项目编号：22XWB005）的阶段性成果。

** 刘念，扬州大学新闻与传媒学院硕士研究生，研究方向为传统文化品牌传播及数字化；冯锐，扬州大学新闻与传媒学院教授，研究方向为传统文化品牌传播及数字化。

性转化、创新性发展。"① 新时代长江文化以长江经济带为范围，包括物质文化和非物质文化的总和，是兼具时空性、流域性和地域性的多维立体文化，是中华文化多元一体格局的重要体现，同样也是对外讲好中国文化故事的重要内容。以往传统媒体和文化交流活动一直作为长江文化对外传播的重要途径，通过电视、电影、报纸等传统媒体，长江文化的丰富内涵得以展现给全球观众。进入数字化时代以来，长江文化的传播方式发生了深刻转变。数字技术的发展为长江文化传播带来新机遇，利用虚拟现实 VR 和增强现实 AR 技术创造虚拟文化景观、建立与在地空间的互动互联、重构长江文化的记忆性，让观众身临其境地感受长江文化。因此，通过研究发现数字技术能够创新长江文化的内容表达及体验，多形式、多维度地呈现长江文化内容，增强其趣味性与丰富性，同时有助于坚定文化自信，构建文化认同，拉近国内外受众与长江文化的距离，推动长江文化走向世界。

近年来，在数字技术和科技发展的赋能下，游戏汇集技术、产品、价值观念于一体，获得了观众参与、沉浸体验和现实映射的新魅力，又保留了承载信息、讲述故事、影响玩家、传播文化的媒体本质，成为数字时代最流行的媒介形态之一。惊艳的角色人设、唯美的场景美术、精妙的剧情内容、浓厚的文化元素，使数字游戏迅速成长为第十种艺术形态和品种。伴随着数字人文研究的兴起，游戏作为一种独特的数字文化现象，逐渐走入学者视野，成为解读人类文化、社会和现实的重要透镜。其中，游戏出海也是近来世界实践以及数字人文、游戏研究的热点，且角度颇为多元。因此，通过数字游戏这一"数字船舶"开辟了长江文化"借船出海"的新型通路，也为长江文化数字化迈入活态发展阶段创造了新的契机。基于此，本文试图对以下问题进行探讨：首先，数字游戏作为一种新兴传播载体是如何对长江文化进行媒介重构的？其次，数字游戏在长江文化对外传播过程中是怎样的叙事模式？最后，在效果层面下，数字游戏是如何通过与文化元素的深度融合达到文化认同建构的？

---

① 习近平：《论把握新发展阶段、贯彻新发展理念、构建新发展格局》，中央文献出版社，2021，第 443 页。

二　数字游戏对外传播长江文化的媒介重构

在当前的数字时代，游戏作为一种融合了创意、技术与艺术的新兴媒介，正以其强大的影响力悄然无声地跨越了人与机器之间的传统界限，这种跨越式的破域实践堪称前所未有，开创了媒介发展的新篇章。游戏如今不仅仅是娱乐的代名词，它更像是一座桥梁，连接着现实与虚拟、个体与集体、过去与未来，正以独特而深刻的方式重塑并广泛传播着长江文化。数字游戏通过高度精细的视觉设计，将长江文化的元素与符号以生动逼真的形式呈现于玩家眼前，使长江文化以一种动态、可交互的符号活跃于游戏世界之中。游戏通过高度互动性和沉浸式的体验设计，如人工智能、虚拟现实、增强现实等前沿科技的融入，更是极大地拓宽了游戏的边界、打破了时空与地域的限制，让玩家能够亲身参与到文化的实践与体验之中，通过操作与反馈，感受到长江文化的温度与深度。

（一）视听表达：数字游戏重现文化符号

在探讨传播行为时，我们不得不提及符号的重要性。人类生活在一个由符号构成的世界中，我们的沟通、交流乃至思想表达，都依赖于符号。同样，皮亚杰的认知发展理论也强调了符号在认知过程中的核心地位，他认为人的所有认知活动都源于对图式（schema）的理解，而个体的认知水平则直接受其图式认知水平的影响。在数字游戏这一空间里，长江文化的各种象征性符号——从文化元素、建筑遗迹到历史故事，通过精细的视觉设计被赋予了新的生命。这些文化符号不再局限于书本或博物馆的静态展示，而是以一种动态可视的、可交互的方式活跃于游戏世界之中，让玩家在探索与游戏的过程中，潜移默化地感受到长江文化的深厚底蕴和独特魅力。

任何深层的特征、生活方式以及价值体系，往往需要通过人们能够直接感知的符号形式来展现和传播。在这个背景下，数字游戏可以被视为一个由特定文化集团创造的符号集合系统。而在数字游戏中，这些符号的植入变得尤为灵活和适宜，特别是在数字游戏中一些长江文化的视听符号，它们能够自然融入游戏环境，为玩家带来沉浸式的体验。长江沿线的历史名迹黄鹤楼、滕王阁、岳阳楼被誉为中国江南三大名楼，镌刻着中华民族深厚的文化记忆和精神基因，是三座璀璨的长江文化地标。2022年9月《王者荣耀》以游戏IP+线下文旅实景的形式和滕王阁进行联动活动。活动推出了宣传视频、"弈星-滕王阁序"主题皮肤、滕王阁定制灯光秀、虚拟导览，这一系列的联动活动，不仅为游戏增添了文化内涵，也让滕王阁变成一种文化符号成为连接数字游戏与长江文化元素的桥梁。

在数字游戏的世界里，视觉符号固然是吸引玩家眼球的关键，但声音符号同样扮演着不可或缺的角色，其不仅是对游戏画面和情节的生动诠释，更是与玩家情感共鸣的桥梁。如游戏背景音、战斗音乐等这类音乐符号，它们能够营造出独特的游戏氛围，让玩家在游戏中感受到不同的情感波动。而语言符号则更为直接地反映了游戏世界的设定和人物性格。内容是游戏的内核，手机游戏开发公司米哈游，从《原神》开始就将内容和文化元素相结合，游戏中由角色云瑾演绎的戏曲《神女劈观》将中国传统戏曲与现代游戏相结合，使传统文化在国内外都得到了很好的传播和认可。2020年游戏《逆水寒》的制作人员与昆曲、黄梅戏和越剧的代表剧院合作演绎戏曲名篇，还原宋朝瓦舍听戏的民俗。黄梅戏作为中华民族优秀的地方剧种之一，是长江文化的重要组成部分，《逆水寒》中这段戏曲因其浓厚的传统文化色彩和高质量的制作，在海内外都获得了极高的评价和广泛的传播，成功地将长江文化中的戏曲文化符号传递到了海外。

（二）沉浸体验：数字游戏变革参与方式

文化遗产游戏研究领域的重要学者埃里克·钱皮恩（Erik Champion）在其2011年出版的专著《与过去互动》中写道："为什么数字游戏要比其他的虚拟环境更吸引人？如何利用过去文明的数字可视化来提高对其他文化的认识和理解？"[①] 他提出游戏虚拟化身增加了体验的内在部分，可以与文化情境模式联系起来，因此通过使用游戏式的互动可以潜在地增加人们

---

① Erik Champion, *Playing with the Past*, London, Springer, 2011.

在虚拟环境中的参与度。随着数字技术的发展，游戏的拟真性得到了更充分的表现，游戏传播的强沉浸感也提高了用户接纳传播内容的程度。游戏玩家置身其中，以第一视角参与游戏互动、访问游戏场景，在逼真的超现实场域中享受着"建构的我"的快乐，这为长江文化遗产带来了高沉浸感、高互动性、高自由度的超媒体阐释。

根据霍夫兰的"说服研究"理论，主动的受众比被动的受众更容易被说服，而在数字游戏中沉浸感则是增加用户主动性与投入度的最好方式，沉浸感让人专注在当前的目标情境下感到愉悦和满足，而忘记真实世界的情境，专注于游戏内容，这将会大大增加传播内容对用户的说服效果。数字游戏的沉浸感是通过视觉、听觉和操作等多重感官体验共同作用的结果，它能够让玩家在虚拟环境中产生"身临其境"的感受，不再仅仅停留于书本与影视的描绘，而是以一种直观、可感的方式来呈现。游戏正是利用了受众的媒介联觉改变了玩家参与文化互动的方式，通过游戏中的数字化场景为受众搭建进入另一种媒介的"入口"。例如故宫博物院和网易游戏联合开发的手机游戏《绘真·妙笔千山》将古画《清明上河图》中的经典场景数字化，搭配音乐、文字等方式，将平面的画作进行立体化、动态化展示，让玩家迅速融入游戏中的世界，提供了沉浸式的体验。

（三）打破边界：数字游戏重构文化场域

在当今数字时代，游戏以其独特的魅力和强大的影响力，悄然打破了人与机器、虚拟与现实之间的界域，这种破域实践史无前例[①]。数字游戏这一媒介经由打通有机物人类肉身与无机物机器的两元区隔，将人与环境构造为连接、转换、生成的动态整体系统[②]。当下的网络游戏，作为一种高度融合技术与艺术的媒介形式，相较于其他亚文化现象，其最大的不同，不仅在于游戏设计所蕴含的形式美学，即那些精心构建的视觉艺术、音效配乐以及叙事结构，更在于它们以一种前所未有的方式，深刻地改变了人们感

① 曾丽红：《数字游戏是一种"脱域""破域"的认知媒介》，《传媒论坛》2024年第7期。
② 孙玮：《破域：数字时代的媒介论》，《中国社会科学》2024年第6期。

知与体验生活的时间和空间维度，打破了传统媒介的边界，实现了媒介破域并在此过程中重构了文化场域，为长江文化对外传播注入了新活力。

马修·朗姆巴德（Matthew Lombard）和特丽莎·迪通（Theresa Ditton）将"虚拟在场"描述为："在这种状态下，人处在中介化情境中却感觉不到被中介了，虚拟物以感官或非感官的方式被体验为实际物。"① 因此，数字游戏中所实现的"虚拟在场"指的是在玩家网络空间中通过游戏建立起一种仿佛身临其境的参与感和在场感。这种在场感超越了物理空间的限制，让他们即便身处不同的地理位置，也能通过数字游戏中文化元素的存在和互动，实现"虚拟在场"。网络游戏通过其强大的虚拟世界构建能力，让玩家得以暂时脱离现实的束缚，进入一个充满无限可能与想象的数字空间之中，这种体验是对传统时间观念和物理空间概念的极大延展和重塑。游戏不再仅仅是一种娱乐方式，更是一座连接虚拟与现实的桥梁，让玩家们能够在其中亲身感受长江文化遗产的博大精深和无穷魅力。它让长江文化以一种全新的、生动的形式展现在世人面前，为传承和弘扬长江文化开辟了新的途径。游戏引擎、虚拟仿真、动作捕捉、3D 数字建模等技术为长江文物和文化遗产的数字化保护提供了具有虚实共生、多维视听、沉浸体验、实时交互等特征的数字文化场域。

三　数字游戏对外传播长江文化的叙事模式

游戏作为当代社会中一种极富影响力的数字媒体艺术形态，其独特的魅力不仅在于其娱乐性质，更在于其作为一种综合性的传播媒介所展现的广泛影响力。游戏研究学者杰西·谢尔（Jesse Schell）从游戏学的视角出发在《游戏设计艺术》中提出了一种游戏分析框架，即四元法。这一理论将电子游戏这一复杂系统宏观地解构为四个核心的系统维度：技术（Technology）、故事（Story）、美学（Aesthetics）、机制（Mechanics）。这四个维

---

① Matthew Lombard, Theresa Ditton, "At the Heart of It All: The Concept of Presence," *Journal of Computer-Mediated Communication*, 2（1997）.

度为我们理解和分析数字游戏作为一种媒介是如何进行叙事表达的提供了重要的认知框架。首先，故事情节与背景是数字游戏进行文化传播最为核心的元素，其中角色是电子游戏中的重要组成部分之一，玩家会将自身代入角色中，可以直观了解与体会对应历史时期的社会文化氛围。同时，美学是游戏能够从视觉上吸引人的核心要素，在数字游戏中游戏场景与环境作为一种文化符号成为连接玩家和游戏世界的桥梁。在合理的游戏机制调配下，交互性体验让玩家在游戏中能够更好地融入对应的历史文化氛围，而这种文化氛围能很好地体现出历史文化特色，起到文化保存与推广效果。故而本节主要从故事背景、环境呈现与交互叙事三个层面上进行分析。

（一）非线性叙事：建构文化故事情节

游戏不是一个预先编写的事件序列意义上的叙事，或者任何"旨在唤起观众心中（预先设计的）叙事脚本的符号对象"[①]。正如玛丽-劳尔·瑞安（Marie-Laure Ryan）在《跨媒介叙事》一文中所说，游戏具有叙事性（narrativity），它们能通过情景、角色和其他玩家解决难题和推动任务进展的方式，来唤起多样且个性化的叙事剧本。[②] 在传统的叙事模式中，故事像一条直线，从开始到结束清晰而有序。在数字游戏中，这种叙事结构允许玩家以非线性的方式体验故事，并不依赖于固定的时间轴，而是通过多种可能的路径和分支来展示故事。所以它不仅承载了故事情节，还巧妙地通过多样化的场景组合，形成了一个数字游戏所搭建的非线性叙事空间。在这个叙事空间里，地理环境、精心设定的人物角色、恰到好处的背景音乐，以及玩家自身的选择与决策，这是在各种因素影响下的综合效果。这就可以从不同角度来叙述故事，最终形成一个更加立体、更加生动的文化故事。例如手机游戏《江南百景图》于 2024 年开启了全新小镇"江都县"，江都县作为长江与京杭大运河的交汇点，是水路要津。该游戏中的

---

① Marie-Laure Ryan，"Transmedia Storytelling：Industry Buzzword or New Narrative Experience，" *Storyworlds：A Journal of Narrative Studies*，2（2015）.

② Marie-Laure Ryan，"Transmedia Storytelling：Industry Buzzword or New Narrative Experience，" *Storyworlds：A Journal of Narrative Studies*，2（2015）.

漕运玩法代表了古代时期重要的运输方式，如清代漕运就以长江流域为主，还带动了长江沿线和周边地区的经济交流联系。在主线故事中，按照时间先后顺序推进故事，但支线任务、隐藏任务和版本任务需要玩家自行探索触发。这种通过加入文化故事来推动游戏情节发展的玩法能够跨越时间和空间的限制，这就使得文化叙事也更加灵活，甚至可以实现文化的现实和虚构的联动，达到更好的传播效果。

在数字游戏作为文化实践平台的背景下，游戏中的角色是虚拟世界的构建元素，承载着丰富的文化内涵和象征意义，因此角色在数字游戏中的塑造与互动，不仅是游戏设计的关键组成部分，更是文化实践的主体。[1]数字游戏中的角色具有强烈的象征意义，角色往往代表着某种特定的文化价值观、社会角色或人格特质，通过角色的塑造和表现，游戏开发者可以传递出对某种文化的理解和诠释，而这些文化元素也为游戏设计者提供了丰富且生动的可视化素材。[2]游戏中角色的服饰、造型和言行举止都可能会融入长江文化遗产的相关元素，从而呈现浓厚的地域特色和文化气息，这种角色的设计不仅增强了游戏的代入感，也使得玩家在游戏过程中能够潜移默化地接触到文化的精髓。[3]以腾讯《王者荣耀》为例，该游戏围绕角色大乔推出了一款"白鹤梁神女"的皮肤，这一皮肤是《王者荣耀》与重庆中国三峡博物馆及其下属的重庆白鹤梁水下博物馆联手打造的。大乔的角色外形提取了长江最普遍的水文化和白鹤梁最典型的双鱼石刻元素，《王者荣耀》利用数媒游戏二次创新的功能，从故事设定中挑明角色的神女身份，再从服饰、纹饰、色彩、技能等方面分析角色的具体设计，最后从场景设计中传播白鹤梁遗址的景观价值和文化价值，既承载着千年的集体记忆，也展现了长江地方文化的基因和标志。[4]

①　何威、陈菲尔：《迷思与内卷：以游戏原画师为例的数字艺术劳动研究》，《新闻与写作》2023年第1期。

②　邱野：《以数字游戏为载体的非遗IP对外传播路径研究》，《新媒体研究》2022年第23期。

③　刘睿思、肖虹飞：《浅析非遗结合电子游戏的传播路径》，《产业创新研究》2023年第6期。

④　成瑶、刘乃芳：《长江文化于网络游戏中的设计——以白鹤梁题刻为例》，《湖南包装》2024年第2期。

（二）环境叙事：呈现文化立体化场景

数字游戏作为新兴的文化娱乐形式已开始转向以环境叙事为核心的多模态叙事模式。"环境叙事"（environmental storytelling）意味着游戏被设计为环境，作为一个充满了角色和道具的世界供玩家互动。[①] 环境叙事更强调通过运用丰富的视觉符号和隐喻手法，构建出既符合游戏主题又富含文化意蕴的立体空间，从而营造出具有强烈代入感和沉浸感的游戏世界。在数字游戏中场景的呈现或特定氛围的环境可以唤起玩家的固有印象，而这些固有影响来源于生活、小说和电影等其他经验。通过取材中国自然环境，数字游戏能够将自然场景融入风格化的游戏环境空间，而这些自然场景不仅仅是为了美观而设计，它们同时还承载着深厚的文化内涵和象征意义，而一些特定的自然元素还可能承载着特定的历史记忆和文化符号。[②] 因此，当玩家在游戏中探索这些自然场景时，不仅能够享受到视觉上的美感，更能够深入感受到中华文化的博大精深和独特魅力。

2024 年，国产首部 3A 大作游戏《黑神话：悟空》火爆全网，游戏玩家被游戏中大量的中国传统建筑深深吸引。长江经济带沿线的重庆大足石刻以及浙江的传统建筑出现在游戏中。大足石刻位于重庆市大足区境内，是长江流域的重要文化遗产之一。网易与故宫博物院合作推出的解谜游戏《绘真·妙笔千山》在全球 200 多个国家和地区发行，获广泛好评。该游戏的美术风格参考了传世名画《千里江山图》，而《千里江山图》所描绘的画面中就包括长江口的环境风貌。游戏中的许多场景和元素，都源于这幅画的灵感，使得玩家在游戏中能够感受到长江文化的独特魅力和深厚底蕴。古风模拟经营类游戏《江南百景图》在开放下载之后迅速成为市场"爆款"，该游戏立足于长江流域部分地区的人文地理环境，还原了明朝时期长江中下游地区居民的日常生活，将中国传统文化中的典型意象——"江南"绘于游戏这一媒介画卷之上，玩家在其中兴造建筑、规划田地、

---

① 李宜航：《互动与劝服：网络游戏的程序修辞机制》，《东南传播》2024 年第 7 期。
② 苗浩飞、迟立忠：《动作视频游戏专业玩家的认知神经特征》，《心理科学进展》2023 年第 1 期。

经营铺面，开拓了一种田园牧歌式的媒介想象空间。

（三）交互叙事：塑造文化身份认同

美国学者布莱恩·亚历山大认为，当读者可以介入故事并改变内容顺序和状态从而完成叙事时，也就真正产生了叙事过程中的互动行为，即交互叙事。① 与传统的文化传播媒介书籍和电影不同，数字游戏的一个核心特点是互动性，通过允许玩家与游戏世界进行交互，提供了一种更为动态和参与性的文化体验。对于长江文化的传播而言，互动性不仅使玩家能够在虚拟环境中"亲身"体验中国传统文化所包含的历史场景、自然景观，而且还能通过相关的任务和挑战，深入理解这一地区的文化价值和社会意义。② 数字游戏的丰富的可供性赋予它极大的空间去传递信息和赋能互动，使它具有承载杂糅性的能力，在故事讲述方式上也更具有可互动性，使玩家能够沉浸式地融入剧情。这种主动参与使玩家与故事之间建立起更深层次的连接，而这是电影的被动观看体验所无法比拟的。

游戏中的互动性和叙事性是数字游戏作为文化延续与再生的关键所在。在游戏中，角色之间的互动和情节发展构成了游戏的主要叙事线索，玩家通过操纵角色参与游戏世界中的各种活动，从而与游戏世界中的其他角色、环境以及情节产生互动，这种互动不仅丰富了游戏的玩法和体验，也使角色成为文化传播的媒介。通过角色的行为和对话，游戏中的文化信息得以传递给玩家，进而影响玩家的认知和情感塑造身份认同。在游戏的金陵城地图中，游戏《一梦江湖》设置了首个非遗手机游戏街区，利用多个特定摊位对不同非遗主题进行深度展现，包含不少长江流域的非遗技艺。玩家能够通过与NPC（游戏中的非玩家角色）的对话，进一步了解各项非遗的历史与特征，让玩家能够沿着数字化的交互体验途径，逐步走近长江流域非遗瑰宝的打造流程，进一步加深对长江文化遗产的理解和认

---

① B. Alexander, *The New Digital Storytelling*：*Creating Narratives with New Media*，Praeger Publishers，2011：20-87.

② 赵瑜佩、吴婉妍、汪宇新：《赛事作为记忆、圈层与专业：重构电竞主播的身份认同与自我分类研究》，《中国青年研究》2023 年第 10 期。

识。此外，游戏《天天爱消除》以长江文化为桥梁，以消除游戏为纽带，通过寓教于乐的方式，让游戏中的每一个关卡、每一个道具，甚至每一个背景音乐都蕴含着长江文化的元素，让玩家在享受游戏的同时，也能感受到长江文化的博大精深和独特魅力。

四 数字游戏对外传播长江文化的认同建构

作为一种新兴的文化传播媒介，数字游戏不仅继承了互联网等新媒体所构建的一种互动式文化体系，更在此基础上进行了创新与发展。游戏所提供的沉浸式体验，使玩家能够全身心地投入游戏的故事世界和角色情感之中，这种独特的参与感和体验感，为文化的传播与认同开辟了全新的路径。

（一）具身认知：重塑文化感知方式

具身认知源于具身体验，将身体的行为作为前提，才能获得具身性的认知。对具身认知的研究最初仅是哲学层面的思考，近年来，相关领域的学者开始了实证研究，而数字游戏的具身体验性为具身认知理论提供了印证。具身体验有利于玩家通过身体行为完成认知的过程，并促使玩家由被动接受转向主动认知。游戏空间所提供的沉浸感与交互行为为激发玩家的主动性提供支撑，强烈的主动性能进一步增强认知的效能。玩家认为自己有绝对的能力完成游戏设置的任务，再因趣味性的交互促使其主动探索并完成任务。因此，主动接受和完成任务的过程，即玩家具身认知的过程。通过精心设计的游戏剧情和角色，玩家可以感受到文化中蕴含的情感和价值观，这种情感上的共鸣加深了玩家的情感连接，使其不仅仅是对文化信息的认知，更是一种心灵上的触动和认同。[1]

网易游戏《忘川风华录》联动经典剧目《梁红玉》，推出了角色梁红玉，将传统戏剧元素融入角色形象和道具设计中，将爱国主义、英勇果断

---

① 何帅：《数字媒介对古典神话的演绎：网络游戏中神话资源的创造性转化》，《青海民族大学学报（社会科学版）》2023年第2期。

的大将风度等精神文化内涵融入角色中，令人眼前一亮。以云锦为代表的江南丝绸文化体现了长江文化遗产的高度和内涵，在此背景下，南京云锦研究所携手游戏《奇迹暖暖》制作团队一起推出了主题曲《云上锦歌》和联动纪录片《寸锦》，游戏内通过多种不同类型的任务和活动向玩家科普云锦知识；游戏外，专门制作了一期云锦活动特辑。此次南京云锦研究所与《奇迹暖暖》制作团队的合作，将古老的手工技艺与现代数字化的潮流结合，将云锦的美用数字化语言呈现给新一代年轻人，使其成为一种新的潮流。玩家在游戏的过程中，通过身体行为，自觉完成了识别、认知、记忆的过程。在此过程中，具身体验、具身认知与记忆三者形成了相辅相成的统一体，具身体验促进了具身认知，具身认知又加强了记忆的效能。

（二）互动仪式：凝聚群体情感共识

美国社会学家柯林斯以《互动仪式链》一书扩展了他的互动仪式理论。柯林斯将符号互动论、社会建构主义和情感社会学等融入互动仪式链的理论中。他认为，人们在互动仪式中相互关注，随着时间的推移，参与互动的人形成了一个黏性群体，赋予个人以群体归属感的象征，而归属感有助于群体团结。[①] 史安斌等指出，游戏的独特优势在于它通过"游戏语言"，允许玩家在"长线运营"的过程中参与并影响故事的发展，形成长时间的互动。[②] 玩家与玩家之间的交互可以极大地丰富游戏的内容和玩法，传统的单人游戏往往只能提供有限的挑战和乐趣，而多人在线游戏则通过引入玩家之间的交互，使游戏世界变得更加复杂和多变。在游戏中，玩家可以通过创建自己的角色，与其他玩家进行交流和互动，可以通过聊天、表情、动作等方式来表达自己的情感和想法，也可以通过合作、竞争等方式来增进彼此之间的了解和信任。这种社交体验让玩家在游戏中感受到了真实的人际关系和情感联系，从线上到线下，从而建立自己的游戏社群、微博超话等，形成一个特殊的社会群体。

[①] 〔美〕兰德尔·柯林斯：《互动仪式链》，林聚任、王鹏、宋丽君译，商务印书馆，2009。

[②] 史安斌、张自中、朱泓宇：《数字华流视域下国际传播的增效赋能——以〈原神〉为例》，《当代传播》2024 年第 3 期。

2024年7月31日，游戏《元梦之星》制作方举办了"星探长江"游戏地图创意大赛，大赛将借助游戏中的地图共创功能，将长江文化资源与数字游戏相结合，玩家可以参与到长江文化主题的游戏场景创作中，对长江文化进行创新性表达。网易旗下的游戏《蛋仔派对》早在2023年9月便出海东南亚市场，首发当月便居于出海手机游戏下载量榜单第18位，《蛋仔派对》的全球下载量已达8400万次。《蛋仔派对》制作方与四川美术学院联合开展的"千年长江岸"高校创作大赛则把地域文化更具象地聚焦于"长江文化"主题。这种跨界的合作方式以及具象化的主题设定，通过游戏角色、任务、场景、情节设置等方式生动具象地再现和"活化"了这些传统文化符号，玩家在游戏过程中的互动参与强化了他们对长江文化遗产的关注、认知、情感连接、价值共享和集体记忆。同时，玩家之间的交流和分享也能够激发出新的创意和灵感，为游戏的创新和发展提供源源不断的动力，形成文化共创的生态，扩大长江文化的传播范围和影响力。

（三）柔性渗透：强化玩家文化认同

荷兰著名学者约翰·赫伊津哈在其著作《游戏的人》中，提出了一个观点：游戏的起源早于文化，它是人类文明孕育的温床，而非仅仅是其附属品。[①] 他认为游戏不仅与文化相伴相生，更在某种程度上推动着文化的演进和发展。从某种意义上讲，文化本身就是游戏的一种体现。与物质文化相对，游戏更加注重人的内心体验和精神追求，它在无形中塑造着人们的价值观、审美观念和社会行为模式。赫伊津哈的观点为我们提供了一个全新的视角，加之游戏能够跨越文化和语言的鸿沟从而具有较强的跨文化适应性，这种适应性使游戏作为长江文化对外传播的一种柔性方式，以其独特的魅力强化着全球玩家的文化认同感。可以说，游戏作为一种全球性的娱乐形式，确实具有强大的跨文化传播能力，实现了从游戏对话到文化

---

① 〔荷〕约翰·赫伊津哈：《游戏的人：文化中游戏成分的研究》，何道宽译，花城出版社，2017，第2~4页。

对话、文明互鉴的转变。过去的中国玩家经历了这种跨文化理解的过程。几年前，游戏《原神》"璃月"中的场景以中国的自然风光和历史建筑为原型进行设置，曾与黄龙景区、张家界、桂林等地发起"游戏+景区"的文旅跨界联动活动，激发海外玩家到中国旅行、实地探访游戏场景的意愿和行动。2024年游戏《黑神话：悟空》在海外的爆火意味着，海外玩家需要学习和了解《西游记》。借由一种"文化杂糅"的路径架起中国和世界的沟通桥梁，不失为跨文化传播的必然之举。未来，将有更加多元的海外市场与更为多元化的中国身份阐释，数字游戏也终将成为文化对外传播新兴的主要渠道。

长江文化在数字游戏的加持和增强下，长江文物和文化遗产有了数字文化新触点，长江地理地貌、风俗人情、建筑风格、民族宗教等都深度嵌入游戏的虚拟场景和生活方式中，全球众多玩家通过"交互"和"角色扮演"就能一览长江美景，追寻长江历史足迹，感受长江文化魅力，接受长江文化的多元价值。手机游戏《江南百景图》融合并展现了长江文化的特色和深厚底蕴，它深深植根于中国历史悠久的江南地区，这片孕育了无数文人墨客与繁华市井的土地，正是长江文化最为璀璨夺目的部分之一。游戏通过细腻的场景构建与丰富的互动体验，将长江文化的独特风貌与深厚内涵展现给玩家。这种文化元素的柔性渗透，不仅增强了游戏本身的吸引力，也让玩家在享受游戏乐趣的同时，自然而然地接受并认同长江文化所蕴含的价值观念和精神内涵，进而强化玩家的文化认同。

五　结语

在全球化的背景下，文化的对外传播不只是文化内容的简单输出。游戏作为文化传播的新媒介，不仅改变了信息传递的方式，还重新定义了文化传播的空间和范畴。当前社会，游戏作为文化传播的载体，其价值日益凸显，游戏的正面贡献被广泛认可，彻底颠覆了过往将其视为"文化侵蚀者"的偏见。数字游戏的玩家分布在世界各地，游戏以其无与伦比的互动性，成为一种独特的娱乐与学习相融合的方式，它几乎已成为游戏玩家的"共通话语"。综上所述，结语部分尝试回答本文此前提出的三个问题：首先，在长江文化对外传播的媒介重构层面，游戏所带来的强沉浸感提高了玩家接纳传播内容的程度以及游戏参与度，从而改变了玩家的参与方式。同时数字游戏打破了人与机器、虚拟与现实之间的界限，实现了媒介破域并在此过程中重构了文化场域，为长江文化对外传播注入了新活力。其次，在叙事模式层面，数字游戏可以将长江文化的深厚底蕴和文化故事巧妙地融入游戏的文化背景设定之中，这种特性也使游戏具有其他媒介所不具有的、强有力的叙事效能。最后，在认同建构层面，文化本身就是游戏的一种体现，加上游戏本身具有较强的跨文化适应性，借由一种"文化杂糅"的路径搭建起长江文化对外沟通的桥梁，可以强化不同地域玩家的文化认同感。

数字游戏是我国文化产品出海的一个重要的类型，而游戏出海和原来其他文化产品"走出去"最大的不同在于，游戏可以进入生活带来数字体验，是一种以公众为主体、以体验参与为主要形式的文化交互。张志安等指出，这种软性的文化感知和体验，已成为中国国际传播的新兴载体，不断巩固和增强国家文化软实力的凝聚力和影响力。[①] 数字游戏作为一种普遍可接触的媒介，具有较强的跨文化适应性，这种适应性能够超越语言的障碍，让不同文化背景的玩家在游戏中相互合作、竞争，分享彼此的游戏经验和文化特色。长江文化内涵丰富，但传统的传播与传承方式可能较为局限，同时国家也有多项政策鼓励和支持企业和机构向世界讲好长江故事，而数字游戏具有强大的表现力，因此二者结合具有一定的必然性。游戏以其独特的魅力和强大的影响力，悄然打破了人与机器、虚拟与现实之间的界限，为长江文化对外传播提供了多元路径，同时游戏的多媒体性带来了更多的游戏内容叙事方式，使游戏玩家能够自然而然地接触、理解和欣赏来自不同文化背景的元素，这种过程既非强加也非生硬，而

---

① 张志安、李欣颖：《能力、效能与效力：2024 中国国际传播研究及实践启示》，《对外传播》2024 年第 12 期。

是在享受游戏乐趣的同时实现文化的自然渗透与传承，达到了"寓教于乐、润物无声"的佳境，完成文化认同的构建。因此将长江文化与数字游戏融合，以数字游戏为连接点，寻找与全世界各地年轻人交流的共通点，利用好文化优势，兼顾中华文化和海外文化之间的平衡，能够为我国长江文化对外传播和传递中国故事奠定基础，从而助力中国国家形象的构建。

长江舆地考释

长江名渡扬子津考

罗加岭[*]

摘　要： 关于扬子津地理方位历来有两种说法：一是在扬州城南十五里；二是在仪征城东。笔者从唐代诗人的诗歌、出土文物、现存最早的扬州府志《嘉靖惟扬志》中所绘古地图与当今扬子津街道、扬州大学扬子津校区命名等四个方面来认证第一种说法的正确性。接着分析造成扬子津地理方位分歧的症结是唐代、五代前期扬子县的行政区域及宋雍熙二年（985年）永贞县"割隶"建安军。然后分析扬子津隋唐时期在政治、经济、军事、文化等方面的重要地位。最后分析宋至当代扬子津的衍变，纠正了过去"杨子镇，即古杨子津，旧以为即古杨子县，非也。宋、元以桥名，今以镇名"的观点。扬子（桥）镇就是古杨子津；宋元以后，扬子桥与扬子桥镇是并存的。

关键词： 扬子津　扬子桥　扬子县　邗江　仪征

扬子津（志书上还有杨子津、扬子渡等别称），是隋唐时期沟通长江和南北大运河的著名津渡。它于隋开皇十年（590年）首次出现在史书之中。随着瓜洲不断淤涨，扬子津渡口逐渐淤塞。唐永淳元年（682年），唐朝廷置扬子县，扬子镇作为扬子县的治所，成为大运河沿岸繁华的重镇。唐开元二十六年（738年）齐瀚开伊娄河后，瓜洲逐渐替代扬子津的地位，成为润州、扬州两地的重要渡口，但扬子津依然是大运河沿线重要节点。

---

[*]　罗加岭，扬州市文史馆副研究馆员，研究方向为扬州近现代文化、扬州园林、扬州运河等。

宋元以后扬子桥与扬子桥镇并存，直至新中国成立前。2002 年，扬子津街
道成立，又开始了扬子津新的辉煌。

一 扬子津地理方位考辨

由于史载不详，关于扬子津的地理方位存在两种说法：一种说法是在
扬州城南十五里，如《（万历）江都县志·卷七》："杨子津，在城南一十
五里。即杨子桥，一名杨子渡。旧杨子县治也。"① 《（雍正）扬州府志·
卷八》："杨子津，在府城南十五里，即杨子桥，一名杨子渡，又名杨子
镇。"② 《（嘉庆）重修扬州府志·卷十六》："杨子镇，即古杨子津，旧以
为即古杨子县，非也。宋、元以桥名，今以镇名。在府城南十五里，与今
茱萸湾相近。"③ 另一种说法是在仪征城东，如《（隆庆）仪真县志·卷
二》："扬子津，在县东。李白诗'挥策扬子津'，又曰'汉水东连扬子
津'是也。"④ 刘文淇《扬州水道记·卷一》："凡言'扬子津'者皆仪征
渡江处也。"又说："是伊娄河未开以前，凡渡江者皆由六合之瓜步、仪征
之扬子津也。"⑤ 其实，刘文淇等总纂的《（道光）重修仪征县志·卷三》
中提到"扬子津，在县东"似乎不理直气壮，在此词条后附注："按，《府
志》云：'在府城南十五里，即扬子桥，一名扬子渡，又名扬子镇。'入江
都县。旧《志》、陆《志》，并属仪征。今仍之。"⑥ 刘文淇的观点应该受
到某些力量的牵制。《（万历）扬州府志》《（康熙）扬州府志》与顾炎武
《天下郡国利病书》等采用两说并存。此两种说法从元朝开始，直至明清

---

① （明）张宁修，（明）陆君弼纂《（万历）江都县志》，收入《扬州文库（第 9 册）》，广
　陵书社，2015，第 77 页。
② （清）尹会一纂修，（清）程梦星等纂《（雍正）扬州府志》，收入《扬州文库（第 5
　册）》，广陵书社，2015，第 86 页。
③ （清）阿克当阿监修，（清）姚文田等纂《（嘉庆）重修扬州府志》，收入《扬州文库
　（第 6 册）》，广陵书社，2015，第 280 页。
④ （明）申嘉瑞修，（明）李文等纂《（隆庆）仪真县志》，收入《扬州文库（第 16 册）》，
　广陵书社，2015，第 552 页。
⑤ （清）刘文淇：《扬州水道记》，赵昌智、赵阳点校，广陵书社，2011，第 14 页。
⑥ （清）王检心修，（清）刘文淇、张安保总纂《（道光）重修仪征县志》，收入《扬州文
　库（第 18 册）》，广陵书社，2015，第 61 页。

仍盛行。笔者采信第一种说法。原因如下。

（一）从唐代诗人的诗歌中来看

正如《（康熙）仪真县志·卷八》中引用张槩的话："以唐人诗涉扬子者观之，则其津固与瓜洲相属，知必近乎县也。旧志以为县东三里者，盖失考尔。"① 这句话《（道光）重修仪征县志·卷三》也作了引用。张槩（生卒年不详），字方叔，号芸窗，润州南徐（今江苏镇江）人。宋理宗淳祐年间（1241—1252 年）他为句容令，宝祐年间（1253—1258 年）为江东制置使参议、机宜文字。孟浩然《扬子津望京口》："北固临京口，夷山近海滨。江风白浪起，愁杀渡头人。"② 孟浩然的另一首诗《宿扬子津寄润州长山刘隐士》："所思在建业，欲往大江深。日夕望京口，烟波愁我心。心驰茅山洞，目极枫树林。不见少微星，星霜劳夜吟。"③ 这两首诗都说明扬子津与对岸镇江距离较近，如果扬子津在仪征新城镇附近是望不到京口景色的。刘禹锡《罢郡姑苏北归渡扬子津》："几岁悲南国，今朝赋北征。归心渡江勇，病体得秋轻。海阔石门小，城高粉堞明。金山旧游寺，过岸听钟声。"④ 此诗也说明扬子津与对岸镇江金山寺的距离较近，否则听不到金山寺的钟声。晚唐诗人吴融《题扬子津亭》："扬子江津十四经，纪行文字遍长亭。惊人旅鬓斩新白，无事海门依旧青。前路莫知霜凛凛，故乡何处雁冥冥。可怜不识生离者，数点渔帆落暮汀。"⑤ 扬子津渡口的亭壁上，都被赠别诗题满了，送行的人实在太多。诗中所说"海门"，系指焦山以北江中的两座小山松寥山和夷山，两山分峙江中，故称"海门"。因此，此诗的地理坐标仍是焦山—松寥山与夷山—扬子津一线。五代宋初诗人徐铉《登甘露寺北望》："京口潮来曲岸平，海门风起浪花生。人行沙上见日影，舟过江中闻橹声。芳草远迷扬子渡，宿烟深映广陵城。游人乡思

---

① （清）陆师修纂《（康熙）仪真县志》，收入《扬州文库（第17册）》，广陵书社，2015，第444页。

② （清）彭定求等编《全唐诗》卷一百六十，中华书局，1960，第1667页。

③ （唐）孟浩然撰《孟浩然诗集校注》，李景白校注，中华书局，2018，第113~114页。

④ （清）彭定求等编《全唐诗》卷三百五十八，中华书局，1960，第4042页。

⑤ （清）彭定求等编《全唐诗》卷六百八十四，中华书局，1960，第7851页。

应如橘，相望须含两地情。"① 这说明五代宋初时的扬子渡（扬子津的另一种叫法）依然在京口（今镇江）的北面，而不在仪征，否则就是"西望"了。

（二）从出土文物来看

施桥、汊河附近有大量的出土文物可以佐证古扬子津附近是重要的渡口与人口聚集区。1960 年 3 月，江苏省文物工作队在施桥镇考古发现唐代的一排东西向木桩。木桩残存 17 根，木质为楠木，直径最粗者 25 厘米，长短大小不一，其上有砖砌建筑物和碌碡（石滚子）。这是一座下有群桩，上部用方砖砌体的港口码头驳岸。这种木桩码头能保证近岸的一定水深，兼有护岸作用。木桩排列走向同当时长江镇扬河段北岸线走向一致，该木桩是唐代扬州港长江港区桩式码头的重要物证。1960 年 3 月开挖疏浚京杭大运河工程时，在距施桥镇东南 400 米的新河底部靠西坡处发现唐代大木船和独木舟各一艘。两船紧靠在一起，大型木船在东，已侧翻的独木舟在西，现藏扬州博物馆。这都说明施桥、汊河一带（古扬子津附近）曾经是长江的主航道或有一条重要的夹江，其附近有港口、渡口。扬州城南出土大量的唐、五代时期的古墓：唐大和九年（835 年）解少卿墓 ［墓志云："雁门解府君，名少卿……大和九年九月七日寝疾终于私第……以其年十一月八日葬于杨子县风亭坊之原。" 疏证："解少卿墓志，一九七〇年二月出土于江苏省扬州市邗江县汊河公社绿庄大队于庄生产队（今江苏省扬州市邗江区汊河镇陆洲村于庄）唐墓"]②；唐大中四年（850 年）解少卿妻蔡夫人墓 ［墓志云："大中岁次庚午正月八日，夫人没于扬州扬子县通寰坊之私第……以其年夏四月十三日祔葬于县之西风亭坊之南原。" 疏证："解少卿妻蔡夫人墓志，一九七〇年二月出土于江苏省扬州市邗江县汊河公社绿洲大队于庄生产队（今江苏省扬州市汊河镇陆洲村于庄）唐墓"]③；唐大中六年（852 年）曹君妻张氏墓（墓志云："夫人张氏……于大中六年

① （清）彭定求等编《全唐诗》卷七百五十一，中华书局，1960，第 8550 页。
② 李文才疏证《隋唐五代扬州地区石刻文献集成》，凤凰出版社，2021，第 153~155 页。
③ 李文才疏证《隋唐五代扬州地区石刻文献集成》，凤凰出版社，2021，第 195~196 页。

八月十日殁于扬州杨子县风亭之里……以其年九月重阳之辰，合祔当坊敦
□之原。"疏证："曹君妻张氏墓志，一九四九年前出土于江苏省扬州市邗
江县，具体地点不明……则其葬地约在今江苏省扬州市邗江区汊河镇陆洲
村一带")①；唐大中六年（852 年）万氏夫人墓（墓志云："有唐大中六年
龙集壬申十二月十三日豫章郡万夫人终于扬州江都来风之里……即以当月
廿四日窆于扬子县界江滨乡白社村。"疏证："推断其葬地约在今江苏省扬
州市邗江区汊河镇一带")②；唐咸通六年（865 年）韦练妻居氏墓［墓志：
"夫人姓居……终于扬州杨子县通寰里……以其年十二月廿三日殡于杨子
县临川里。"疏证："韦练妻居氏墓志，一九七四年九月，出土于江苏省扬
州市邗江县汊河公社二桥大队王庄生产队（今江苏省扬州市邗江区汊河镇
二桥村王庄）唐墓"]③；唐中和五年（885 年）骆潜墓［墓志："公名
潜……至中和五年八月八日殡于扬州杨子县江滨乡风亭里。"疏证："骆潜
墓志，一九六六年一月，出土于江苏省扬州市邗江县汊河公社绿洲大队陆
二庄唐墓（今江苏省扬州市邗江区汊河镇陆洲村）"]④；唐乾宁四年
（897 年）唐彦随墓［墓志："公讳彦随……乾宁四年二月二十一日淮南扬
州杨子县江滨乡颜里村。"疏证："唐彦随墓志，一九四九年出土于江苏省
扬州市邗江县（今江苏省扬州市邗江区）"]⑤；南唐保大四年（946 年）
太原郡王氏夫人墓［墓志："夫人，太原名族也……夫人以保大四年正月
十四日葬于永贞县广化后江乡附葬茔所庄上。"疏证："太原郡王氏夫人墓
志，一九六四年十二月，出土于江苏省扬州市邗江县运西公社鞠庄大队
（今江苏省扬州市邗江区运西乡鞠庄）"]⑥等。说明古扬子津附近（今邗
江区汊河街道，运西乡于 2011 年并入当时的汊河镇）在唐代、五代时期
是人口聚集区、经济发达区。朱江在《唐扬州扬子县考》中说："结合前
引蔡氏墓志所述葬地，可以进一步说明，扬子县治所只能在风亭坊的东

---

① 李文才疏证《隋唐五代扬州地区石刻文献集成》，凤凰出版社，2021，第 207~208 页。
② 李文才疏证《隋唐五代扬州地区石刻文献集成》，凤凰出版社，2021，第 209~210 页。
③ 李文才疏证《隋唐五代扬州地区石刻文献集成》，凤凰出版社，2021，第 235~237 页。
④ 李文才疏证《隋唐五代扬州地区石刻文献集成》，凤凰出版社，2021，第 293~295 页。
⑤ 李文才疏证《隋唐五代扬州地区石刻文献集成》，凤凰出版社，2021，第 310~312 页。
⑥ 李文才疏证《隋唐五代扬州地区石刻文献集成》，凤凰出版社，2021，第 378~380 页。

边，也就是在今汉河公社六洲大队于庄生产队的东边。汉河之东，邻近扬子镇……也就是说，唐代扬子县治所在扬子镇，亦即在现在的扬子桥附近。""据清《嘉庆重修扬州府志·山川志》所记：'隋以前，扬子镇尚濒江。至唐时，江滨积沙与瓜洲连。'汪研山《十二砚斋金石过眼录》中有跋云：'考万历江都县志云：旧辖二十五乡，其第十一乡曰江滨。以今时地域考知，当即今扬子桥也。'但从 1972 年 10 月于今邗江县霍桥公社陈巷大队四圩生产队所在地区出土的一座明弘光元年（清顺治二年，1645 年）骨灰冢内的砖地券文看，'江滨乡'的位置在今施家桥以东，即今大运河的东岸。这一带是隋唐时期的濒江地区，南向不远还有小江（长江故道）遗迹。遗迹南向附近，尚有地名'黄港'。这里距扬子桥尚远，按二十万分之一地图测算，约相距五公里。"①

（三）从现存最早的扬州府志《嘉靖惟扬志》与最早的仪征县志《（隆庆）仪真县志》中所绘地图来看

《嘉靖惟扬志》最早的刻本是明嘉靖二十一年（1542 年），其编者认可扬子津在扬州城南十五里。《唐仪真图》②表明扬子津在伊娄河口，扬子县治所在三汊河附近，与胥浦有几十公里的距离。《隋唐扬州图》③也表明扬子津在瓜洲的对岸。刘文淇曾孙刘师培也支持扬子镇在江都（今扬州市邗江区），扬子桥就是唐代的扬子津、扬子镇的看法。他写道："《康熙江都县志·山川志》云：'扬子津，即扬子桥，旧扬子县治也。'《雍正扬州府志》云：'永淳元年，以江都之扬子镇置扬子县。'考扬子桥在今郡城之南，稍西。去郭甚迩。"④朱江在《唐扬州扬子县考》云："明代的《（隆庆）仪征县志》附有一幅唐代扬子县图，其所示扬子县城的位置，和墓志（注：即唐故彭城郡洪府君夫人张氏墓志铭）记载与刘氏（注：即刘师培）

---

① 朱江：《唐扬州扬子县考》，《文物》1977 年第 9 期。
② （明）朱怀幹修，（明）盛仪辑《嘉靖惟扬志》，收入《扬州文库（第 1 册）》，广陵书社，2015，第 11 页。
③ （明）朱怀幹修，（明）盛仪辑《嘉靖惟扬志》，收入《扬州文库（第 1 册）》，广陵书社，2015，第 9 页。
④ 刘师培：《唐张氏墓志铭释》，《国粹学报》第 37 期，第 2 页。

等前人考证比较相近。"① 《(隆庆) 仪真县志》是现存仪征最早的县志，初刻于明隆庆元年（1567 年）。其中有《唐疆域图第一》②，扬子津在伊娄河河口，夹江对岸是瓜洲。陆师修纂《(康熙) 仪真志》中的《唐扬子县图》③ 中扬子津依然在伊娄河河口，瓜洲依然在江中。

（四）从当今扬子津街道、扬州大学扬子津校区等命名来看

当代扬州市政府及文史专家绝大多数认可扬子津在扬州城南十五里的看法。近年来，随着江苏省历史文化遗产保护力度持续加强，越来越多的老地名，正进行着空间实体和名字的双重恢复。如扬子津街道、扬州大学扬子津校区等。2002 年，位于扬州经济开发区西南部的扬子津街道正式成立，其名字来源于扬子津古渡。2008 年，扬州大学扬子津校区破土动工，仅用 16 个月时间便完成了初步建设，并于 2009 年 9 月正式迎来首批师生入驻。2015 年，扬子津古渡体育休闲公园建成开放。笔者相信扬州市民政局地名办公室在恢复扬子津老地名时肯定会征求地名专家、文史专家的建议。另外现代出版的有关辞典，如《中国古今地名大辞典》《中国历史地名大辞典》等，均认为扬子津、扬子桥是同一地方，在扬州城南十五里。

二 扬子津地理方位分歧的症结

南唐昇元元年（937 年），扬子县改永贞县。据黄彬琦、王旭《唐宋时期瓜洲沙洲变迁与沿江政区响应》考证："雍熙二年永贞县'割隶'建安军，对于这次割县需要加以考证。唐末以来的永贞县以扬子镇为州治，县南濒江，瓜洲镇、白沙镇皆处县域。割县以后，《元丰九域志》载江都

---

① 朱江：《唐扬州扬子县考》，《文物》1977 年第 9 期。
② （明）申嘉瑞修，（明）李文等纂《(隆庆) 仪真县志》，收入《扬州文库（第 16 册）》，广陵书社，2015，第 540 页。
③ （清）陆师修纂《(康熙) 仪真志》，收入《扬州文库（第 17 册）》，广陵书社，2015，第 359 页。

县辖扬子镇、瓜洲镇在内的七镇，天圣年间袁康任江淮发运使'归老于扬州之瓜洲'，到南宋初年郑兴裔云：'（漕河）西南自仪真江岸，东行四十里至石人头，入江都县界。又十五里至杨子桥。南自江都县瓜洲镇站船坞，北行三十里亦至杨子桥。'综上可见永贞县改隶建安军时只划割了县域之西境，县之东境（南起瓜洲滨江，北过扬子镇）则划归江都县，其东、西境的分界线约在石人头（今仍存，在古运河畔，去仪征约 18 公里，距扬子津 6~7 公里）。伴随着县域的一分为二，永贞县的县治也存在迁移，县治旧在扬子镇，割县以后则以白沙镇地为县治，而旧县治所在地的扬子镇归江都县，是以真州有扬子县，扬州江都县有扬子镇。"① 这说明南唐昇元元年（937 年）扬子县改永贞县后，县治所由扬子镇迁往白沙镇。从唐永淳元年（682 年）到南唐昇元元年（937 年）的 255 年内，扬子县的治所一直在扬子镇，当然经济、文化中心也在扬子县的东部，即扬子镇附近。北宋乾德二年（964 年），永贞县迎銮镇升格为建安军。而扬子县、永贞县的继承者是仪征县。后世史家对古扬子津（今邗江区汊河街道）附近曾属于扬子县 255 年的历史经常忽略，因此将扬子津、扬子宫、扬子院等全部归于扬子县、永贞县的继承者仪征县，这就造成了扬子津、扬子宫、扬子院等全部西移的现象。因此唐代、五代前期扬子县的行政区域及宋雍熙二年（985 年）永贞县"割隶"建安军是造成扬子津地理方位分歧的症结所在。

（一）扬子津在隋唐的重要地位

在隋唐时期，扬子津在政治、经济、军事、文化等方面有重要的地位。

在隋代，扬子津是杨广在登基前后吟咏与饮宴的场所。隋大业元年（605 年），隋炀帝杨广征集淮南 10 多万民工开挖邗沟，自山阳（今淮安）至扬子津入江。隋大业七年（611 年），隋炀帝临扬子津，在江边建钓台，建临江宫于此，亦曰扬子宫。扬子宫内有凝晖殿、元珠阁等，可眺望大

---

① 黄彬琦、王旭：《唐宋时期瓜洲沙洲变迁与沿江政区响应》，《中国地方志》2023 年第 3 期。

江；宫西有澄月、悬镜、春江诸亭。隋大业十三年（617年），隋炀帝驾出扬子津，又幸临江宫。"二月，炀帝幸临江宫，并百僚饯于凝晖殿，庭酺，戏为乐数日。时羽葆初成，霜戈花氅，羽旆龙旗，横街塞陌，二十余里，晖翳云日。前代羽卫，无盛斯时。"① 杨广在这里作《四时白纻歌·江都夏》《夏日临江诗》等。隋代诗人柳䛒的代表诗作《奉和晚日杨子江应教诗》和《奉和晚日杨子江应制诗》都应写于扬子津。柳䛒，字顾言，襄阳人。起初在梁为官，梁亡后入隋，为晋王杨广咨议参军。隋仁寿（601—604年）初，引为东宫学士。隋炀帝即位，拜秘书监，封汉南县公。"奉和"是指作诗词与别人唱和，这两首诗就是柳䛒与杨广唱和之作。《奉和晚日杨子江应教诗》是应晋王杨广之命而作，时间在隋开皇十年至开皇二十年（590—600年）之间。开皇十年（590年），江南豪族群起反隋，隋文帝以杨广为扬州总管，坐镇江都，镇压叛乱，总领淮河及长江以南四十四州军事。开皇二十年（600年）杨广被立为太子。《奉和晚日杨子江应制诗》则作于隋大业元年（604年）杨广登基为帝后，到大业六年（609年）柳䛒去世前。

在隋唐两代，扬子津是军事战略要地。隋灭陈统一中国后，南方士族豪强起兵反叛。隋开皇十年（590年），江南原陈朝故境纷纷反叛。其规模大者数万人，小者数千人，互相呼应。面对如此严峻的形势，隋文帝杨坚命杨素率军由扬子津渡江平叛。杨素首先于京口（今江苏镇江）击破朱莫问的军队，后步步为营，扫平江南。隋大业九年（613年），余杭人刘元进在江南起兵，并出兵攻打润州（今江苏镇江）。隋炀帝随即派吐万绪讨伐刘元进。吐万绪率军夜渡扬子津，击退刘元进的军队。在隋朝建国的短短30多年时间内，两次大规模平叛都由扬子津渡江南下，足见扬子津在军事上的重要地位。唐朝自武德年间（618—626年）起，朝廷就不断在扬子津用兵，著名的有四次。第一次是武德六年（623年），辅公祐造反，李渊诏河南安抚大使任瓌带兵从扬子津渡江讨伐他。第二次是武德七年（624

---

① （清）阿史当阿修，姚文田纂《（嘉庆）扬州府志》卷三十古迹一，收入《扬州文库（第6册）》，广陵书社，2015，第476~477页。

年），李靖攻克扬子镇。第三次是至德二年（757年）二月，永王李璘叛乱，李成式与河北招讨判官李铣合兵讨伐李璘。铁兵数千驻扎在扬子津。第四次光启三年（887年）四月，淮南都将毕师铎在扬州发动兵变。毕师铎自高邮袭击扬州，没有攻克，屯军于扬子津。宣州观察秦彦派遣秦稠带兵到扬子津来帮助他，于是攻陷了扬州，囚禁淮南节度使高骈。庐州刺史杨行密带兵来攻打秦彦的部队，驻军于扬子津和蜀冈以进逼城池。杨行密欲救高骈却不能进入扬州，屯军于蜀冈。毕师铎率兵数万攻打杨行密，毕师铎大败，单骑逃回扬州城，并杀死高骈。杨行密进攻西门，秦彦和毕师铎逃奔到湾头，杨行密于是进入扬州。

在隋唐两代，扬子津是重要的交通枢纽，有扬子驿、扬子津亭。隋大业元年（605年），京杭大运河邗沟段循邗沟故道达扬子津，当时瓜洲尚在江心，扬子津因此成为沟通大江南北的重要津渡，每年数千万石的漕粮和江淮物资经过扬子津直达邗沟，运抵关中。隋唐时扬子津渡口兼管理驿政，故在此设置水陆相兼的驿站——扬子驿，以备南来北往的官员以及传递公文的信使在此换乘舟、舆、马。扬子津的渡口是唐代扬州高僧鉴真几次东渡的地点，扬子津畔的既济寺还是鉴真大师过往歇足的地方。扬子津濒临长江，江水泥沙不断冲积致使江岸不断南迁。顾祖禹《读史方舆纪要》载，扬子津渡口于"唐时积沙二十五里"[1]，即扬子津陆地向南扩展延伸了二十五里，与瓜洲相连。江南运河地势高，河水浅涸而通航不畅，漕船由京口过江时需向西绕过瓜洲沙尾（今仪征东）才能抵达北岸的扬子津，"纡汇六十里，船绕瓜步，多为风涛之所漂损"[2]，严重影响南北漕运的效率。唐开元二十六年（738年），润州刺史齐澣开凿了伊娄河，自此瓜洲取代扬子津的地位，成为长江上的著名津渡。此后，扬子津更名为扬子桥，其渡口功能虽然消失，但南有伊娄河（瓜洲运河）与瓜洲渡相通，北有东西流向的仪扬河连接，当时官府漕运、江淮大地物产的交流、南来北往的旅客航运，仍要经过这里，因此它仍不失为水陆交通要冲及大运河沿

---

[1] （清）顾祖禹撰《读史方舆纪要》卷二十三，团结出版社，2022，第1043页。
[2] （后晋）刘昫等撰《旧唐书》卷一九，中华书局，1973，第5038页。

线重要节点。扬子驿仍在发挥重要作用。在唐代，扬子津附近还有宝胜教寺、天王教寺等。

在唐代，扬子津是经济重镇。唐广德二年（764 年），盐铁使兼转运使刘晏设置十三巡院，负责查禁私盐。其中在扬子县扬子津置扬子院。扬子院居十三巡院之首。扬州留后为扬子院最高长官。解少卿墓志云："元和岁，监察殷公领嘉禾煮海务……改扬子留后，每随履历，始终不渝……"① 结合他的妻子蔡夫人墓志，解少卿是雁门（今山西代县）人。他生前任盐铁转运江淮留勾检官。他们夫妇居住于扬子县县城通寰坊，死后都葬于县西风亭坊之原，即今江苏省扬州市汊河镇陆洲村于庄一带。可以推测解少卿的工作地点扬子院离此地不会太远。扬子院既管漕运，也管盐税，唐宪宗元和五年（810 年），扬子留后还兼任江淮以南两税使，所以这里还直管江淮两税钱粮，是当时天下第一巡院，储藏了大量的税米、丝绸布匹以及盐税、两税税银和钱币。仅盐税而言，扬子巡院的盐税占当时全国盐税半数以上。唐德宗建中四年（783 年），盐铁使包佶一次由扬子巡院发运钱帛八百万，足见其存储钱财之多。此外，刘晏派部下李若初在扬子津附近筹建了 10 个造船厂，制造大小不同、能适应各种水势和具有特殊结构的各类运船。刘晏还在此建扬子仓，江南各州上交来的税米先在此储存，再根据朝廷指令经运河转运河阴仓。

在唐代，扬子津是诗渡。南来北往的行商大贾、文人骚客皆云集于扬子津候渡或觅转车船，他们于迎来送往之间、羁旅暂泊之际，不乏名篇佳作。盛唐诗人丁仙芝、祖咏、孟浩然等都曾在此驻足流连，写下脍炙人口的诗篇。丁仙芝于唐开元十三年（725 年）中进士，担任主簿，后来调任余杭县尉，在赴任渡江途中，他写下了《渡扬子江》："桂楫中流望，空波两岸明。林开扬子驿，山出润州城。海尽边阴静，江寒朔吹生。更闻枫叶下，淅沥度秋声。"② 此诗另一说作者是孟浩然，写于唐开元二年至十六年间（714—728 年），此时孟浩然曾到江浙一带活动过。李白的《横江词》

---

① 李文才疏证《隋唐五代扬州地区石刻文献集成》，凤凰出版社，2021，第 153~155 页。
② （清）彭定求等编《全唐诗》卷一百十四，中华书局，1960，第 1156 页。

（六首之三）："横江西望阻西秦，汉水东连扬子津。白浪如山那可渡，狂风愁杀峭帆人。"① 此诗大约是唐天宝十二年（753 年）李白 53 岁时欲由采石矶渡江赴历阳遇风浪而有所感之作。李白还作有《送王屋山人魏万还王屋》，其中有"回桡楚江滨，挥策扬子津"的句子。唐贞元十六年至十七年（800—801 年），刘禹锡经淮南节度使兼徐泗濠节度使杜佑任命，正式成为徐泗濠节度掌书记。他在扬州写的《晚步扬子游南塘望沙尾》："淮海多夏雨，晓来天始晴。萧条长风至，千里孤云生。卑湿久喧浊，搴开偶虚清。客游广陵郡，晚出临江城。郊外绿杨阴，江中沙屿明。归帆翳尽日，去棹闻遗声。乡国殊渺漫，羁心目悬旌。悠然京华意，怅望怀远程。薄暮大山上，翩翩双鸟征。"② 其中"客游广陵郡，晚出临江城""悠然京华意，怅望怀远程"等诗句，隐约表达出期望早日离开扬州，渴望进京的心情。唐长庆二年（822 年），刘禹锡由朗州（今湖南省常德市）迁任夔州刺史，后又于长庆四年调任和州（今安徽省和县）刺史，他在《别夔州官吏》中辞吟道："三年楚国巴城守，一去扬州扬子津……"③ 在辞别同僚述去向时，诗人便迫不及待地说自己首先要去的地方，就是要到扬子津去看看，因为他对那里有深深的怀念，难忘故情。唐宝历二年（826 年）冬，罢苏州刺史的白居易与罢和州刺史的刘禹锡相遇于扬子津。唐大和二年（828 年），白居易作《临都驿答梦得六言二首》，其中有："扬子津头月下，临都驿里灯前。"祖咏《泊扬子津》："才入维扬郡，乡关此路遥。林藏初过雨，风退欲归潮。江火明沙岸，云帆碍浦桥。客衣今日薄，寒气欲来饶。"④

（二）宋元以后扬州津的演变

宋代，人们在远离江岸的扬子津上修建桥梁，成为通往瓜洲渡口的重要通道，便更名为扬子桥。

北宋真宗天禧年间（1017—1021 年），为减少长江水对河岸的直接冲

---

① 安旗主编《李白全集编年笺注》，中华书局，2015，第 1009 页。
② （清）彭定求等编《全唐诗》卷三百五十五，中华书局，1960，第 3993 页。
③ （清）彭定求等编《全唐诗》卷三百六十一，中华书局，1960，第 4082 页。
④ （清）彭定求等编《全唐诗》卷一百三十一，中华书局，1960，第 1335 页。

击，江淮发运使贾宗在仪扬运河和瓜洲运河之交汇处扬子桥引江入运河，开凿扬州新河。河经新河湾，绕扬州城南，连接古运河，经黄金坝、湾头镇东行，史称"近堰漕路"。此举减少坝堰三座，以免漕船驳卸之烦。为减慢水速，新河在扬州城南故意曲折迂回，俗称"三湾"。扬子桥成为漕运的重要枢纽。北宋皇祐二年（1050年），司马光任同知太常礼院时作《送邵不疑知常州》，其中云："祖帐青门道，归帆扬子津。"① 苏颂《和刘明仲都曹见别》，其中有："朱方亭下归心速，扬子桥边别泪多。"② 洪刍《次李元亮韵》，其中有："鄮侯庙下相逢处，扬子桥头握别时。"③

南宋时期，扬子桥又成为军事战略要地。绍兴三十一年（1161年），金海陵王完颜亮征调大军，分四路南侵。刘锜节制诸路军马，担负江淮地区抗击金军主力的重任。他抱病从镇江渡江进驻扬州，随即派兵北上，加固淮东防务。但因负责淮西防务的王权迟迟不进，使得金军从容南下。而王权得知金军过淮河，又弃庐州南逃。金军迅速推进到滁县，即将临江。刘锜得知这个消息，也只得退兵扬州。攻克扬州后，为抢占瓜洲渡，进而挥师渡江，完颜亮命万户高景山率骑兵攻瓜洲镇。金人进犯扬子桥。刘锜命镇江府左军统领员琦率部邀击，于皂角林与金军激战，大败金军，斩高景山，俘数百人。皂角林之战是完颜亮南犯以来首次失利的恶战，被列入南宋"中兴十三处战功"之一。南宋淳熙十二年（1185年），杨万里作为接伴使迎接金国贺正旦使（职责是为南宋朝廷的皇太后、皇帝和皇后祝贺春节），他来到扬州写了两首诗来吟咏皂角林之战。《皂角林》："水漾霜风冷客襟，苔封战骨动人心。河边独树知何木，今古相传皂角林。"④ 杨万里认为，那些"苔封战骨"仍然铭刻着当年战斗的壮烈情景，他们的业绩千古流传。《舟过扬子桥远望》："此日淮壖号北边，旧时南服纪淮壖！平芜尽处浑无壁，远树梢头便是天。今古战场谁胜负，华夷险要岂山川？六朝未可轻嘲谤，王谢诸贤不偶然。"⑤ 杨万里在诗中提出，要回顾历史经验，

① （宋）司马光撰，李之亮笺注《司马温公集编年笺注》，巴蜀书社，2009，第527页。
② （宋）苏颂撰《苏魏公文集》上，中华书局，1988，第153~154页。
③ （宋）洪刍：《老圃集》卷下，鲍廷博批校清抄本，山东省图书馆藏。
④ （宋）杨万里著，周汝昌选注《杨万里诗选》，河北教育出版社，1999，第189~190页。
⑤ （宋）杨万里著，周汝昌选注《杨万里诗选》，河北教育出版社，1999，第189~190页。

对现实进行深入思考。

南宋期间，扬子桥成为南来北往的旅客的必经之路。据南宋初年郑刚《西征道里记》中记载，南宋绍兴九年（1139年）"（五月）三日，济渡至瓜洲镇扬子桥，宿扬州城外"①。杨万里还有《过扬子桥二首》，其中有："客愁满目政无聊，忽报船经杨子桥。"《晚泊扬州》，其中有："扬子桥西转彩航，粉城如练是维扬。"吕本中《广陵》，其中有："柳色团涡岸，春风扬子桥。"南宋德祐二年（1276年），临安（今杭州）陷落，严光大记录南宋官员赴元大都请和行程的《祈请使行程记》中记载，德祐二年（1276年）"（二月）二十日，阿术元帅统诸臣从官，同太皇太后续差到。阁赞吴忠翊督战，孙通直赍手诏，带北朝马数千往扬州。至扬子桥，炮声连响……阿术平章请回扬子桥……三月初一日早，方知文丞相已脱去……初二日，宿扬子桥圃内，乘铺马"②。同时，文天祥在《指南录后序》写道："如扬州，过瓜洲扬子桥，竟使遇哨，无不死。"③ 另外，文天祥有《出真州》，其中云："瓜洲相望隔山椒，烟树光中扬子桥。"④ 宋代时扬子桥附近有扬子寺、开福寺等。

元代，扬子桥是南北交通的一个重要水道，在陆路交通不发达的年代，沿着古镇的运河，南来北往的客货船只往来穿梭。元代诗人萨都剌在《同友人扬子江送客》中写道："将军之马骏且雄，葛仙骑之如游龙。金陵之酒香且冽，葛仙饮之豪兴发。马上送客扬子津，下马饮客金陵春。主人上马客已渡，回首江南江北人。"⑤ 朝鲜诗人李齐贤在《多景楼陪权一斋用古人韵同赋》中写道："扬子津南古润州，几番欢乐几番愁……"⑥ 这说明宋元时，扬子津与扬子桥是混用的。

---

① （宋）郑刚：《西征道里记》，载顾宏义、李文整理标校《宋代日记丛编》，上海书店出版社，2013，第645页。
② （宋）严光大：《祈请使行程记》，载顾宏义、李文整理标校《宋代日记丛编》，上海书店出版社，2013，第1288页。
③ 曾枣庄、刘琳主编《全宋文》第三百五十九册，上海辞书出版社，2006，第97页。
④ （宋）文天祥撰《文天祥诗集校笺》，中华书局，2017，第696页。
⑤ （清）吴耆德、王养度纂修，（清）冯锦、常德编辑，于树滋校定，孟德荣整理《嘉庆瓜洲志》，广陵书社，2018，第85页。
⑥ 杨镰主编《全元诗》第三十三册，中华书局，2013，第332页。

自古以来，扬子桥周边地区都比较富庶。自从南唐昇元元年（937年）扬子县改永贞县并将县治所由扬子镇迁往白沙镇后，扬子镇有所衰败，但凭借优越的地理位置依然繁荣。只是由县城变成了乡镇。明代有扬子桥镇，市场繁荣，盛于邻镇。明洪武年间，兵部尚书单安仁上疏请将瓜洲仓廒移扬子桥，以免大江风潮之患。钱毂的《纪行图册》以王世贞于明隆庆四年（1570年）六月所作的《适晋纪行》为蓝本，绘成仓山小祇园至扬州扬子桥三十二幅；王世贞于明万历二年（1574年）二月入领太仆之役，附舟而北，张复随行，绘成邵伯至通州水程五十二幅，名《水程图》。这两个图册中都有扬子桥，运河中舟楫穿梭，桥畔房屋众多，可见繁荣。明代诗人在扬子桥抒发他们的幽思。汪广洋《夜泊扬子桥》："扬子桥头夜泊船，水波才定月初圆。不眠细数经行日，笑隔东风又一年。"王猷定《舟泊扬子桥》："鞿鞚风涛外，闲心寄沉寥。马嘶芳草岸，人急暮江潮。塔影眠寒水，溪声走断桥。梦中敲古缶，长忆广陵箫。"①

清朝，扬子桥依然是旅客南来北往的重要一站。扬子桥镇依旧繁华。清同治后，税关从瓜洲移到扬子桥三汊河。谈迁《北游录·纪程》记述的是他在清顺治十年（1653年）至顺治十三年（1656年）从嘉兴出发去北京期间的经历见闻："庚子，晴。舟趋扬子渡，即扬子桥旧县也。"②《北游录·后纪程》记载了他于顺治十三年（1656年）从北京南下回南方家乡的经过，其中有："乙酉，晴。度钞关，二十里扬子桥。桥以唐时名，今废，即三叉河也。"③清康熙三十六年（1697年），石涛作《题画赠汪子牧庭之闽海》："杨子桥边江水泛，柳绿弄色不管人白头……"款题："丁丑春题画赠汪子牧庭之闽海，兼呈思白学使者。清湘老人济大涤堂下。"④曹寅《楝亭诗钞》卷三有《赴淮舟行杂诗十二首》，诗中有句云："离程半九十，愁对隔江峰……扬子桥边路，愁牵百丈长。"其他诗人继续在扬子桥吟咏。王士禄《夜行扬子桥道中》："来舟与去楫，沿溯共川涂。篙师惯

① 于树滋纂，孟德荣整理《瓜洲续志》，广陵书社，2021，第46~47页。
② （清）谈迁：《北游录》，中华书局，1960，第12页。
③ （清）谈迁：《北游录》，中华书局，1960，第148页。
④ 汪世清编著《石涛诗录》，河北教育出版社，2006，第25~26页。

风水，暗里相招呼。"王士正《新秋扬子桥舟中》："秋声渡扬子，一雨凉
飔发。秣陵暮潮归，瓜洲残钟歇。无事悲客心，旷如久离别。横笛起宵
栏，孤篷见微月。"①

　　清咸丰三年（1853 年）、咸丰六年（1856 年）、咸丰八年（1858 年），
太平军"三进三出"扬州城，对扬州城造成了极为严重的破坏。咸丰三
年，太平军大将林凤翔攻克瓜洲和扬州。为了粉碎清钦差大臣琦善江北大
营的顽抗，太平军在扬子桥筑垒高隑，驻扎重兵。在拉锯战中，扬子桥镇
受到重创。

　　到 20 世纪 30 年代，扬子桥市场依旧兴旺。扬子桥镇的地形是沿古运
河湾道而立，沿河岸设单面街市，镇上商店林立，粮食、杂货、食品、棉
布、茶馆、酒肆、钱庄，凡是人们生产生活必需的物品都有供应。1934 年
《新江苏报》刊载《扬子桥镇突来匪众图掳劫，保卫队士开枪抵御，匪势
不支向北逃窜》："江都邑属二区扬子桥镇，于昨（二十日）晚十二时，突
来盗匪多人，各持枪械，图劫本镇北首福兴昌陆陈木号。"② 这则消息从侧
面反映出当时的扬子桥镇仍然繁盛。1946 年《新江苏报》刊载《扬子桥
巡官王宗裕接充，虞英才任消防队长》③，此则消息说明抗战后，扬子桥镇
还有相关机构入驻。

　　2002 年，位于扬州经济开发区西南部的扬子津街道正式成立。随着扬
州大学扬子津校区、扬子津古渡体育休闲公园等的建立，古老的扬子津重
新焕发生机，走向她的再次辉煌。

三　结语

　　本文从唐代诗人的诗歌、出土文物、《嘉靖惟扬志》、《（隆庆）仪真
县志》等所绘地图与当今扬子津街道、扬州大学扬子津校区的命名等四个

---

① 于树滋纂，孟德荣整理《瓜洲续志》，广陵书社，2021，第 47 页。
② 《扬子桥镇突来匪众图掳劫，保卫队士开枪抵御，匪势不支向北逃窜》，《新江苏报》
　　1934 年 7 月 24 日，第 7 版。
③ 《扬子桥巡官王宗裕接充，虞英才任消防队长》，《新江苏报》1946 年 9 月 20 日，第 3 版。

方面来论证扬子津在扬州城南十五里，今邗江区汊河街道东南方向高旻寺附近，而不在今仪征市新城镇附近。隋唐时期，扬州津以津渡闻名，又有扬子宫、扬子驿、扬子院、扬子镇等，后成为扬子县的首府，在政治、经济、军事、文化诸方面有很高的地位。宋以后直至1949年前，扬子桥与扬子桥镇并存，成为京杭大运河沿线的重要节点。2002年，随着扬子津街道成立，扬子津再次兴起。

庐江即"南江"考

李永龙[*]

摘　要：庐江之名，最早见于《山海经》，是水道名。但今之庐江县境内除与舒城县分界的杭埠河和从黄陂湖流出的西河外，余多为流程较短的境内河和几条外流河的源头，根本就没有能够称得上"江"的水系。由于早期文献记载过于简略或语焉不详、反复传抄而使不同史料间记录存异、地理变迁或谐音等发生的地名变化，以致庐江之"江"何所指，学界一直众说纷纭，有人说是青弋江，也有人说是乐安江等，但至今尚无确论。然而，历史的脚步总会有迹可循，结合现存史料中若隐若现的记载可发现，庐江应该就是沔水在石城县分出的"南江"。

关键词：庐江　沔水　石城县　南江

庐江，古水名，最早见于《山海经》，汉文帝时因庐江水之名而设庐江郡。隋时设县，县因郡名，延续至今。清嘉庆《庐江县志》载："庐江之名，昉于《山海经》，汉以之建国，复以之置郡，由来尚矣。"[①]

"江"是形声兼会意字，从水，工声；"工"是"巨"的本字，有巨大之意，"工"加"氵"表示较大河流，即"江"在长度、流量、流域等规模上是较大的。庐江既以"江"称，无疑与一定规模的水系有关。可今之庐江县境内除与舒城县分界的龙舒水即今杭埠河和从黄陂湖流出的西河

＊　李永龙，安徽省庐江县店桥中学一级教师。

①　（清）魏绍源修（嘉庆）《庐江县志》卷一《沿革志》，故宫珍本丛刊第101册，海南出版社，2001，第1页a。

外，余多为流程较短的境内河和几条外流河的源头，根本就没有能够称得上"江"的水系。当然，庐江县因庐江郡得名，其"江"不一定局限于今庐江县境内，但在原庐江郡以及周边地区却也查无"庐江"之水名或水道。由于早期文献记载过于简略或语焉不详、反复传抄而使不同史料间记录存异、地理变迁或谐音等因素出现的地名变化，以致庐江之"江"何所指，学界一直众说纷纭，至今尚无确论。

一　庐江地理位置之争

典籍对庐江的记载不仅有限，且存在语焉不详甚至各史料间相互矛盾的现象，由此引发的争议不在少数。

（一）庐江水源

庐江之名最早见于先秦重要古籍《山海经》。对于庐江之源，《山海经·海内东经》载："庐江出三天子都，入江，彭泽西。一曰天子鄣。"① 至于"三天子都"的位置，《山海经·海内经》称："南海之内……有山名三天子之都。"② 而在《山海经·海内南经》中又说："三天子鄣山在闽西海北。一曰在海中。"③ 二者相互矛盾，尤其"海中"更让人莫衷一是，笔者认为二者所指不是同一座山。

由于《山海经》各篇章之间的矛盾叙述，后人对"三天子都"或"三天子鄣"的具体位置作出诸多解读。唐代庐州刺史卢潘在《庐江四辨》中根据《山海经》庐江和浙江同出一地的记载，认为三天子都即"黟县南率山"④。卢潘的这一观点得到较多研究者的认同，其《庐江四辨》还被《明一统志》引述（见图1，其中"盗"为"四"之误）；《中国古今地名大辞典》不仅以此为"标准答案"，还对其他各种观点予以否定："按三天

---

① 郭璞：《山海经·海内东经》，袁珂校注，巴蜀书社，1992，第384页。
② 袁珂校注《山海经校注（增补修订本）》，巴蜀书社，1993，第384页。
③ 袁珂校注《山海经校注（增补修订本）》，巴蜀书社，1993，第521页。
④ 袁珂校注《山海经校注（增补修订本）》，巴蜀书社，1993，第317页。

子都，诸说不一。以水源核之，则惟率山水分阴阳，其阴水东流为浙，其阳水南流为庐，与《山海经》及《水经》合。郭璞谓即黔东之三王山；郦道元谓即浔阳之庐山；顾野王谓即永康之缙云山；明吴时宪又谓黄山为天子都，匡庐率山、大鄣山为其东南西三鄣，皆非也。"① 近人或谓天子都本有三，称三天子都，即石城山、三王山、庐山。

图 1 卢潘的观点被《明一统志》引用

《汉书·地理志》称："庐江出陵阳东南，北入江。"② 陵阳之名源自

---

① 臧励和等编《中国古今地名大辞典》，商务印书馆香港分馆，1931，第 25 页。
② （汉）班固撰《汉书》卷二十八上《地理志》，中华书局，1962。

道教神话中的仙人窦子明。据《列仙传》记载:"陵阳子明者,铚乡人也,好钓鱼,于旋溪钓得白龙。子明惧,解钩,拜而放之。后得白鱼,腹中有书,教子明服食之法。子明遂上黄山,采五石脂,沸水而服之。三年,龙来迎去,止陵阳山上。"①

与三天子都一样,史料中对陵阳的记载也略存差异。

一为陵阳山。《方舆胜览》云:"陵阳山,在宣城,一峰为叠嶂楼,一峰为谯楼,一峰为景德寺。"②《明一统志》"宁国府"条云:"陵阳山,在府城内,冈峦盘屈,孤峰秀拔,为一郡之镇。"③《元和郡县志·石台县》又载:"陵阳山在县北三十里,窦子明于此得仙。"④而毛晃的《禹贡指南》却称:"今宣城旌德有陵阳山。"⑤

二为陵阳县,县以山而名。《青阳县志》载:"汉武帝元封二年,始析泾县西境地置县于陵阳山麓,曰陵阳县,属丹阳郡。"⑥据此有人以陵阳县即今青阳县南的陵阳镇。又据该志卷一"九华在汉为陵阳山"和九华山"在汉称陵阳"的记载,因此也有人认为陵阳山即今青阳县西南的九华山。

此外,《方舆汇编》又载:"庐江水源出今江西吉安府安福县萧庐山,合上庐、中庐之水西流为庐源。"⑦但此"庐江"明显是指流经安福县汇入赣江的"泸江",山名"萧庐山"实为"卢萧山"也叫"泸潇山",今称罗霄山,位于湘赣边境。王万年《庐江地理辩》明确称:"庐江……非所

---

① (汉)刘向:《列仙传》卷下,影印《文渊阁四库全书》第1058册,台北商务印书馆,1986,第14页。

② (宋)祝穆撰《方舆胜览》卷十五《宁国府》,影印《文渊阁四库全书》第471册,台北商务印书馆,1986,第9页。

③ (明)李贤撰《明一统志》卷十五《宁国府》,影印《文渊阁四库全书》第472册,台北商务印书馆,1986,第24页。

④ (唐)李吉甫撰《元和郡县志》卷二十九《江南道四·石台县》,影印《文渊阁四库全书》第468册,台北商务印书馆,1986,第30页。

⑤ (宋)毛晃撰《禹贡指南》卷四《彭蠡》,影印《文渊阁四库全书》第56册,台北商务印书馆,1986,第3页。

⑥ (清)廖光珩:《光绪青阳县志》卷一《封域志》,江苏古籍出版社,1998,第1~2页。

⑦ (清)陈梦雷等原辑,(清)蒋廷锡等重辑《方舆汇编·山川典》第206册卷二百九十六《庐江水部汇考》,中华书局、巴蜀书社影印,1986,第52页。

谓中庐，亦非所谓匡庐也。"① 可见，此水与庐江应无任何关系，疑在"庐水"之间误加了"江"字或将"庐"与"泸（卢）"混淆而误。

（二）庐江水道

关于"庐江水"，我国第一部记述全国范围内河川水系的专著《水经》记："庐水：庐江水出三天子都北，过彭泽县西，北入于江。"② 这虽与《海内东经》的记载基本一致，但篇名是"庐水"，记述内容是"庐江水"，二者相矛盾，因为"庐水"是"泸江"的古称，与"庐江水"是两条互不相关的水道。《钦定大清一统志》记载："泸江，在庐陵县南，即古庐水。《汉书·地理志》：'安成县有庐水，一名泸江，流甚急。'《水经注》：'庐水西出长沙安复县，东至庐陵入湖汉水。'"③ 该志又于第22页载："卢江水，在吉水县南，源出永丰县界，和上卢、中卢之水西流，为庐源。"清代历史地理学家杨守敬可能在发现了这一矛盾后，于《水经注疏》中将《水经》篇名中"庐水"修改成了"庐江水"。但他同时又指出："《山海经》多误字，或本作庐水，'江'字涉上浙江而误，《水经》因之。"④ 可庐水出自卢萧山，庐江水出三天子都，杨氏前后之意也有相互矛盾之嫌。

笔者以为，《山海经·海内东经》记述的内容并无不妥之处，是《水经》的篇名中少个"江"字而与内容相矛盾。

北魏地理学家郦道元对《水经》的研究颇深，据称他在实地考察时因在黄山一带没找到庐江水，便在其《水经注》中以庐山石门水比定为庐江水："庐山之北有石门水，水出岭端，有双石高竦，其状若门，因有石门之目焉。水道双石之中，悬流飞瀑。"⑤

---

① （清）顾炎武撰《天下郡国利病书》原编第八册《江宁庐安》，涵芬楼辑四部丛刊三编影印，第87页b。
② （汉）桑钦撰《水经》卷下，中国戏剧出版社，1999，第26页。
③ （清）和珅等撰《钦定大清一统志》卷二百四十九《吉安府》，影印《文渊阁四库全书》第474册，台北商务印书馆，1986，第20页a。
④ （北魏）郦道元：《水经注疏》卷三十九，杨守敬纂疏、熊会贞参疏，手抄影印本，第49页b。
⑤ （北魏）郦道元：《水经注》卷三十九《庐江水》，影印《四库全书荟要》，吉林出版社，1997，第22页b。

但此说遭到杨守敬的反驳:"如以为庐江所出即庐山,则《汉志》长沙国亦有庐水,又将何说?"他认为:"以歙州南、率山西之水为庐江,谓水出山阴,又西走彭泽,凡三百里,并水出山阳者,皆西流汇于彭蠡。是卢潘以今祁门之南河,为山阴之水,婺源之婺溪为山阳之水,其水皆西南入鄱阳湖,北过彭泽县西入江。以地望准之,与《山海经》《汉志》《水经》适合。"①

根据《山海经·海内东经》"入江彭泽西"的记述,郦道元认定庐江水出"浔阳之庐山"不能说没有道理。但"庐山"之名首见于战国末年魏国史官所著的《竹书纪年》:"十六年……王南巡狩,至九江庐山。"② 之后《史记》也有"余南登庐山,观禹疏九江"③ 的记载。既然早就有庐山之名,《水经》不称"庐山"而称"三天子都"则于理不合;另外,庐山东偎鄱阳湖、北枕长江,其水下山即入湖或入江,流程颇短,因而以江相称的可能性不大。所以,以石门水为庐江水似存疑点。

根据庐江出三天子都即率山的说法,近现代又有学者认为庐江水即今江西境内的乐安江。但乐安江发源于江西婺源县东北部的五龙山西南麓,向南流后折向西南,经婺源县、德兴市、乐平市、万年县,在鄱阳县姚公渡与昌江汇合后称鄱江。而鄱阳县远在彭泽县南近百公里,《山海经》舍近求远不提鄱阳而称彭泽似乎有违常理;同时这也与《水经》"庐江水出三天子都北"的记载相悖。

针对《汉书·地理志》"庐江出陵阳"的记载,清代研究地理学的吴卓信提出"庐江即清弋江"的观点。他在《汉书地理志补注》中说:"彭泽聚在宛陵西南,则为今宁国县西境地,聚在东、江在西,则为清弋江无疑矣。惟是清弋江有三源,惟中源出太平县南山,即黟山,亦曰黄山,为庐江之正源,今曰舒溪,其东源出旌德县东皀山,今曰梅溪者,则即清水也,亦曰泾水。西源出石台县分水岭,今曰阳溪者,则又庐江之别源也。下流统名之曰清弋江,亦曰鲁阳江,于芜湖县南入江。古字庐、鲁声同,

---

① (北魏)郦道元:《水经注疏》卷三十九《庐江水》,杨守敬纂疏、熊会贞参疏,手抄影印本,第50~52页。

② 无名氏:《竹书纪年》卷下,平津馆刊藏,嘉庆丙寅春,第4页a。

③ (汉)司马迁撰《史记》卷二十九《河渠书第七》,影印《文渊阁四库全书》第243册,台北商务印书馆,1986,第9页。

故转庐为鲁，与舒亦同又转为舒耳。后世存清弋之名而无庐江之目，远求
之而莫得其实，是为巨谬矣。"①

吴卓信的这一观点得到不少学者的认同，因而"庐江即清弋江"一说
已成为近现代主流观点。

二 "庐江即青弋江"之疑

在"庐江即清弋江"的基础上，1957年4月，安徽寿县出土了铸造于
楚怀王六年（公元前323年）颁发给封地在今湖北鄂城的鄂君启用于水陆
两路货物运输的免税通行证"鄂君启节"，其中一件"舟节"上有"逾
江，就彭逆，就松易，入泸江，就爰陵"的铭文。据谭其骧等著名历史地
理学家考订，其中的"彭逆"即彭蠡，"松易"为枞阳，"泸江"（一说
"浍江"）即庐江，"爰陵"就是宛陵（今宣城）。

也许是从现在的地图看，枞阳县至宣城市之间有自南向北流至芜湖入
江的青弋江和水阳江两条水道，走水路必须先北上绕道从芜湖再南下才能
到达目的地。因而谭其骧认为，"铭文此路航线当由江入青弋，或径达青
弋江上的汉宛陵故城，或折入支流水阳江达于今宣城"，于是便"考定浍
江为今青弋江"。②谭其骧还他其所绘的《中国历史地图集》中于青弋江的
位置上又增注了"庐江"二字。

谭其骧的这一结论，也得到众多专家的支持。于是，"鄂君启节"中
"舟节"铭文中的这一路线成了"庐江即青弋江"的铁证。

复旦大学中国历史地理研究室原副主任魏嵩山教授在1993年版《庐
江县志》中刊文称："今有青弋江，其东源出自太平县东南黄山北麓，北
流与西源舒溪相合，然后经宣城县西境，至今芜湖市附近会水阳江入于长
江。如此，则庐江当即今青弋江。"③但遗憾的是，文中魏教授除排除庐江

① （清）吴卓信撰《汉书地理志补注》卷十七，北京出版社，2000，第3页 b。
② 徐少华：《学习谭其骧先生对鄂君启节地理释证的几点体会》，《历史地理研究》2021年
第2期。
③ 魏嵩山：《〈山海经〉庐江考》，载庐江县地方志编纂委员会编《庐江县志》，社会科学文
献出版社，1993，第902页。

为乐安江、石门水等水道外，并未对"庐江即青弋江"作详尽阐述。

青弋江是安徽省境内地处长江南岸最大的一条支流。《泾县志》载："青弋江在宣城县西，源出池州府石台县之舒溪及太平县黄山水合流，至麻川口入泾县西南界，下涩滩东北流九十里至岩潭，与泾水合；又北径县治西为赏溪；又东北受幙溪、琴溪诸水；又北汇为青弋江。"①县志所称的赏溪和舒溪等，均为青弋江的上源山间溪水。可《明一统志》"宁国府"条却将其分别介绍："青弋江，在府城西五十里，源出泾县及池州石台合众流出芜湖入于江。""赏溪，在泾县治西，一名泾溪，源出石台，支流出太平县，流至泾县、南陵、宣城，逾芜湖入于江。""舒溪，在太平县西六十里，源出徽之黟县，历泾县入江。"②据此判断，在明代以前，赏溪、舒溪和青弋江可能是各自成流入江的，后来因水道变化才与青弋江合流的。

据《重修安徽通志》载"（青弋江）古名冷水，《说文》'冷水出宛陵县西北入江'"，"青弋之名始见《晋书·钟雅传》，盖汉以后所改"。③宣城历史文化研究《青弋江探源》等资料介绍称，青弋江古称清水、泠水、舒溪、泾溪、泾水等，唐及北宋时称青弋水，南宋时因会石台、太平、旌德、泾县诸水后，河身渐广，才开始称其为清弋江。这就是说，"青弋"之名始于晋代，而"清水""冷水"等名起码已经使用了数百年之久。既如此，"鄂君启节"为什么不用已有名称却用没有来头的"泸江"呢？

对于青弋江的源头，分析研究得最为深透的莫过于学术长于舆地的清代大臣洪亮吉，他在《宁国府志》中云："自明以来，皆以泾水、舒溪为青弋之源，其实青弋自有正源也。盖汉以后唐以前，青弋水在宁国府之西北，由芜湖入江。南江在宁国府之南境，东南入广德州界，二水各不相涉。故郦氏作《水经注》并不言及清水。泾溪、舒溪自南来，以有南江介其间，故二水皆入南江，且无由得至泾县城；在泾县南境古安吴县界已入

---

① （清）李德淦修《泾县志》卷四《山水》，嘉庆十一年刊、光绪十二年重刊、民国三年重印，成文出版社，1975，第18页。
② （明）李贤撰《明一统志》卷十五《宁国府》，影印《文渊阁四库全书》第472册，台北商务印书馆，1986，第26~27页。
③ （清）吴坤修等修光绪《重修安徽通志》卷二十六《舆地志·山川》，影印《续修四库全书》，上海古籍出版社，2002，光绪四年刻本，第13页。

南江，何得北越南江泾县而入青弋江乎？此以知青弋自有正源，泾、舒二溪唐以前必不能为青弋之上流也。"① 这就是说，古之青弋江源头并非出自黄山，即黄山之水流入的不是青弋江，而是其南端一条自西向东流向的南江。同时也表明原来青弋江的流程并没有现在这么长，因此其水流量自然更小，充其量只能以"溪"或"水"称之。由此可见，鄂君启的船队应该难以从这里通行，即使能够通行也无法直达宛陵。尤其是既然有直线南江，那么船队就不可能舍近求远而绕道走不能直达的青弋江。

再者，青弋江东侧还有一条与其相伴而行的水阳江，源出绩溪和宁国南部，经宣城至芜湖分出一支，会青弋江后入长江，其长度和流域面积仅次于青弋江。如果鄂君启的船队能够从青弋江逆流上行至宣城，那为什么不走水阳江直接到达宣城？若是能够"折入支流水阳江达于今宣城"，那么，"泸（浍）江"为什么就不是指"水阳江"呢？

毋庸置疑，鄂君启的船队所走的水路不是青弋江，而是洪亮吉所考证的南江。

三　"南江"水道辨

《水经》称庐江水"北入于江"，这里的"江"是指长江。但《水经》的江水篇在记到"江水又东，左得青林口"② 处便戛然而止，其下游的情形只字未提。这应是因为长江出武穴后，于九江处汇入赣江水，使得江水陡增而在九江东北部形成了一个偌大的泽薮叫"彭蠡泽"。"彭者，大也；蠡者，瓠瓢也。"（《尚书·禹贡》）意思是说，此泽形如一个大葫芦瓢。这"葫芦瓢"究竟有多大？晚清举人钟毓龙在《上古秘史》中描述："当时长江下流面积非常广阔，彭蠡当大江中流……那时彭蠡已治好，北面直至霍山之阳，凡现在安徽省龙宫湖、泊湖、武昌湖等，在当时都是彭蠡的北部。西部几乎与云梦相连，中间仅隔东陵一阜。东面直到黟山脚下。各处山中之水统

---

① （清）洪亮吉：嘉庆《宁国府志》卷十一《舆地志·水》，江苏古籍出版社，1998，第3页。

② （汉）桑钦撰《水经》卷下《江水》，中国戏剧出版社，1999，第21页。

统都汇进去。大江之水由云梦吐出来径入彭蠡，再由彭蠡吐出去，以渐分为北、中、东三江。"① 在这种形势下，《水经》可能已不便以"江水"记述。但不知出于何种考虑，作者却将"沔水与江合流"之水，仍以沔水述之。

洪亮吉对南江的考证并非空穴来风，其依据可能就是《水经》之沔水篇："沔水与江合流，又东过彭蠡泽；又东北出居巢县南；又东过牛渚县南；又东至石城县，分为二，其一东北流，其一又过毗陵县北，为北江。南江又东，与贵长池水合。南江又南，东径宣城之临城县南。南江又东，与桐水合。南江又东，径宁国县南。南江又东北，为长渎历河口，东则松江出焉。"② 其中的"石城县"西汉置，治所在贵池县西南七十里，西晋属宣城郡；"临城县"，三国东吴赤乌年间分陵阳县置临城县，治所在青阳县南，西晋属宣城郡；"桐水"又称桐汭水，在广德县西。

（一）南江前段地名辨

对于《水经》中沔水"又东过牛渚县南，又东至石城县"的记述，郦道元在《水经注》中质疑："《经》所谓石城县者，即宣城郡之石城县也。牛渚在姑孰、乌江两县界中，于石城东北减五百许里，安得径牛渚而方届石城也？盖《经》之谬误也。"③ 牛渚在石城东北约180公里，按方向沔水从牛渚到石城是西南流，可《水经》又说"其一东北流"（下句"其一"当在"南江又东"句前），这样水岂不又返回去了？又"毗陵县"位于牛渚东，《水经》称"其一东北流，其一又过毗陵县北"也与方位不符。短短数语，竟有这么多矛盾，说明《水经》的这段叙述，其中定有蹊跷。

其实，人们在研究历史地理时，多把居巢当作今之巢湖市的地域来考察，往往忽略或不了解历史上桐城南曾有的居巢县。《太平寰宇记》"桐城县"条载："古巢城俗号为古重城，在县南六十五里。"④《重修安徽通志》

---

① 钟毓龙：《上古秘史》第一百一十回，大众文艺出版社，2000，第357~359页。
② （汉）桑钦撰《水经》卷下《沔水》，中国戏剧出版社，1999，第15页。
③ （北魏）郦道元：《水经注》卷二十九《沔水》，影印《文渊阁四库全书》第573册，台北商务印书馆，1986，第3~4页。
④ （宋）乐史：《太平寰宇记》卷一百二十五《淮南道三·桐城县》，影印《文渊阁四库全书》第469册，台北商务印书馆，1986，第11页a。

在"安庆府"条下亦称："古巢城在桐城县南六十三里。《史记》：成汤放
桀于南巢，即此。"① 新修《桐城县志·巢湖考》记述得甚为具体："古代
江淮一带的巢即居巢有好几处，单是《左传》里所提到的就不止一处……
到秦汉时只有今桐城县南一处被建为居巢县。居巢县至三国时因沦为魏、
吴间的战场而荒废；晋平吴复立（《太平寰宇记》），后又废（晋后不见记
载）。今之巢县本系东晋时所侨立的蕲县，隋改名襄安，唐初改今名（《宋
志》、《隋志》、《唐志》），盖因县西巢湖而得名，非秦汉居巢县故地。"②
谭其骧还在《中国历史地图集》中将"居巢"明确标注在桐城南部的菜子
湖西侧。③ 由于当初自九江至巢湖均属南巢国，根据汉代扬雄《荆州箴》
"南巢茫茫，多楚与荆"④ 和隋代卢思道《祭漤湖文》"斜通海甸，旁带江
汜"⑤ 的描述，可知其地域甚广。考古学家杜金鹏教授在综合文献记载的
基础上，"把南巢地望之范围作如下估定：北起六安、合肥一带，南抵江
岸，东至巢湖（括有湖东部分地方），西界大别山麓，西南可能跨据鄂东
之一隅"⑥。桐城地处南巢中部，在此设居巢县当在情理之中。又由于"毗
陵县"位于牛渚东，根据《水经》"其一东北流，其一又过毗陵县北"的
流向及位置分析，这"东北流"之水当出自桐城南的居巢县，若为今之巢
湖则只能是"又东"了。

《尔雅·释水》云："水中可居者曰洲，小洲曰渚。"牛渚之名缘于采
石矶三元洞西南有一洞，传说古时此洞出金牛，因此将采石矶叫作牛渚
矶。史载牛渚曾为郡治，但作为县名史无确载，其"县"字疑因《沔水》
篇这段记述中前有"居巢县"后有"石城县"而误给"牛渚"也加了
"县"字。牛渚矶在今巢湖市东，按此方位理解，《沔水》篇称"又东过

① （清）吴坤修等修《重修安徽通志》卷四十四《舆地志·古迹·安庆府》，影印《续修
　　四库全书》，上海古籍出版社，光绪四年刻本，第 2 页。
② 桐城县地方志编纂委员会编《桐城县志》，黄山书社，1995，第 3 页。
③ 谭其骧主编《中国历史地图集》第二册，中国地图出版社，1996，第 11~12 页。
④ （唐）欧阳询：《艺文类聚》卷六，影印《文渊阁四库全书》第 887 册，台北商务印书
　　馆，1986，第 27 页 a。
⑤ （唐）徐坚等：《初学记》卷七，影印《文渊阁四库全书》第 890 册，台北商务印书馆，
　　1986，第 4~5 页。
⑥ 杜金鹏：《关于夏桀奔南巢的考古学探索及其意义》，《华夏考古》1991 年第 2 期。

牛渚县南"没问题；可石城县在贵池县西南，位于牛渚矶的西南方，其称
"又东至石城县"则与方位不符。若按桐城县南六十五里的位置，则石城
县正处其东，可这又与"东过牛渚"的方位不合。那么，这"牛渚"是否
另有所指呢？

公元前 210 年，秦始皇帝最后一次巡游。《史记》记载："十一月行至
云梦，望祀虞舜于九嶷山。浮江下，观籍柯，渡海渚，过丹阳，至钱塘。
临浙江，水波恶，乃西百二十里从狭中渡。"① 其中的"海渚"，《括地志》
云："海渚在舒州同安县东。"② 同安县即今桐城市，其县东现为分设的枞
阳县，其位置正好在居巢和贵池之间。清朝中期经学家、训诂学家阮元经
考证认为，《水经》所载的"牛渚"并非在采石矶，而在舒州境内。他在
《揅经室集》中明确指出："秦始皇所行之地均与《班志》合，与《水经
注》亦合，云行至云梦，望祀虞舜于九嶷山……秦皇于此亦东迆，入南
江，故过丹阳……牛渚见《水经》，江水迳此始至石城，则非后世采石之
牛渚，《正义》引《括地志》以在舒州是也。"③ 据此判断，"牛渚"乃
"海渚"之误，否则便是后人据现在巢湖市的地理位置对原文作了窜改，
但忽视了其与后文的矛盾。

根据现在的地形，这沩水怎么可能从江北的枞阳穿过长江而流到江南
的池州（居巢到牛渚亦同）呢？要回答这个问题，需要弄清楚长江的前世
与今生。据《汉唐地理书钞》记载："汉水东行触大别之陂，南与江合；
汉与江合于衡北翼际山旁；沩水东行过三滋，合流触大别山陂。"④ 这就是
说，长江水当时是沿着大别山东南之陂流过，因而在大别山东麓留下了齐
刷刷的断层崖。后来，"由于长江北岸大别山的持续隆升，并向南掀斜，
至东晋末年（公元 420 年）长江主泓道迁移至现今位置。北部古彭蠡泽消
失并与长江分离，南部鄱阳湖形成"⑤。在现今地图可见，长江出九江后，

---

① （汉）司马迁撰《史记》卷六《秦始皇本纪》，中华书局，1963，第 260 页。
② （唐）李泰等：《括地志辑校》卷四，贺次君辑校，中华书局，1980，第 215 页。
③ （清）阮元：《揅经室集》卷十三《浙江图考》，《清代诗文集汇编》，上海古籍出版社，2010，第 32～33 页。
④ （清）王谟辑《汉唐地理书钞》，中华书局，1961，第 94 页 b。
⑤ 马振兴等：《鄱阳湖组（第四系）的修订及特征》，《地层学杂志》2003 年第 3 期。

分叉便开始增多，尤其是自安庆至枞阳铁板洲的江面呈"S"形连转两个急弯，接着又在藕山镇和贵池迎驾乡之间分三条水道流出，至同兴圩和合兴圩之间才合流。据《嘉靖池州府志》载："新河，在城西六十里许，江之中流有石槎枒横突，据为拦江、罗汉二矶，奔流激荡，运饷危之。晋发运使周湛役三十万夫作支流以避其险。自是往来无覆溺之患。"① 《太平寰宇记》在"贵池县·大江"条载："又有大孤石生于江中，俗谓罗刹洲。舟船上下，为之险艰。"② 此外这里还有拦江矶等众多礁石，因而素有"九里十三矶"之称，还一度被船家称之为长江中的"百慕大"。这应该就是晋末疏导洪水时由人工开凿、并致长江改道而留下的印记。

需要指出的是，《嘉靖池州府志》所记"晋发运使周湛"的年代有误。史载"发运使"一职始置于唐僖宗广明年间（880—881年），《中国官制大辞典》载："唐末，江淮节度副大使高骈兼任盐铁转运使时有扬子院留后，以盐铁转运副使充任，广明中高骈奏改为发运使，发运使之名始见于此。"③ 又《道光宝庆府志》载周湛为北宋天禧三年（1019年）"王整榜"进士；④《宋史》载："周湛字文渊，邓州穰人，进士甲科……以太常少卿直昭文馆为江、淮制置发运使。"⑤ 显然，《嘉靖池州府志》将周湛治水之事与"晋末疏导洪水"弄混淆了。不过，这也间接佐证了晋末官民治水和长江改道的史实。

（二）众说纷纭话"南江"

南江，古之水名，旧释以为《尚书·禹贡》"三江"中的南方之江。由于《禹贡》中只有北江、中江，并无南江，程瑶田在《禹贡三江考》称："以与分于彭蠡之中江、北江并列而三焉，有中有北，必有南以配之。"⑥

① （明）王崇纂修《嘉靖池州府志》卷一，上海古籍书店，1962，第10页b。
② （宋）乐史撰，王文楚等点校《太平寰宇记》卷一百五十，中华书局，2007，第2086页。
③ 俞鹿年编著《中国官制大辞典》，黑龙江人民出版社，1992，第814页。
④ （清）黄宅中撰《道光宝庆府志》卷二十六《选举表一》，《中国地方志集成》（湖南府县志辑），江苏古籍出版社，2002，第2页a、b。
⑤ （元）脱脱等撰《宋史》卷三百《列传第五十九》，中华书局，1977，第9966~9967页。
⑥ （清）程瑶田撰《禹贡三江考》卷一影印《续修四库全书》，上海古籍出版社，1996，第174页a上。

《禹贡》所载为大禹导水的过程，其中之所以无南江，应为大禹未导南江之故。由于《禹贡》中无南江记述，具体水道不明，后人对南江的研判可谓见仁见智，众说纷纭。这在《中国古今地名大辞典》中载述得较为全面，如：《汉书·地理志》说南江即今吴淞江；《初学记》引郑玄《书注》称南江是今之赣江；郭璞注《山海经》以浙江当之；盛弘之《荆州记》和徐锴《说文系传》认为南江是长江干流楚都附近一段；《水经注》和胡渭《禹贡锥指》认为南江就是《汉书·地理志》中的分江水；而许宗彦《鉴止水斋集·说》则谓分江水"于三江之外别为一支"；倪文蔚《禹贡说》云"分江水为池州南岸夹江，不得为南江"等①，不一而足。

北宋的苏轼既是一代文豪，也是一位历史治水名人，他在释《禹贡》三江中云："三江之入，古今不明。予以所见考之，自豫章而下，入于彭蠡而东至海为南江……然禹贡犹有三江之名，曰北、曰中者以味别也。盖此三水性不相入，江虽合而水则异，故至于今而有三泠之说。"② 对于苏轼的这一观点，南宋学者蔡沈则驳之曰："今按此为三江，若可依据，然江汉会于汉阳，合流数百里至湖口，而后与豫章江会又合流千余里，而后入海，不复可指为三矣。苏氏知其说不通，遂有味别之说。"③ 而南宋音韵学家毛晃又在《禹贡指南》中称："苏氏以庐江为南江，以三泠别中、北者，皆未必得古人所记之实也。"④

上述论点各有其据，但基本落在讨论《禹贡》三江之一南江的具体位置上。而《水经》沔水篇对南江的记述很清楚：沔水东至石城县分为二，东北流者为北江，东流者为南江。这与《禹贡》之三江既有联系又有区别。苏东坡在论三江时既以"豫章之江为南江"，为什么又"以庐江为南

---

① 臧励和等编《中国古今地名大辞典》，商务印书馆，1930，第585~586页。
② （宋）苏轼撰《东坡书传》卷五《夏书·禹贡第一》，明吴兴凌濛初刻朱墨套印本，第11~12页。
③ （宋）蔡沈撰《书经集传》卷二《夏书·禹贡》，影印《文渊阁四库全书》第58册，台北商务印书馆，1986，第10页b。
④ （宋）毛晃撰《禹贡指南》卷四《中江》，影印《文渊阁四库全书》第56册，台北商务印书馆，1986，第8页a。

江"论之呢？根据毛晃《禹贡指南》在叙述北江时引用了《水经》中沔水与大江合流后的一段文字分析，疑其后者是以沔水论之。若如此则与"三冷"无关，是为毛晃之误会。

四 庐江为南江之证

俗语"三十年河东，三十年河西"的意思是说，变化相对很小的山川河流，也会因"百川沸腾，山冢崒崩"而致"高岸为谷，深谷为陵"（《诗经·小雅·十月之交》）等地理变化。江河在经年累月的流淌中，水道很容易发生变化。我国历史上因为地质变迁或者人为改造等而消失的大小河流有很多，如因黄河改道而淤塞、消失的就有济水和汴水等多条重要水道，但多不像南江这样让人捉摸不定。这可能是因为南江之名很早即被庐江替代所致。尽管南江早已湮没无闻，庐江也是"有名无实"，然而历史的脚步总会有迹可循，有关史册记载的历史事件及一些地名间的联系也充分证明，庐江就是沔水在石城县分出的"南江"。

（一）屈原流放陵阳

战国时期楚国诗人屈原一生中曾两次被流放，第二次是于周赧王十九年（公元前296年）被免去三闾大夫之职，然后流放到南方的陵阳。在这次长达18年的流放时间里，屈原写下了大量的优秀文学作品，并在《楚辞·九章·哀郢》中叙述了自己被流放"东行"的详细情况：发郢都，过夏首，上洞庭，下江，背夏浦，南渡彭蠡泽，路贯庐江，达于江南陵阳。其中的"路贯庐江"出自《招魂》一文："路贯庐江兮，左长薄〔贯，出也。庐江、长薄，地名也。言屈原先出庐江，过历长薄。长薄在江北，时东行，故言左也〕。"[①]

清代藏书家陈本礼的《屈辞精义》对楚辞作了详细的阐释："陵阳，

---

① 王逸：《楚辞章句疏证》卷九《招魂》，影印《文渊阁四库全书》第1062册，台北商务印书馆，1986，第11页a。

在池州青阳县。渡江而南，森然无际者，庐江也。古陵阳境距大江百里，而遥南渡者，谓出江至陵阳也。"① 闻一多也认为："《汉书·地理志》丹阳郡有陵阳县，在今安徽青阳县南六十里，其地当大江之南，庐江之北。南渡盖谓渡庐江，《招魂》所谓'路贯庐江左长薄'也。"② 这不仅与"鄂君启节"中"舟节"铭文记载的从松阳至爰陵所走的水路亦基本一致，也与《汉书·地理志》"庐江出陵阳东南"和《水经注》"南江……水出陵阳山下"的记载高度吻合。

（二）秦皇汉武南巡都经过枞阳

公元前106年，汉武帝效仿秦始皇重走南巡之路，元封"五年冬，行南巡狩，至于盛唐，望祀虞舜于九嶷。登灊天柱山，自寻阳浮江，亲射蛟江中，获之。舳舻千里，薄枞阳而出，作《盛唐枞阳之歌》。遂北至琅邪并海"③。盛唐县即今霍山县，盛唐作为县名始于唐开元时。按汉武帝"行南巡狩"的记载，盛唐当为山名。史载盛唐山有二，俱见于《太平寰宇记》，分别在桐城县和六安县境内。两处盛唐山应均为大别山余脉，汉武帝所登之山当为两者之间的天柱山。

汉武帝巡狩路线中未提及庐江，是因其由枞阳北上，没有东行的缘故。但其前段与"鄂君启节"中"舟节"铭文记载的路线大致吻合，也与沔水所述部分地名相一致。又《太平寰宇记·桐城县》载："枞阳湖在县东一百五十里……水绕团亭，与江水而东流。"根据"舟节"上所载的"就松易，入泸江"路线不难看出，这"与江水而东流"的"江"明显就是庐江，即阮元所说的南江。

（三）庐江水和南江水都源出陵阳

《汉书·地理志》称："庐江出陵阳东南，北入江。"而《水经·沔水

---

① （清）陈本礼撰《屈辞精义》卷之四《九章·哀郢》，影印《续修四库全书》，上海古籍出版社，1996，第21页。
② 转引自林家骊《〈哀郢〉"陵阳"解》，《联大学报》2012年第1期。
③ （汉）班固撰《汉书》卷六《武帝纪第六》，中华书局，1962，第196页。

注》云："(南江)水出陵阳山下，径陵阳县西为旋溪水。"旋溪，顾名思义，即呈螺旋形的溪流。尽管古陵阳具体地理位置存在争议，但不论其位于何地，两水俱出于此地且呈螺旋形，应为一水。足见庐江与南江属同一水道，只在名称上存在时间的先后而已。

（四）庐江西岸有鹊尾渚

《明一统志》载："鹊头山在池州府铜陵县北一十里，其山高耸，宛若鹊头，今庐江西岸有鹊尾渚与此为匹。"① 又卷十四《庐州府·山川志》载："鹊尾渚，在舒城县治西北，旧有鹊亭。按《左传》楚伐吴，吴人败诸鹊岸；杜预注：'舒县鹊尾渚是也。'"《钦定大清一统志》转载《左传》内容后纠正："按，鹊尾渚与同陵县鹊头山对岸，当在无为州界，为旧属舒城故名。"② 由此可见，古时江南的铜陵与江北的无为之间，隔的不是今之长江而是古庐江。又从《太平御览》"按鹊头与鹊尾相去八十里"③的记载可知，庐江在流至石城县前就已具有一定的长度了。

综上，"南江即庐江"的证据确凿，只是"南江"被改称"庐江"的原因如今已难以考究。"庐"《广雅》释"舍也"，本义指房屋，如庐陵指建在丘陵上的房舍、庐山指匡姓七兄弟结庐隐于山等。而"庐"与"江"组合成水名，则很难作出合理的解释。但在桐城、贵池、青阳一带方言中，在尚未推广普通话之前，"南""男"和"峦"等字的发音与"庐"字的发音很接近，这难免让人怀疑庐江是由"南江"的谐音衍变而来。

五 庐江故道考辨

经考证南江即庐江，但南江并非庐江的全部。毋庸置疑，只要具有一

---

① （明）李贤撰《明一统志》卷十六《池州府·山川》，影印《文渊阁四库全书》第472册，台北商务印书馆，1986，第4页a。
② （清）和珅等撰《钦定大清一统志》卷八十五《庐州府》，影印《文渊阁四库全书》第474册，台北商务印书馆，1986，第18~19页。
③ （宋）李昉等撰《太平御览》卷六十九《地部三十四·洲》，影印《文渊阁四库全书》第893册，台北商务印书馆，1986，第10页a。

定长度的江或河，一般都有多条源头。庐江之源除《山海经·海内东经》所称的"三天子都"和《地理志》的"陵阳东南"外，应该还有其他源头。

（一）龙舒河与鹊尾渚

舒城县境内有座龙山，亦称龙舒山。《括地志》云："龙山在舒城县，以山状如龙形名。"① 又有与之相称的河叫龙舒河，又称龙舒水。据光绪《舒城县志》载："巴洋河旧曰前河，以其在县治前也，即古龙舒水。"② 《续修庐州府志》载："龙舒水，《左传》杜预曰：'庐江有龙舒即此水也。'《舆地纪胜》按：'龙舒河淤塞已久，后徙县治南距城七里，今所谓前河是也。'"③

无独有偶，距舒城约 100 公里的东南方向的贵池县也有一条"龙舒河"。《贵池县志》载："龙舒河，旧志在秋浦之北，相传为蛟龙暴涨。"④ 《池州府志》也有类似记载。蛟龙，只是一种神话传说，所谓"蛟龙暴涨"，实为山洪暴发。贵池县的龙舒河与舒城县的龙舒河名字相同是巧合还是另有他因呢？

上文提到舒城县有"鹊尾渚"，《大清一统志》虽以鹊尾渚"要属滨江之地"而否定明志关于舒城"鹊尾渚"的存在，但《舒城县志·舆地志》载："今三河镇亦名鹊岸，《舆地纪胜》以舒城县鹊亭当之或即指此。"《庐州府志·山川下》称："《舆地纪胜》鹊尾渚在舒城县，即鹊尾岸。今考在县东北六十里。"《安徽通志·池州府·古迹》引《通鉴注》云："鹊头在铜陵，鹊尾在舒城。"这不仅表明舒城、肥西、庐江三县交界处的三河（今属肥西县）确有鹊尾渚，同时也告诉我们，舒城至铜陵之间

---

① （唐）李泰等：《括地志辑校》卷四《庐州·舒城县》，贺次君辑校，中华书局，1980，第 214 页。

② 崔保龄：光绪《续修舒城县志》卷之五《舆地志·山川》，江苏古籍出版社，1998，第 11 页 a。

③ （清）黄云修，光绪《续修庐州府志》卷七《山川志下》，江苏古籍出版社，1998，第 17 页 b。

④ 陆延龄：光绪《贵池县志》卷四《舆地志·山川三》，江苏古籍出版社，1998，第 18 页 b。

有一条起码长达八十里的水道。

由此判断，两地的龙舒河并非巧合，其在古代应是同一条水道，即庐江的上游。后因长江插入其中而使龙舒河中断，其上游虽已改道，但其故道和名称却没有被人们遗忘。

2001 年，鞍山师范学院刘刚教授在《鞍山师范学院学报》第 4 期发表《宋玉作〈招魂〉说新证》一文，4 年后，又发表《庐江考——宋玉辞赋地名考之二》一文，改变过去的观点："当时笔者从众说，认为'庐江'即今之青弋江，如今随着研究的深入，我们有理由推测《招魂》记述的'庐江'在长江以北，很可能就是北宋时的龙舒水，今之杭埠河。"① 只是杭埠河在龙河口水库以上为山区，落差大，多岩石，卵石河床，实难以"江"称之，充其量不过是汇成庐江的一条支流。但这却可作为"龙舒河为庐江上游"的佐证。

（二）白湖与巢湖

根据方志记载和地形分析，源自舒城的龙舒水原来是向东南流经庐江的白湖，然后东入无为县境内的。据《庐江县志》载："白湖距治东北三十里……《天下名胜志》：白湖周围七十余里，跨六乡，与巢湖相连，下流入于大江。按：白湖与后湖、沙湖、黄陂诸湖相注，由史家口汇西河入于江，不与巢湖通，《名胜志》误。"② 但《太平寰宇记》于"桐城县"条又载："巢湖水在县东二百一十里，按郦元注《水经》云：施水又东经湖口戍即此湖也。其水发源于庐江郡界三公山下入县界。""团亭湖与白石湖相连，在县六十里。"《太平寰宇记》所称的三公山位于庐江、无为、枞阳三县交界处，因属三县公有而名；白石湖，《桐城县志》无载，疑即今之白荡湖。由此可知，《名胜志》所称"与巢湖相连"是指白湖与枞阳东北的古巢湖相连，县志编者以现状去看待古籍记载，以致作出错误判断。正如清代考古辨伪专家崔述在《朱子〈彭蠡辨〉疑》中所说："以后世地形

---

① 刘刚：《庐江考——宋玉辞赋地名考之二》，《鞍山师范学院学报》2005 年第 5 期。
② 钱燨：《光绪庐江县志》卷二《舆地·山川》，江苏古籍出版社，1998，第 38 页 b。

与《禹贡》较，诚有可疑，然只当疑后世地有改易，而不当疑《经》为衍文也。"[1] 古巢湖由于长江改道等，以致湖面渐渐萎缩，后被肢解成了陈瑶湖、枫沙湖和竹丝湖等多个湖泊，其间经冲击淤塞的大部地域今已成了圩区，其中普济圩农场就地跨枞阳、无为两县，土地面积达 136 平方公里，可见古巢湖范围之广。这与唐李贤所注的《后汉书》中"居巢侯国……《广志》曰'有二大湖'"[2] 的记述完全吻合。

那时，巢湖、白荡湖与团亭湖（今菜子湖）都是相连的，于是便有了史料对古巢城"南北川泽，左右陂湖"[3] 的地理环境描述；而团亭湖与西南的彭蠡泽也是相通的，足以表明这里水面辽阔，曾是一条黄金水道。所以屈原南渡彭蠡泽，路贯庐江，达于江南陵阳；鄂君启逾江，就彭逆，就松易，入泸江，就爰陵；秦始皇自云梦浮江渚，下观籍柯；汉武帝自寻阳浮江，薄枞阳而出等一系列故事俱在这里发生。

（三）娄江与庐江

由于河流基本都是呈树枝状的，所以南江除主干沔水外，自然也有其他支流汇入。阮元在他的《揅经室集》卷十三称："丹阳为今宁国府广德州之地，故自桐城渡至贵池而入南江，即过宁国。《水经注》所谓南江，自石城所以东入贵口，又东径宁国县南也。"这表明，龙舒河汇入巢湖后，在今枞阳境内分出一支进入庐江（南江），然后向东先后"与贵长池水合""与桐水合"，再"东则松江出焉"[4]。

从现在的地图看，江南一带除数条自南向北流向的河流外，基本没有有一定长度的自西向东流的河流，因而人们很难相信河水能通过这里入海。然而，事实并非如此，晚清经师曹元弼在《古文尚书郑氏注笺释》中

① （清）崔述：《考信录·尚友堂文集》卷上，中华典藏网，https://www.zhonghuadiancang.com/xueshuzaji/kaoxinlu/121471.html。

② （晋）司马彪撰，（梁）刘昭注补《后汉书》志第二十二，中华书局，1965，第 3487 ~ 3488 页。

③ （清）张楷撰《康熙安庆府志》卷之四，《中国地方志集成》（安徽府县志辑），江苏古籍出版社，1998，第 76 页 b。

④ （汉）桑钦：《水经》卷下，中国戏剧出版社，1999，第 17 页。

称："南江，依郦说则当由今安徽池州贵池西分出一派，其下盖入太湖，出为今江苏苏州府吴江县运河，即今吴县境也。又南流至今浙江绍兴府山阴县为浙江。其下流又至今绍兴府余江县入海。《水经》沔水篇注载南江自石城至余姚入海之迹，文尚完备。"① 此外，《禹贡》之中江的流向在方志中多有记载，如《当涂县志》："芜宣之境有中江故道存焉。《汉书·地理志》中江出芜湖西南，东至阳羡入海，扬州川。"② 《钦定大清一统志》："荆溪……《舆地纪胜》首受芜湖水，东至阳羡入湖。"③ 湖州《长兴县志》："江南郡县处下游湖水皆由三江分流入海。"④ 可见，这一带古江河的流向与今存在很大差异。

《水经》沔水篇记载的南江是从石城县开始，至松江止，然后又"江水奇分，谓之三江口"。关于"三江口"，《钦定大清一统志》在苏州府和常州府条都有记载："《史记正义》苏州东南三十里名三江口，一江西南上七十里名松江；一江东南上七十里名东江；一江东北下三百余里入海名娄江。于其分处，号曰三江口。""娄江，在长州县东娄门外，上承太湖，东流入昆山县界，又东北入太仓州界。"⑤ 据称，古娄江已于唐代逐渐湮废，北宋至和二年（1055年）重新疏浚，更名至和塘，明代再称娄江。这娄江的"娄"与"庐"的方言十分接近，疑即"庐江"的变音。若此猜想成立，则为"南江即庐江"再添一佐证。

六　结语

对《四库全书》及相关方志等资料进行综合考证，庐江水道已清晰地浮现在我们眼前：在长江下游水道还没形成之前，沔水与长江合流后汇入

---

① 曹元弼撰《古文尚书郑氏注笺释》卷六《禹贡中》，高清珍本古籍，第11页a。
② 鲁式谷：民国《当涂县志·舆地志·水》，江苏古籍出版社，1998，第2页a。
③ （清）和珅等撰《钦定大清一统志》卷六十《常州府一》，影印《文渊阁四库全书》第474册，台北商务印书馆，1986，第16页a。
④ （清）赵定邦：《长兴县志》卷十一《水》，光绪元年刊刻，第19页（总第977页）。
⑤ （清）和珅等撰《钦定大清一统志》卷五十四《苏州府》，影印《文渊阁四库全书》第474册，台北商务印书馆，1986，第21~22页。

彭蠡泽，然后在居巢南枞阳境内分出一支流，过海渚南与龙舒河汇合；向东过贵池后再分为两支，东北流者为北江，东流者为南江，后因谐音南江被改称为庐江；南（庐）江向东经宁国县南至松江入海。直到晋时，人们为泄洪在枞阳、贵池两地之间凿石排涝，将洪水引至沔水东北支流的北江，从而形成了今之长江下游水道。这不仅使南（庐）江水流量减少而渐渐消失，也使彭蠡泽水位大大降低而留下了龙感湖、大官湖、泊湖、武昌湖和嬉子湖、菜子湖和白荡湖等众多湖泊。

长江国家文化公园研究

长江国家文化公园数字化建设策略研究

周泓洋　高　原　李　昂*

摘　要：长江，作为中国第一大河流，与黄河并称为中华民族的"母亲河"，它在万古奔腾中书写了雄壮的历史，以独特且磅礴的力量推动中华民族的伟大复兴，是中华民族坚定文化自信的重要根基。长江国家文化公园的建设是党中央、国务院做出的重大决策部署，是一项功在当代、利在千秋的国家文化工程。建设长江国家文化公园，是推动社会主义文化强国建设的重要途径，数字化在此过程中发挥了至关重要的作用。本文结合目前长江国家文化公园数字化建设的条件与契机，对长江国家文化公园数字化建设的现状进行简要分析，对建设中遇到的问题进行阐释，提出当前长江国家文化公园数字化建设发展的方向及策略。

关键词：长江国家文化公园　人工智能　数字化建设　数字化策略

习近平总书记在主持召开全面推动长江经济带发展座谈会时指出："要把长江文化保护好、传承好、弘扬好，延续历史文脉，坚定文化自

---

*　周泓洋，国家文化公园专家咨询委员会专家兼大运河组协调人，中国文化传媒集团总经理、党委副书记，研究方向为宏观经济、艺术经济学、国家文化公园；高原，中国艺术研究院博士研究生，研究方向为艺术经济学、国家文化公园；李昂，中国艺术研究院硕士研究生，研究方向为艺术经济学、国家文化公园。

信。"[1] 2022 年 1 月，国家文化公园建设工作领导小组印发通知，部署启动长江国家文化公园建设，将长江国家文化公园作为新时代国家重大文化工程，纳入国家文化公园建设体系，"深入发掘长江文化的时代价值，推出更多体现新时代长江文化的文艺精品"[2]。自此，长江国家文化公园沿线 13 省（自治区、直辖市）（上海、江苏、浙江、安徽、江西、湖北、湖南、重庆、四川、贵州、云南、西藏、青海）在国家顶层规划基础之上，根据各省（自治区、直辖市）实际情况，结合长江干流区域和长江经济带区域建设，加快开展长江国家文化公园建设保护规划工作。

一　长江国家文化公园数字化建设的条件和契机

（一）国家政策及相关经验的支持

自 2016 年首次提出国家文化公园的概念起，从中央到地方，均发布了一系列关于国家文化公园的政策，涵盖了文化保护、资源利用、国土规划、文旅融合等方方面面的内容，这说明国家文化公园的建设是国家层面的重大文化工程。一方面，自长江国家文化公园部署启动以来，国家和各省（自治区、直辖市）政府为长江国家文化公园提供了不同程度的资金支持。同时，众多关于数字化的政策为长江国家文化公园的建设提供了政策支持，例如，2012 年，中共中央办公厅、国务院办公厅印发《国家"十二五"时期文化改革发展规划纲要》，首次明确提出"文化数字化建设工程"，2020 年 11 月《文化和旅游部关于推动数字文化产业高质量发展的意见》提出要"对文化资源进行数字化转化和开发，让优秀文化资源借助数字技术'活起来'"，2022 年 5 月《关于推进实施国家文化数字化战略的意见》提出"中华文化全景呈现，中华文化数字化成果全民共享"，2023 年 9 月，《长江国家文化公园建设保护实施方案》正式印发，也提出全面

---

①　习近平：《论把握新发展阶段、贯彻新发展理念、构建新发展格局》，中央文献出版社，2021，第 443 页。

②　贺云翱：《深入发掘长江文化的时代价值》，《人民日报》2023 年 11 月 13 日，第 10 版。

推进"数字再现"。另一方面，长江国家文化公园作为第 5 个被纳入国家文化公园体系的国家文化公园，其数字化建设无疑可以从长城、大运河、长征、黄河 4 个国家文化公园的数字化建设中汲取丰富的经验。例如，由江苏凤凰科学技术出版社以《中国运河志》为基础开发的数字人文知识服务平台"数字中国·大运河文化数字资源库"，由江苏省文化投资管理集团主要负责实施的"大运河国家文化公园数字云平台"，山西博物院推出的首个以"大河上下·民族根魂"为主题的黄河文化云展览，甘肃丝绸之路信息港股份有限公司技术团队利用数字技术复原的 400 多年前的部分明长城遗迹，等等。资金及政策的支持为长江国家文化公园数字化的建设创造了良好的市场氛围与政策环境，借鉴长城、大运河、长征、黄河 4 个国家文化公园数字化建设的成功经验，结合长江文化的自身特点和发展需求，共同推动长江文化的保护与传承，促进长江文化传播。

（二）沿线经济高质量发展

对于数字化建设来说，某一地区的经济发展水平在很大程度上决定着这一地区科技水平的发展程度，因为经济发展水平越高，越能为科技发展提供充足的资金和物质条件，同时也能吸引更多的数字人才，从而推动科学技术的发展，带动创新力的发展。长江国家文化公园从西至东依次经过青海、四川、西藏、云南、贵州、重庆、湖北、湖南、江西、安徽、浙江、江苏、上海 13 个省（自治区、直辖市），既流经服务业发达、创新能力强、科技迅速发展的浙江、江苏、上海等地，也流经人口密集、农业发达、劳动力成本相对较低的安徽等地，涉及"一带一路"建设、长江三角洲区域一体化发展、长江经济带发展等重大国家战略，面积约占全国的 21.4%，人口和生产总值均超过全国的 40%，[①] 整体经济发展水平相对较高，发展基础好且发展前景良好，为长江国家文化公园数字化的建设提供了经济保障。

---

① 李予阳：《长江经济带绿色发展积蓄新动能》，《经济日报》2020 年 10 月 26 日，第 5 版。

（三）软硬件的协同创新

近年来，随着信息技术的飞速发展，特别是大数据、云计算、人工智能、VR 和 AR 等新兴技术的广泛应用，为长江国家文化公园的数字化建设提供了坚实的技术支撑，这些技术不仅能够实现对长江文化资源的全面数字化采集、存储、处理与展示，还能够为社会大众提供更好的沉浸式的文化体验。此外，长江沿线地区的数字基础设施不断完善，包括 5G 网络、物联网、数据中心等，为长江国家文化公园的数字化建设提供了良好的硬件条件，这些基础设施的完善，使得长江文化资源的数字化采集、传输、存储和应用更加高效、便捷。从软件和硬件两方面都能为长江国家文化公园数字化建设提供帮助。

二　长江国家文化公园数字化建设现状

建设长江国家文化公园，是国家统筹推进长江经济带发展、长江三角洲区域一体化发展的重要手段，对深入贯彻落实习近平总书记关于国家文化公园建设系列重要指示精神，展现丰富多彩的中华文化，具有重大意义。① 在已有的 5 个国家文化公园的建设中，长江国家文化公园时空跨越度较大、涉及物质和非物质文化遗产较广、人民期待度更高，是彰显大国气韵的重要象征和符号。当今时代背景下，文化与科技的融合是文化发展的主要趋势。党的二十大报告提出"建好用好国家文化公园"和"实施国家文化数字化战略"等具体要求，《长江国家文化公园建设保护规划》也提出全面推进"数字再现"等任务，为高质量建设长江国家文化公园指明了方向。

（一）新型传播形式，多维度展现长江文化内涵

数字化时代，要让长江文化"活起来"，对传播方式提出了全新要求。

---

① 张治棠：《建好国家文化公园：传承中华文明凝聚中国力量》，《中国经济导报》2021 年 1 月 6 日，第 1 版。

以往，文化传播多采用书面、视频、音像等方式，随着数字信息技术的飞速发展，社会生产生活的方方面面都在发生改变。江苏段是长江国家文化公园的重点建设保护区，江苏省在大运河国家文化公园数字化建设的经验基础上，对长江国家文化公园的数字化建设进行了规划①，促进文化数字化赋能长江国家文化公园江苏段建设的实现。2022年，无锡市"拈花湾打开元宇宙传送门"的视频引起热议，视频借助数字技术，相继呈现了菩提树、拈花指、金色福虎等具有代表性的文化符号，增强了大众对无锡市长江文化的认知；同时，无锡市拈花湾文化旅游发展有限公司还通过开展线上云直播等活动增强与大众的互动，吸引更多的人关注长江文化。南京市文化投资控股集团等13家企业更是以"数字南京 长江明珠"为主题，用"文化+科技"的形式助力南京打造长江国家文化公园江苏段核心示范区和长江流域璀璨"明珠"的美好画卷，落实国家文化数字化战略的创新实践。除江苏省外，上海市也在积极运用数字技术展现长江文化。2022年3月，长江口二号古船考古与文物保护项目启动，未来，大众能够在参观的同时见证文物发掘保护现场，沉浸式了解古船背后的长江文化。

新型的传播方式全方位、多层次、新角度地展示了长江独特的地理风貌、长江文明的发展历程以及沿线省（自治区、直辖市）多元的风土人情，通过沉浸式体验长江文化意蕴和美学意境，让观众不到场也能身临其境地感受长江的风光，增强对长江文化、中华文明的深入了解，推动长江文化走向世界，用国际话语体系阐述长江文化的价值内涵。

（二）搭建数字资源库，实现公共数据共享

长江不仅是中华民族的母亲河，更是中国历史的见证者，蕴含着丰富的遗产资源和宝贵的民族文化。近几年，各省（自治区、直辖市）都积极参与到长江文化和旅游的数字化建设与产业推动中来，建设长江文化数字

---

① 郭新茹：《南京长江国家文化公园价值评估体系构建研究》，载曹劲松、卢海鸣编《南京学研究》第6辑，南京出版社，2022。

资源库。其中，文旅中国网站作为文化和旅游部的官方媒体，在文化和旅游部数字资源库体系中，建立了长江国家文化公园专题，从"国家文化公园""长江流域""长江流域主题线路"等几方面，全面收录各类国家级、地方级长江文化数字资源，实现了从"大数据+文旅数字化分析""人工智能 AI+文旅数字服务"到"互联网+智控能力"再到"5G+艺术体验服务"的全方位升级，在一定程度上实现了长江流域的文化共享。南京文投集团更是依托南京市丰厚的长江历史文化资源，在"文枢"（金陵历史文化资源大数据平台）中打造长江专题数据库，从"长江基本概况""文化内涵""地区特色""文旅融合""数字再现"五个板块，将南京段长江形成一个大型的长江文化知识网络，全方位展示了长江国家文化公园的价值内涵。

依托文化数字化战略，深入挖掘长江文化资源，将不同类型、不同时期的长江文化资源，以及分散、浅层、无系统的长江文化整合转换为多元化的数字资源，探索具象的表达方式，构建一个服务多层次人群的大数据库，能进一步推动长江文化"走"出去，吸引其他地区和国家的人来了解长江，了解长江文化，了解中华优秀文化。

（三）数字赋能知识产权，推动长江流域文旅深度融合

文创产品的研发、设计与推广对长江国家文化公园文旅融合高质量发展具有重要意义。在国家文化数字化战略背景下，长江沿线各省（自治区、直辖市）把握历史文化资源和数字经济带来的发展机遇，积极参与到长江知识产权的打造中。如江苏省演艺集团为构建"国家大数据平台戏曲数字化生产线"研发的"艾鳎三代"戏曲机器人，在戏曲服装、化妆、道具、伴奏与机器人的协同匹配研究方面获得重大突破，将数字科技与传统文化创新融合，完美呈现人机同台的昆曲《游园惊梦》，实现长江文化的创造性转化和创新性发展。中国文化传媒集团旗下中传文创投资有限公司联合三七互娱公司、数藏中国平台在 2022 年 7 月 24 日推出首个以"长江之歌"为主题的长江国家文化公园主题数字藏品，一经上架就告罄。"长江之歌"依据郦道元对三峡的描述"春冬之时，则素湍绿潭，回清倒影，

绝巘多生怪柏，悬泉瀑布，飞漱其间，清荣峻茂，良多趣味"①，选取长江国家文化公园的代表性文化遗产、自然遗产和代表动物为元素来源，以江豚、黄鹤楼、长江三峡为创作元素，传达出既要保护修复三峡生态环境，又要传承传播优秀的长江文化的作品主旨。在满足大众个性化文化需求的同时带动文化消费，促使游客走进长江文化，推动长江国家文化公园文旅的深度融合。

通过深入挖掘长江文化内涵，将长江文化的精神品质融入产品创作中，发挥创新的核心位置，坚持守正创新，坚持赋能实体经济，充分发挥区块链等数字技术在文化数字化产业中的赋能作用，获得更强大的生命力，促进长江国家文化公园文旅融合高质量发展。

三 长江国家文化公园数字化建设过程中的问题阐释

长江国家文化公园的建设正如火如荼地进行，但由于国家文化公园的建设在全球罕有先例，整个建设实际上是一种全新的探索过程，它所面临的机遇与挑战前所未有。尤其是2025年1月印发的《长江国家文化公园建设保护规划》提出，要坚持"保护优先、强化传承，文化引领、彰显特色，总体设计、统筹规划，积极稳妥、改革创新，因地制宜、分类指导"5项原则，建设管控保护、主题展示、文旅融合、传统利用4类重点功能区。同时，对沿线省（自治区、直辖市）贯彻落实长江国家文化公园建设、管理、利用等方面也提出了要求。因此，要全面认识长江国家文化公园数字化建设存在的问题，应对挑战，推动长江国家文化公园高质量建设。

（一）研究成果零散，研究方向发展不均衡

我国在推进长江国家文化公园数字化建设的过程中，始终面临着理论研究与实践成果之间的显著差距与挑战，在理论研究层面形成的研究成果对实践成果来说相对滞后，针对长江国家文化公园数字化建设的专题研究

---

① （北魏）郦道元：《水经注·江水》。

暂时还处于零散状态，尚未形成完整、连贯且富有指导意义的理论体系。整体来看，一方面，针对长江国家文化公园数字化建设的研究多集中在概念辨析、理论解释层面等，停留在相对初级的阶段，缺乏深入的实证分析和案例研究来支撑观点，同时，因研究视角的多样性，不同的学者对数字化建设的理解也存在差异，在一定程度上增加了理论整合的难度。另一方面，尽管部分研究提及了实践路径的探讨，但多为宽泛的建议，缺乏针对性，造成现有的理论研究与实践研究难以同步的局面。如何实现从实践成果中提取理论经验，推动理论成果带动实践，是当前长江国家文化公园数字化建设的重要问题。

（二）数据资源不健全，建设管理难度大

长江国家文化公园跨越 13 个省（自治区、直辖市），涉及文化资源众多，每个省（自治区、直辖市）对长江国家文化公园的重视程度、投入资源不同，造成对长江文化的开发程度也不同，存在部分地区建设远快于其他地区的情况。例如，《长江国家文化公园建设保护实施方案》明确将包括江苏省、四川省等在内的 7 个省（自治区、直辖市）划入重点建设区，对各省（自治区、直辖市）提出了要求。其中，部分省（自治区、直辖市）也积极响应号召，深入挖掘长江文化所涉及的资源分布、历史脉络、发展历程等，先后开展各省（自治区、直辖市）保护规划的编制，如《长江国家文化公园（江苏段）建设保护规划》《长江国家文化公园（湖南段）建设保护规划》《长江国家文化公园（安徽段）建设保护规划》等。由于各省（自治区、直辖市）建设力度和进程的差异，其在资源挖掘时投入的人力、物力、财力以及时间等都不尽相同。建设力度大、进程快的地区，往往能够调配更多资源用于深入探究长江文化的内涵与外延，挖掘出更为丰富、细致且系统的资源信息；而建设相对滞后的地区，受限于投入不足，对资源的挖掘则较为浅显和有限。这种资源挖掘程度的不同，直接导致了所获取的数据资源在数量、质量、完整性、系统性等方面存在较大差距。零散且缺乏深度与系统性的数据难以满足建立具有关联性质资源库的要求，进而造成数据资源不完善，难以真正建立具有关联性质的资源库。

（三）同质化严重，缺乏地域特色

数字化建设是推动长江文化资源优化整合、实现文旅融合的重要方式，但在建设过程中不可避免地出现资源共用等问题。当前，长江沿线各省（自治区、直辖市）推出的数字化建设在资源利用上大多从全方位的长江文化入手，缺乏对地域特色的深入挖掘，单从内容展示上难以区分所属地域。如何在国家顶层设计基础之上，结合数字化技术，充分展现长江流经区域的地域特色，不仅是长江国家文化公园数字化建设需要考虑的问题，同时也是长城、长征、大运河、黄河4个国家文化公园数字化建设需要考虑的重要问题。

（四）信息孤岛仍然存在，流经区域缺乏统筹协作

信息孤岛，指在信息流动和交流中存在某些特定领域、特定群体或特定地区与其他领域、群体或地区之间信息交流紧密度较低或相对孤立的现象。长江作为一条线性遗产，跨越区域之长举世瞩目，这既带来了丰富多元的文化内涵，也对其内容的凝练带来了困境。当前，长江沿线各省（自治区、直辖市）对长江文化资源缺乏信息共享和业务协同的机制，导致线下存在的条块分割在数字化建设领域重现。[1] 此外，由于各省（自治区、直辖市）对数据库建设的标准不一，对数据资源的公开程度不一，难以发挥协同作用。尽管国家政策在顶层设计方面已经进行了尽可能详尽的规划，但在国家文化公园数字化建设具体实施过程中，目前面临着如何真正做到与国家发展战略落地对接、以文化为牵引联动区域经济以及促进沿线城市强强联合等重要问题。

（五）数字人才供需矛盾尖锐

长江国家文化公园的建设不是一蹴而就的工程，长江文化内涵丰富，

---

① 范周：《文化数字化战略背景下国家文化公园的发展向度和建设思考》，《人民论坛·学术前沿》2022年第23期。

数字化建设要想顺利发展，就需要大量人才做好前期工作。无论是以博物馆的方式进行文化输出，还是对历史脉络的梳理、对文化内涵的科研挖掘，都离不开人才队伍的建设，尤其数字化建设涉及方方面面，需要大量的、不同领域的数字化人才。面对市场对数字化人才的需求，各高校也加大了对数字化人才的培养力度，但数字化人才培养周期长，高素质人才的培养效率与数字经济快速演进的形势不相称，使数字化人才供给明显不足，需求断层越来越明显。[①] 目前国内数字化技术人才供求比例严重失衡，预计到 2025 年，相关行业数字化技术人才缺口累计将超过 1000 万人。[②] 目前，兼具技术与商业技能的复合型人才极度紧缺，尤其是懂计算机、人工智能等技术，擅长文化产业管理、产品设计的复合型管理人才更是紧缺。尽管各高校已经注重数字人才的培养，各地政府也重视数字背景的人才引进和发展，但数字人才仍跟不上数字经济发展的需求，数字化人才的供需矛盾仍然十分尖锐。长江国家文化公园数字化建设是庞大且复杂的系统工程，不仅需要若干建设团队，更需要完整的人才培养体系。而数字化人才的缺乏会严重制约长江国家文化公园数字化建设的发展。[③]

四　长江国家文化公园进行数字化建设的具体措施

针对上述问题，本文结合《长江国家文化公园建设保护实施方案》和国家文化数字化战略发展趋势，提出以下几点建议。

（一）延伸长江文化保护新路径

国家文化公园建设不同于一般的公园建设，在其建设过程中要重点突出"文化"的内涵。长江国家文化公园数字化建设，通过对长江文化采取勘察（存储）、处理（修复）、展示（传播）等一系列数字化技术手段，

---

① 张琳、王李祥、胡燕妮：《我国数字化人才短缺的问题成因及建议》，《信息通信技术与政策》2021 年第 12 期。

② 金晨：《新职业打开就业"新窗口"》，《人民日报》海外版 2020 年 7 月 31 日，第 8 版。

③ 王泽艺：《长城国家文化公园的数字化治理路径分析》，收入《第十三届公共政策智库论坛暨"雄安建设与发展国际学术研讨会"会议论文集》，2023，第 660~667 页。

不仅可以做到长江历史文化资源的转换、再现、复原，形成可共享、可再生的数字资源，还可以为探索在遗产保护、传承与利用相平衡的基础上集文化传承、景观保护和功能更新为一体的可持续发展模式带来更多可能。

一是要创新长江文化资源数据库。紧抓国家文化大数据战略机遇，综合运用数字化建模、数字化复制存储等新一代信息技术集群，建立长江文化资源数据库，全面展现长江人文景观、文化遗产、文献古籍、博物馆文物、曲艺民俗、沿线古都文化等长江文化资源，推进长江文化建设，展现发展成就，生动诠释长江文化的深厚内涵，有效提升其数字化影响力。二是要建设长江文化大数据标准体系。目前，造成各省（自治区、直辖市）长江国家文化公园数字资源重复度高的一个重要原因是没有统一的数据标准，无法形成完整的共享闭环，应加强建设长江国家文化公园大数据的各项标准化体系，形成由前端、后端以及云端构成的完整闭环，畅通长江文化生产和消费，融通长江文化和科技，贯通长江文化门类和业态，推动长江国家文化公园数字化成果走向网络化、智能化。三是要确保长江文化数字化产权保护体系。长江国家文化公园建设是国家层面的重大文化工程，在建设过程中会有多种类型的主体参与其中，包括政府、企业、社会组织等在内形成多元治理主体体系，涉及众多创新型的数字化知识成果。因此，在长江国家文化公园数字化建设过程中要明确各主体的责任和义务，加强数字化资源建设，完善监督体系，既避免公有领域知识成果被独占，又确保再创新形成的数字化成果得到有效保护。

（二）把握长江文化传播新思路

国家文化公园作为传承弘扬中华文化的重要举措和利国利民的重大文化工程越来越受到国内外的广泛关注。虽然现在不管是国人还是外国友人出行都较为方便，但要随时随地游览长江仍存在较大的困难。仅通过网络文字的宣传，难以让人们深刻体验长江的雄伟壮阔，同时面对互联网、大数据、人工智能的迭代升级，要想讲好中国国家文化公园故事必须运用好新技术、新手段为内容建设服务。党的二十大报告更是在文化建设部分针对国际传播战略提出新要求。国家文化公园是区域创新发展的引领者，更是中华文化的传播者，通过数字化建设探索整合新型传播路径，不仅能提升长江文化的辐射力和影响力，还能增强中华文化的国际影响力，加快建成社会主义文化强国。

一是要建立长江文化传播云平台。基于国家文化数字化战略，充分利用5G、AR/VR和云技术等，加快构建长江文化传播云平台。通过多种手段，实现长江文化资源的内容挖掘、储存处理、科学利用和共享互动，形成多渠道传播的融合联动体系。二是要拓宽传播渠道强化国际传播力。在全球化背景下，长江文化的传播不应局限于国内，要重视海外主流视频播放平台和社交网络媒体，利用这些平台的全球影响力，将长江文化的魅力传递给世界。通过制作高质量、有创意的短视频、直播内容，采用"微"表达的方式，让长江文化更加贴近国际受众的日常生活与审美习惯。此外，还要加强与国际文化机构的合作，共同策划跨国界的文化交流活动，进一步提升长江文化的国际知名度和美誉度。三是要构建完善的长江文化对外传播体系。在不断探索新的表现手法和传播方式的过程中，要做到既尊重传统文化的精髓，又积极吸纳现代文化的元素。通过融合传统与现代、结合科技与创新、统筹内容与形式的方法，打造出一系列既具有深厚长江文化底蕴又符合时代潮流的长江文化作品。同时，要注重内容的多样性和形式的创新性，以满足不同受众群体的需求，实现长江文化的全方位、多维度、宽领域传播，向世界展现多彩、立体、文明、开放的中国文化形象。

（三）拓宽长江文化传承受众

把握受众的文化需求是文化被接受的最有效方式。新时代，大众需要的是有故事、接地气的文化传播方式，同时，随着越来越多的民俗文化被人们用新颖的方式进行传播，越来越多的年轻人开始关注并投入文化的创新型传播中。国家文化公园概念的提出是功在当代、利在千秋的，其本质不仅是对文化的保护与传承，更是对中华民族同源文化探寻与认知的过程。建设长江国家文化公园的终极目的是要使文化认同深入人心。因此需要以大众能接受的方式阐释长江文化，将长江文化与数字化时代潮流相结合，成为惠及老人、青年、儿童全年龄段受众的日常文化。

一方面，要强化主流媒体的深度与广度。加强主流媒体的宣传作用是基础且必要的，主流媒体应深入挖掘长江文化的独特魅力与深厚内涵，通过高质量的新闻报道、专题策划、系列评论等形式，展现长江沿岸的自然风光、历史遗迹、民俗风情和现代发展成就。同时，利用影视剧、纪录片等视听艺术手段，以生动的故事情节、精美的画面，让长江文化更加鲜活、立体地走进大众视野，吸引并留住广大观众的心。此外，组织举办与长江文化相关的赛事活动，如文化论坛、摄影比赛、文学创作大赛等，不仅能够激发社会各界的参与热情，还能进一步丰富长江文化的表现形式，提升其影响力。另一方面，要创新传播方式，贴近年轻群体。充分考虑年轻群体关注的沉浸式体验、直播短视频等较为新颖的传播方式。例如，可以将长江文化元素巧妙融入剧本杀、密室逃脱、动漫游戏等体验性较强的活动中，通过角色扮演、解谜探索等形式，让年轻人在娱乐中感受长江文化的魅力，实现寓教于乐；还可以结合5G、人工智能、区块链等新技术，推出一些长江文化数字产品，如虚拟现实游览、增强现实互动、智能语音导览等，为年轻群体打造专属的长江文化知识产权，以游戏、动漫等形式承载特色长江文化，带动广大青年群体投入长江文化的传播。在满足大众个性化文化需求的同时，带动文化消费，凸显数字经济时代文旅产业亮点，深化文旅融合。

（四）创新长江文旅融合新业态

产业新业态主要是指依靠数字技术变革而产生的新组织形态和商业模式，数字文化产业新业态主要包括沉浸式体验、数字文旅、电子竞技等方面。《长江国家文化公园建设保护实施方案》提出要建设文旅融合重点功能区，通过一系列具体行动，如品牌塑造计划、旅游目的地打造、精品旅游线路规划、特色主题活动组织以及文旅产业集聚区的建设等，实现长江国家文化公园主体功能，加速长江国家文化公园文化与旅游的深度融合。

推进长江国家文化公园数字化建设就是以数字科技要素为文化和旅游

的深度融合提供新的动力源。一方面要做好数字产品供给工作。建设长江文化数字云平台，对文物和文化资源进行数字化展示，对历史名人、诗词歌赋、典籍文献等关联信息进行实时展示，打造永不落幕的网上空间。另一方面要激活数字文旅消费的潜力。推动文化和旅游两大产业在长江国家文化公园这一空间载体实现更高水平、更深层次的融合。① 例如，加强智慧旅游景区、园区建设，鼓励博物馆等通过数字化技术实现联动，共同开发文化创意和设计产品，丰富长江文化相关数字化产品，培育智慧旅游沉浸式体验新空间；依托国家数据共享交换平台体系和国家文化大数据体系，构建长江国家文化公园时空数据集成应用平台，建立完善各类专题数据库和遗产监测预警体系，推动文化遗产信息资源数据共享、开发利用。

五　结语

建设国家文化公园，是贯彻"十四五"规划和2035年远景目标的重大国家文化工程，是我国首次提出的具有中国特色的实践和探索，在党的二十大报告中更是进一步提出要建好用好国家文化公园。长江国家文化公园作为国家文化公园体系的新成员，进行数字化建设是大势所趋，也是将长江文化资源"活化"的重要手段，肩负着让长江丰厚的遗产资源"活"起来、"传"下去的责任和使命。长江国家文化公园建设应重视数字化手段的融合应用，使长江国家文化公园真正成为传承中华文明的历史文化走廊、凝聚中国力量的共同精神家园、提升人民生活品质的文化和旅游体验空间。

---

① 范周：《文化数字化战略背景下国家文化公园的发展向度和建设思考》，《人民论坛·学术前沿》2022年第23期。

大运河和长江国家文化公园建设的扬州探索[*]

刘怀玉^{**}

摘　要：扬州江河交汇、遗产众多，为大运河和长江国家文化公园建设提供了优质资源。三湾生态文化公园是大运河国家文化公园的核心区，扬州中国大运河博物馆建成开放，成为大运河国家文化公园标志性成果。扬州是我国首批历史文化名城，经过探索创新了古城活化利用的"四种模式"，但还存在"各自为政"、规划不健全等问题。本文建议创新组织协调机制，建立健全规划，争取将淮扬运河列为大运河国家文化公园示范段，"七河八岛"申报国家水利遗产和大运河国家文化公园。

关键词：文化公园　运河　长江　扬州

自 1872 年世界上第一个国家公园——美国黄石国家公园建立以来，上百个国家和地区已建立了 1200 多个各类国家公园。我国首次提出并建设系列国家文化公园，是彰显中华文明力量和坚定文化自信的新时代创新表达，也是促进中华文化创造性转化利用，与文化旅游融合建设同时高质量

---

* 本文是扬州大学中国大运河研究院 2023 年课题"扬州大运河与长江国家文化公园协同建设研究"报告（项目批准号为 DYH202304）的阶段性成果。入选本书时内容有修改，部分内容选自《大运河文化带江苏段建设特色及对策建议》。

** 刘怀玉，扬州大学中国大运河研究院副教授，研究方向为运河文化和长江文化。

发展的创新探索与实践。① 江苏是全国唯一江河湖海兼备的省份，也是大运河国家文化公园唯一重点建设的省份。

扬州市的水域面积占全市面积的 28%，大运河和长江景观众多且有分量，呈现江河交汇、古今辉映的特点，为扬州探索创建大运河国家文化公园和长江国家文化公园提供了优质资源。三湾生态文化公园是大运河国家文化公园的核心区，扬州中国大运河博物馆建成开放，成为大运河国家文化公园标志性成果，产生了先行和示范效应，但还存在规划不健全、重点工程进展较慢等问题。本文以扬州探索建设大运河国家文化公园和长江国家文化公园为例，总结经验教训，并提出对策建议，有利于创新体制机制、优化技术路径，高质量推进大运河国家文化公园和长江国家文化公园建设，为国家文化公园建设提供扬州方案及智慧。

一 主要背景

（一）习近平总书记的重要指示成为根本遵循

党的二十大报告提出，建好用好国家文化公园。建设国家文化公园，是以习近平同志为核心的党中央做出的重大决策部署，是推动新时代社会主义文化强国建设的重大基础工程。2020 年 11 月，习近平总书记在南京主持召开全面推动长江经济带发展座谈会，强调"要把长江文化保护好、传承好、弘扬好，延续历史文脉，坚定文化自信"。② 2023 年 7 月，习近平总书记在江苏考察时叮嘱："江苏要加强优秀传统文化的保护传承和创新发展，积极参与建设长江和大运河两大国家文化公园。"③ 习近平总书记系列重要指示成为长江国家文化公园和大运河国家文化公园建设的根本遵

① 郑晶：《国家文化公园建设中博物馆的文旅融合发展——基于扬州中国大运河博物馆的实践》，《中国博物馆》2022 年第 5 期。
② 习近平：《论把握新发展阶段、贯彻新发展理念、构建新发展格局》，中央文献出版社，2021，第 443 页。
③ 《在推进中国式现代化中走在前做示范 谱写"强富美高"新江苏现代化建设新篇章》，《人民日报》2023 年 7 月 8 日，第 1 版。

循，尤其是 2020 年 11 月习近平总书记在运河三湾生态文化公园视察，提出"古运河要重生"，激励扬州在大运河文化带和国家文化公园建设中走在前列。

（二）大运河、长江国家文化公园规划建设正在推进

2019 年 12 月，中共中央办公厅、国务院办公厅印发了《长城、大运河、长征国家文化公园建设方案》，要求到 2023 年底基本完成建设任务，使长城、大运河、长征沿线文物和文化资源保护传承利用协调推进局面初步形成。后来又要求 2025 年完成。2021 年底，正式启动长江国家文化公园建设。江苏在全国率先启动建设大运河国家文化公园，是大运河国家文化公园唯一重点建设区。2022 年 4 月，出台了《大运河国家文化公园（江苏段）建设保护规划》；制定了《江苏省大运河国家文化公园建设保护实施方案（2019–2021）》，构建了"1+1+6+11"规划体系，23 个核心展示园、26 条集中展示带、153 个特色展示点形成空间展示体系。2022 年 4 月，江苏省出台了《长江国家文化公园（江苏段）建设推进方案》；2023 年 7 月，文化和旅游部、国家文物局、国家发展改革委联合公布了《长江文化保护传承弘扬规划》，江苏省加快编制《长江国家文化公园（江苏段）建设保护规划》。2023 年 11 月，江苏召开大运河文化带和大运河长江国家文化公园建设工作领导小组会议。江苏发布了大运河文化带和国家文化公园建设 30 个创新案例，如连续多年举办国内唯一以运河文化为主题的国际性论坛世界运河城市论坛、高标准建设运营扬州中国大运河博物馆等。2020 年 12 月，扬州出台了《扬州市大运河文化保护传承利用实施规划》，积极推动大运河非遗园、隋炀帝墓考古遗址公园等一批重点项目列入省"十四五"大运河文化带和国家文化公园建设计划。近年来，扬州市围绕大运河、长江国家文化公园建设多次组织调研，实施一批重点项目。国家以及江苏省有关规划涉及扬州部分"含金量"较高，为扬州探索创建大运河、长江国家文化公园创造了良好的外部环境。

二　主要进程和基本经验

京杭运河扬州段从宝应县北大兴洞起，至瓜洲入江，全长约 151 公里；至六圩河口入江，全长 127.5 公里。长江扬州段 89 公里。作为中国自然和文化标识的京杭大运河与长江在扬州交汇，扬州成为名副其实的江河门户和水运枢纽。近年来，扬州充分发挥区位、历史、文化综合优势，扎实推进大运河、长江国家文化公园建设，努力实现优秀文化、优良生态和优美环境的有机统一，取得了许多实质性成果。

（一）主要进程

1. 试点起步阶段

从召开大运河国家文化公园建设推进会，到扬州中国大运河博物馆建成开放（2019 年 9 月至 2021 年 6 月）。2019 年 9 月 27 日，江苏省政府在扬州主办世界运河城市论坛暨世界运河大会，江苏省政府与文化和旅游部主要领导出席会议。其间文化和旅游部召开了大运河国家文化公园建设推进会，为坐落于三湾生态文化公园的大运河国家文化公园标志揭幕。2021 年 6 月 16 日，扬州中国大运河博物馆建成开放，成为大运河国家文化公园的重要地理标识和旅游目的地。三湾生态文化公园成为大运河国家文化公园建设的先导区和示范区。此阶段大运河国家文化公园建设性质上属于试点和示范，为大运河沿线首创；类型上属于国家文化公园集中展示点，主要依托世界文化遗产古运河三湾段和生态文化公园，集中展示大运河文化和生态完美结合的胜景，其中代表作是扬州中国大运河博物馆。

2. 拓展延伸阶段

从扬州中国大运河博物馆建成开放至今（2021 年 6 月至今）。在具体建设路线上做了重要拓展延伸。

一是"拓展"，由运河向古城方向拓展。制定出台历史文化名城保护和有机更新"1+8"方案，先后实施东关历史文化街区保护工程，规划建设北护城河文旅集聚区、明清古城保护暨文旅示范区等项目，修缮各类建筑近 17 万平方米。因地制宜实施皮市街、仁丰里、南河下等历史文化街区"微改造、微更新"。"古街巷游"成为亮点。

二是"延伸",由古运河向京杭运河扬州段延伸,其标志是 2023 年投资 83 亿元的古运河—七里河"十里外滩"项目,跨古运河和京杭大运河。由大运河国家文化公园向长江国家文化公园延伸,其标志是 2023 年"诗渡瓜洲"(包括镇江部分)和"江上盐都"十二圩作为长江国家文化公园建设项目,由江苏省上报国家待批,而瓜洲和十二圩均属于长江、大运河交汇处。

在规模上从"单点落子"到"数点开花",形成"一江两河"(长江、古运河和京杭运河扬州段)、"两城(扬州古城、高邮盂城驿)五镇(界首、邵伯、湾头、瓜洲、十二圩)"的大纵深格局。

上述拓展延伸大多基于规划建设内容。已经被列入江苏大运河国家文化公园核心展示园的有扬州古城、高邮盂城驿、邵伯古镇、三湾、江都水利枢纽(江都区博物馆等);集中展示带有湾头—瓜洲、界首—江都;特色展示点有刘堡减水闸。还有的拓展延伸项目属于自身创建,如在扬州举行的 2022 年世界运河城市论坛上,发布"大运河国家文化公园数字云平台"建设成果。

(二)基本经验

1. 坚持高位统筹、规划先行

扬州市成立大运河文化带和大运河长江国家文化公园建设工作领导小组,全域纳入规划建设范围,高站位、高标准统筹推进,初步形成了"三带一廊"的格局,即高质量打造从邵伯到瓜洲全长 41 公里,面积 47.5 平方公里的扬州古运河文化旅游带;高标准打造从邵伯到六圩口门全长 30 公里,总投资 77 亿元的京杭运河绿色航运示范带;高站位打造核心保护区达 340 平方公里的南水北调东线源头生态带;高水平打造 1800 平方公里的江淮生态大走廊。"三带一廊"建设点面结合、多头并进、功能互补,有力推动了大运河文化带扬州段,大运河、长江国家文化公园建设向纵深发展。

2. 坚持政府、市场、社会各尽其责

始终坚持政府主导、市场化运作的工作机制,政府、市场、社会占位

不错位。政府将重点项目建设任务列入年度大运河文化带建设工作要点和高质量考核个性指标；鼓励用好大运河文化旅游发展基金、政府专项债、公共部门与私人企业项目合作等的杠杆作用，积极撬动社会资本和市场资源，汇聚项目建设的政企合力。扬州中国大运河博物馆的建设以市政府投资为主，并争取到了国家和江苏省财政的支持，被列为江苏省重大项目，江苏省政府有关领导负责协调；由中国工程院院士、中国建筑西北设计研究院总建筑师张锦秋领衔设计，由隶属江苏省文化和旅游厅的南京博物院负责布展和日常管理。该馆是集文物保护、科研展陈、休闲体验为一体的地方现代化综合性博物馆，是大运河国家文化公园建设标志性项目，现已成为国家一级博物馆。与之相配套的大运河非遗园则以社会资本投资为主。

2020 年，成立广陵古城党工委和管委会，全面负责明清古城的保护复兴工作。广陵区城市更新省级试点项目总指挥部实体化运作。选择适合"本土体质"的发展模式，系统实施古城保护和有机更新，制定 7 大类 16 个配套"政策包"，有序推进皮市街、广陵路、小秦淮河、仁丰里等省级城市更新试点项目，修缮文保建筑 15 处，活化利用直管公房 1.6 万平方米。积极鼓励创新，形成了古城保护传承、活化利用、创新发展的四种模式，即政府主导、国企运作的东关街模式；政府主导、市区联动的南河下模式；政府引导、居民参与的仁丰里模式；政府引导、市场培育的皮市街模式。这四种模式既有关联，又各有所长，属于多赢发展模式，四个街区充满活力。仁丰里以"文火慢炖"的态度留住原居民、延续烟火气，让街区的"气质颜值"与百姓的"幸福指数"同步提升。仁丰里每年接待游客约 20 万人。与善为仁、物足为丰、旧居为里，仁丰里诚如其名。广陵区历史文化名城保护经验在全国交流推广。

三　现状与问题

扬州运河和长江水韵天成，也有人为因素。近年来，扬州已初步建成大运河国家文化公园 6 个核心展示园、3 条集中展示带、18 个特色展示点，并构建古运河、新运河、江淮生态大走廊、南水北调东线源头工程四线并行格局,形成运河文化八大片区,协调统一的大运河整体功能区域和以古运河为主干的城市文化旅游体系。2022 年 7 月,扬州市制定出台《长江国家文化公园扬州段建设推进方案》。2024 年 1 月,扬州市人大代表孙建年提出《关于加快建设长江国家文化公园扬州段的建议》,被确定为市人大常委会重点督办建议之一。

(一)现状

1. 古运河

历史上运河三湾片区曾集聚了 80 多家污染企业,被称为扬州的"龙须沟"。2014 年 6 月,古运河成为世界文化遗产。通过系列整治、生态修复、文化利用,三湾生态文化公园蜕变为国家水利风景区、国家 4A 级景区、大运河国家文化公园核心展示区。2022 年,运河三湾生态修复项目入选"中央生态环境保护督察整改看成效"正面典型案例;2023 年 8 月,世界运河城市生态保护和修复典型案例首次发布,三湾生态文化公园入选,并在运河城市生态环境保护与生态修复论坛上展示交流。扬州中国大运河博物馆运用 5G、VR 等科技手段,以多样化的展示形式,全流域、全时段、全方位展现大运河历史文化,成为"一票难求"的热门景点和重要旅游目的地。2023 年大运河博物馆接待游客 420 万人次。[①] 大运河非遗园一期项目建成开放,二期工程将于 2024 年底建成。大运河非遗街区成为集非遗体验、文创展出、时尚餐饮、休闲度假于一体,独具运河文化特色的现代文旅商业街区,开放一年多来,接待游客超百万人次。[②] 2022 年 11 月,古运河水上游被纳入省级"水路旅游客运精品航线"试点[③],2023 年 1~8 月累计接待游客超过 30 万人次,[④] 是扬州"让古运河重生"最鲜活的展示。2024 年 1 月,古运河被水利部列为淮河流域幸福河湖,是扬州市首次获评

---

① 《更待"烟花"绽繁花》,《扬州日报》2024 年 3 月 18 日,第 1 版。
② 《让古老运河绽放新时代芳华》,《新华日报》2023 年 2 月 8 日,第 1 版。
③ 《运河水上,换种方式"打开"》,《新华日报》2024 年 3 月 9 日。
④ 《水上康德美景,功夫更在岸上》,《新华日报》2023 年 10 月 6 日。

国家级幸福河湖示范。古运河尤其是三湾片区的蜕变堪称"三湾现象"，是大运河国家文化公园建设的典范，在运河全线具有示范意义。

2023年投资83亿元的古运河—七里河"十里外滩"项目，规划设计范围6.85平方公里，将引入"十水汇心、三核聚心、诗月入心"设计策略，重点建设京杭湾国际商务片区、扬州诗阁片区、扬州HUB-银月帆片区，打造大运河国家文化公园建设标杆、世界级城市品质滨水区。"十里外滩"片区是江苏建设大运河国家文化公园的示范段，计划升级为城市综合服务主中心的核心载体，打造扬州东西发展轴线中心节点。

2. 京杭运河扬州段

2019年10月，扬州市政府与江苏省交通运输厅签署共建京杭大运河扬州段绿色现代航运示范区战略合作协议。施桥船闸至长江口门段整治工程被列为绿色现代航运示范区先导段。该工程按二级航道标准建设，设计最大船舶等级为2000吨级，概算总投资13.3亿元。六圩灯塔公园是一个以航标灯塔为主题的开放式公园。2023年7月，新建的航标展示厅正式对外开放。2021年6月，该航道整治工程入选交通运输部"平安百年品质工程"示范项目首批创建项目，2023年以97分的高分通过交通运输部验收。该航道整治工程叠加运河文化，形成了航道、岸线、社区综合整治模式。

在示范区建设的基础上，2022年，京杭运河扬州段全线开工建设江都、高邮、宝应段绿色现代航运综合整治工程。2023年3月，19.34公里京杭运河扬州城区段绿色现代航运综合整治工程开工，该项目起自邵伯船闸下游，止于施桥船闸上游，全长19.34公里，按照二级航道标准建设，该工程完工后，除了改善航道的基本功能之外，还进一步改善沿线综合环境和南水北调东线水质，提升京杭运河黄金水道综合效能，将为持续近20年的大运河扬州段航道整治工程画上句号。

值得一提的是里运河—高邮灌区入选2021年（第八批）世界灌溉工程遗产名录，成为江苏首个世界灌溉工程遗产。该灌区引水布局"一湖两河三堤"，灌、排、挡、降工程体系之完备精巧，在农耕时代具有领先水平。高邮盂城驿被称为中国邮驿"活化石"，是全国重点文物保护单位、大运河世界文化遗产点、国家4A级旅游景区。该景区深化产业融合，积极推进数字化、智慧化转型升级。2024 年 4 月，高邮运河·盂城驿街区入选文化和旅游部第三批国家级旅游休闲街区。

3. 瓜洲

千年古镇瓜洲位于长江和大运河的交汇处，素有盛名。近年来，瓜洲镇致力于打造国际旅游休闲度假区。古渡公园、春江花月夜艺术馆、张若虚纪念馆、诗渡瓜洲展示馆、扬州瓜洲省级湿地公园等一批特色休闲度假项目相继建成，每年吸引游客 100 万人次。2020 年和 2021 年，"扬州瓜洲古渡文旅特色小镇"连续两年入选江苏省省级重点文旅项目。瓜洲泵站被誉为扬州"城市安全第一工程"，是目前江苏省城市圈装机容量和规模最大的城市排涝泵站，有效解决了古运河排水片 105 平方公里遇江淮高水位时的外排出路问题。曾获 2019~2020 年度中国水利工程优质（大禹）奖和 2022~2023 年度第一批中国建设工程鲁班奖，是江苏省水利系统继 2006 年淮河入海水道工程摘取首个鲁班奖之后获得的第二个鲁班奖，也是江苏省内地级市水利系统摘取的首个鲁班奖。[①] 瓜洲镇以"江河交汇"为主题定位，积极推进长江国家文化公园瓜洲项目区建设，布局"三区一廊"，深度解读"瓜洲古渡"文化内涵，综合利用古渡古镇保护、文化发掘展示、数字再现等手段，彰显"瓜洲古渡"的历史价值、文化价值、时代魅力，打造长江国家文化公园古渡文化典范篇章。[②] 光绪二十一年（1895 年）瓜洲城整体滩入江中，以致遗产本体及其风貌缺失，为后人利用遗产带来很大困难。

4. 十二圩

十二圩也是江河运口。1873 年，全国最大的淮盐集散中心迁至十二圩，十二圩承担了当时全国 50% 的盐运中转量，贡献了 1/5 以上的国家税收。[③] 近年来，仪征市启动南门大码头片区与十二圩盐文化片区保护利用工作，推进街区迭代。结合运河、长江文化，拉长盐运文化链条，逐步形

① 陶德凯、陈晓飞：《打造文体旅深度融合的"邗江样本"》，《新华日报》2023 年 12 月 28 日。
② 孙婷、钱伟：《瓜洲古渡公园南园修缮后开放》，《扬州日报》2024 年 5 月 26 日。
③ 《话说历史文化资源》，《扬州日报》2023 年 10 月 16 日。

成了国内独有的盐运文化"微博物馆群"。2019 年 5 月，中国两淮盐运博物馆建成开放，是目前国内唯一以"盐运"命名的博物馆，展陈了两淮盐运相关文物 600 多件。十二圩成为中国盐文化特色小镇创建单位，还先后建成了中共仪征党组织诞生地旧址、江上青烈士史料陈列馆、"廉风盐韵"仪征运河印记展览馆、黄质夫乡村教育史迹陈列馆等 10 多个文博馆。"江上盐都"十二圩历史文化旅游区位于仪征市新城镇，集盐运文化、饮食文化、红色文化、乡村教育文化于一体。现已建成国家 3A 级旅游景区。十二圩历史遗产丰富，有望成为旅游热点。

5. 江都水利枢纽（三江营）

江都水利枢纽在新通扬运河和淮河入江尾闾芒稻河交汇处。为了规划建设江都水利枢纽，曾 7 年酝酿、三易其址，从 1961 年至 1977 年持续建了 17 年。江都水利枢纽是我国自行设计、施工、制造和安装的国内规模最大的电力排灌工程，也是亚洲最大的泵站枢纽，由 4 座大型电力抽水站、12 座节制闸等组成，总装机容量为 55800 千瓦，总抽水能力为 508.2 立方米/秒。江都水利枢纽是南水北调东线（江水北调）的源头，50 多年来，共抽引江水 1525 亿立方米，抽排涝水 400 亿立方米、泄洪 20071 亿立方米、自流引江 1328 亿立方米、发电 9500 万千瓦时，年均减灾防灾效益百亿元。[①] 1982 年，江都水利枢纽工程获"国家优质工程金奖"；2012 年，被评为"中国百年百项杰出土木工程"；2001 年被授予首批"国家级水利风景区"称号。江都水利工程管理处 6 次蝉联"全国文明单位"。2020 年11 月，习近平总书记视察江都水利枢纽，并作了重要指示。江都水利枢纽有故事、有精神、有基地（全国水情教育基地），经过改造提升，完全可以成为大运河、长江国家文化公园的重要组成部分。

江都区大桥镇三江营，是长江、小夹江和太平江三江汇合之处，年径流量约 9500 亿立方米，不仅是淮河入江口，而且是南水北调东线工程取水口。为了确保"一江清水向北送"，重点整治污染企业以及码头等，旧船

---

① 任松筠、田梅等：《扬州江都水利枢纽：南水北调，从这里发源》，《新华日报》2020 年12 月 16 日。

厂变身长江大保护主题馆。建设占地4400亩的三江营省级湿地公园，新建成片造林1700亩。三江营先后被纳入江苏省长江大保护和绿色发展百项特色示范工程、江苏省20个沿江特色示范段工程。2023年7月，作为第一批8个江苏省"生态岛"试验区之一，建设三江营"生态岛"试验区。江都区建成南水北调源头公园。三江营以生态见长，和江都水利枢纽组合，共同服务于南水北调东线工程。

（二）存在的主要问题

一是"守"。思想偏于保守，思路尚不够开阔，对文化遗产保护和利用意识不强。2000年，十二圩镇被撤销，分别并入新城镇和朴席镇。2005年，成立十二圩街道，后调整为仪征市开发区十二圩办事处。十二圩镇建制的撤销对历史文脉造成了一定程度的破坏，也不利于申报项目和规划建设。扬州城区近50万平方米的直管公房，仍有不少闲置房屋产权未能实现有效管理利用。

二是"缺"。即规划的缺失或者不配套。2022年4月，《大运河国家文化公园（江苏段）建设保护规划》出台，长江国家文化公园（江苏段）建设规划尚未出台。目前，扬州市还未出台大运河、长江国家文化公园建设规划。有的规划缺少大视野、大格局。施桥（六圩）作为新运河和长江交汇点，苏北运河南大门施桥船闸是我国内河年货运量最大的船闸，未被列入文化公园规划。

三是"难"。首先，大运河、长江国家文化公园建设缺少理论和技术支撑，实际建设进度和成效不尽如人意。其次，大运河、长江文化遗产分属于不同单位或部门，"各自为政"，组织协调难。受大环境的影响，地方领导人对文化公园建设的重视程度下降，实物投入不足，重点项目、重要活动明显趋少趋缓。

四是"差"。部分沿江地区基础设施和基本面貌比较差。2019年，扬州市委提出"把瓜洲片区打造成扬州大运河文化带建设的龙头工程"，未见大的动作，瓜洲多年"开而不发"，与人们心目中的瓜洲落差比较大。教场曾是明清时期驻军的操练场地，后逐渐发展成为商业、文化、游乐之地。该项目也"开而不发"。

五是"少"。文创模式形态不够丰富，在运用新理念、新手段、新技术等方面尚有许多欠缺。"头部玩家"故宫博物院一年的文创收入16亿元，苏州博物馆一年的文创也近亿元。① 扬州许多文博场馆缺乏爆款文创产品。

四　对策建议

（一）解放思想，迎难而上

虽然表面上大运河、长江国家文化公园规划和建设进度滞后，但扬州不能"等"，需要进一步解放思想。扬州中国大运河博物馆建成开放3年，已经迎来1000万观众。据旅游部门监测，因为参观大运河博物馆，游客逗留扬州的时间平均增加了4个小时，其中相当一部分人选择住在扬州，经济效益和社会效益可观。扬州要拿出当年牵头大运河申遗的"精气神"，变"要我做"为"我要做"，以攻坚姿态，破解难题，形成更多的实物工作量及成果，让"好地方"的形象更有分量。要通过专题教育、典型引路、政策激励和资金扶持等方式，推动解放思想，敢于出圈，以江苏主力军的姿态，把大运河、长江国家文化公园的文化内涵和时代价值充分挖掘出来，做成可体验的文旅产品，凸显三水（长江、淮河、运河）地域特色。

（二）创新组织协调机制

树立协同建设意识，创新协调机制。大运河、长江沿线文化遗产涉及许多部门或单位，有"九龙治水"之说。要健全协同管理体制机制，构建跨层级、跨部门的协调制度，如联席会议制度等。

一是整合资源。加大不同地区之间的优势互补，搭建公共服务平台，完善基础设施建设，打破区域、政府部门之间的壁垒，促进协同合作，形成合力。

---

① 徐国兵：《文博文创 时代的新热点》，《扬州日报》2024年9月2日。

二是加强协同。建议由扬州市委宣传部牵头，有关市、县、区为责任主体，有关职能部门配合，协同推进。要强化市发改委在项目申报、建设和管理中的组织协调作用，以大项目建设带动国家文化公园提质增效。

三是配套政策。瞄准关键节点和重点任务，集成设计文化公园建设政策。坚持有效市场与有为政府协同推进，以政策合力、部门合力保障文化公园建设。加快要素的自由流动，形成统一市场。要加大投入。除了政府提供必要的引导资金外，要鼓励民资和外资进入。在产业、税收、财政等方面出台针对公园建设的补偿配套政策，通过规范推广政府和社会资本合作模式，发挥财政资金引导作用，撬动社会资本参与建设。加大专项资金支持力度，给予税收优惠政策，扶持文化公园建设。

（三）制定和"压茬"推进专项规划及年度计划

要结合第四次全国文物普查，系统摸清大运河、长江文化资源家底。问计于民，召开由政府、学界、产业界参与的研讨会、座谈会等，明确大运河、长江国家文化公园建设的主要目标和实现路径以及重要举措。以项目化建设和特色活动强力推动。积极借鉴外地经验，总结推广本土典型经验，打通"堵点"、解决"难点"、消除"痛点"，促进良性循环。

要结合"两带（运河文化带和长江经济带）两园"建设的基本要求，针对"T"型结构的特点，强化功能定位，盘活古代漕运盐运、现代水利水运等特色资源。如沿江地区，除了国家文化公园"诗渡瓜洲"和"江上盐都"十二圩，建议增设江苏文化公园和扬州文化公园，形成梯队建设、滚动发展。建议将江苏规划中的"江都水利枢纽（江都区博物馆等）"，改为"江都水利枢纽（三江营）"，主题为"南水北调东线源头"。当年陈毅率领新四军渡江北上第一站、"紫石英"号事件、渡江战役等重大事件先后在此展开，这里成为红色热土。增设扬州文化公园"江河口门"施桥：以施桥船闸、六圩口门为重要节点，以运河、长江航道为纽带，以扬州港和镇江港、镇江焦山公园、谏壁船闸为支撑的运河、长江交互式复合型世界航运窗口，形成"古运河看三湾，新运河看施桥"的胜景。总之在上述四个江河交汇处建设复合式文化公园群：十二圩和瓜洲以古代盐运、漕运枢纽为主要特色；施桥（六圩）和江都水利枢纽（三江营）以新运河现代航运、南水北调东线源头为主要标识，这样构成西"古"东"新"、功能互补的文化公园群，彰显水利扬州、水运扬州、水韵扬州的"三水"特色。

（四）以扬州"工匠"技艺推进重点项目建设

1. 争取将淮扬运河列为大运河国家文化公园示范段

2022 年 3 月，全国政协委员、南京大学教授贺云翱建议将淮扬运河段打造成大运河国家文化公园"国家级示范段"；2023 年 3 月，全国人大代表、时任扬州市市长王进健建议将淮安—扬州段打造成大运河国家文化公园"国家级示范段"。要积极做好后续争取工作，以获得国家政策、项目和资金上的支持。由于淮扬运河长 170 多公里，全线建设国家文化公园难度比较大，建议先重点建设邵伯船闸至六圩口门段和湾头至瓜洲段，作为示范带。

2. "七河八岛"申报国家水利遗产和大运河国家文化公园

从明万历二十四年（1596 年）开挖第一条淮河入江水道金湾河，到清道光八年（1828 年）筑最后一条入江水道新河，长达 230 多年，形成了"七河八岛"。"七河八岛"集中体现了先民们因势利导治淮保运的水工智慧和技艺，是天然的生态文化公园。建议"七河八岛"申报国家水利遗产和大运河国家文化公园。要充分利用丰富的水文化和绿色资源，让 78 公里环岛路"联"起来，内外 2 条水路游览线"串"起来，重点建设水上运动和生态康养品牌，实现"全域皆能游"。近几年，欧洲维景和上海等地游轮公司有意开辟京杭运河扬州段水上游，因海事准入等问题搁浅。建议进行可行性研究，创造条件引入高端旅游业态。

3. 优化"江上盐都"和"诗渡瓜洲"

建议恢复十二圩镇的建制，以便保护、传承和利用十二圩文化。开发"盐"续千年主题游径，打造"盐"学特色旅游街区。以南门大码头拦潮闸、三河片区东门水门等运河水工遗产资源为核心，打造沉浸式、体验式运河风情区。扬州市要切实解决瓜洲多年"开而不发"的问题。要改造和提升"古渡公园"和"春江花月夜"等重要景点。为了满足人们对古代瓜洲的向往，适当复制具有代表性的景点，并通过现代数字技术全景展示不同时期的瓜洲。建议在瓜洲泵站水利主题公园建设扬州长江文化展示馆。

4. 积极做好向上争取工作

首先，尽早启动中国大运河世界遗产点（段）扩容工作。中国大运河成功申遗已有 10 多年。为了扩大大运河世界遗产规模，要尽早开展大运河世界遗产点（段）扩容工作。目前扬州已初步筛选 43 个点作为预备名单。建议积极争取国家推动此项工作，同时，充分做好前期准备工作，力争让更多的大运河遗产点（段）进入预备名单。积极争取继续由扬州市担任扩容牵头城市。

其次，积极争取于 2025 年在扬州召开中国大运河学会成立大会，并将学会秘书处设在扬州。组织力量深化研究大运河、长江文化，为扬州早日建成大运河、长江国家文化公园示范城市提供智力支持。

淮扬历史文化研究

张謇与中国图书事业的现代化

张　进[*]

摘　要：清末民初，近代儒商的重要代表张謇积极投身近代图书事业，试图发挥其社会教育功能，促成近代中国社会的进步。由于时代发展的制约和个人力量的局限，张謇的近代图书事业既显示出一定的现代化特色，又存在一些缺憾和不足。

关键词：张謇　近代中国　图书事业

晚清民国时期是中国近代图书馆的创建阶段，也是近代图书事业现代化发展的重要时期。作为近代儒商的领军人物，张謇在大力发展近代民族工商业的同时，也在文化、教育等社会事业上努力向西方学习，通过积极创办近代图书事业，成为近代中国图书馆现代化的重要实践者和推动者。张謇对近代中国图书事业的现代化寄予厚望，以期推动近代中国社会的全面进步，进而实现国家的富强和文明。

一　张謇创办近代图书事业的思想缘起

近代以降，中国图书事业开启现代化的进程。甲午战争后，开启民智、普及新知日益成为社会思潮的主旋律，推进图书事业也一度成为近代上自封疆大吏、下至开明士绅的共同心声。作为近代儒商的重要代表，张謇对近代图书事业现代化的尝试，既反映社会思潮的时代走向，也符合近

* 张进，博士，扬州大学淮扬文化研究中心副教授，研究方向为中国近现代学术史等。

代中国社会发展的现实需求。张謇创办图书事业的实践，充分显示其关注国计民生的责任意识和公益思想。

（一）效仿西方，实现富强

甲午战争后，随着西学东渐的不断深入，张謇对近代图书事业的重要地位和社会功效有了比较清晰的认识。张謇通过对比明治维新前后日本国运的显著变化，清醒地认识到近代中国要实现国富民强必须普及新知、培养人才，这就需要充分发挥近代图书事业的社会教化功能。

1903年的东瀛之行，为张謇近代图书事业提供了思想理论源泉并成为其图书现代化实践的起点。张謇通过对日本各地图书事业建设现状的考察，对日本及西方各级政府重视图书事业有了极其深刻的印象，"夫近今东西各邦，其所以为政治学术参考之大部以补助于学校者，为图书馆、为博物苑。大而都畿，小而州邑，莫不高阁广场，罗列物品，古今咸备，纵人观览"①。基于此认识，张謇甚至将西方的国富民智的重要原因，归结为近代图书事业的全面发展，"泰西之有公用之图书馆也，导源于埃及、希腊，迨罗马而益盛，今则与学校并重，都会县邑具有之。无惑乎其民愈聪，国愈丰"②。

（二）保存典籍，嘉惠后学

张謇发展近代图书事业也包含着保护国粹、传承文化的良好愿望，这既体现其强烈的民族意识，又显示其爱国拯民的思想境界。1903年，张謇亲自上书学部，恳请清政府必须重视和发挥近代图书事业的社会功能，"上可以保存国学，下可以嘉惠士林"③。江苏光复期间，由于张勋纵兵劫掠，南京私家藏书面临巨大困境，"大官缙绅流寓之家藏书狼藉、剷割拉

---

① 张謇：《上南皮相国请京师建设帝国博览馆议》，载李明勋、尤世玮主编《张謇全集》（1），上海辞书出版社，2012，第114页。
② 张謇：《古越藏书楼记》，载李希泌、张椒华主编《中国古代藏书与近代图书馆史料》（春秋至五四前后），中华书局，1982，第111页。
③ 张謇：《上学部请设博物馆议》，载李明勋、尤世玮主编《张謇全集》（1），上海辞书出版社，2012，第114页。

摧、残落藩溷者不可记"，张謇对此更是忧心如焚，最终通过不断奔走、多方谋划，力保清凉山藏书楼的图书古籍毫发无损，"尽謇与二三耆老之力"①。民国初年，由于战争的持续破坏以及海外文物走私猖獗，文物古籍管理和保护工作迫在眉睫，张謇为此特意向北洋政府建言，应当尽快设立专门的政府管理机构，"设不及时保存，护兹国粹，恐北而热河，东而辽沈，昔日分藏之物，皆将不翼而飞"②。张謇在提出倡议的同时，通过南通博物苑和南通图书馆，不遗余力地向地方社会公开征集文化典籍，其中仅南通图书馆就征得各类线装书籍 14 万余卷。

由于近代中国不断遭遇外强欺凌，文化典籍也遭受重创，张謇对此也是忧心忡忡，"往时鼎革兵燹之余，纵播越于民国，只澜翻于中国。今则绀发碧瞳之客、晴洲虾岛之儒，环我国门，搜求古物。我之落魄士夫醉心金帛，不惜为之耳目，稗贩驰驱"③。面对西方的文化劫掠，张謇在痛心疾首之余，也苦思冥想应对之策，他通过对西方战史和国际法的仔细研究，提出以国际公法保护中国传统典籍的主张，"抑闻公战法所在地，图书馆、博物苑之属，不得侵损，损者得索偿于其故"④。

（三）群体互动，文化浸润

作为状元实业家，张謇深受中国传统文化的熏陶和影响，正如其所言"言商仍向儒"⑤。张謇的儒商身份，决定其社会交往也具有浓郁的文化色彩，其中包括一大批近代图书收藏和版本目录名家，如翁同龢、潘祖荫、盛昱、沈曾植、沈曾桐、缪荃荪、陶湘、蒋汝藻、刘聚卿等。在长期的互动交流下，张

---

① 张謇：《南通图书馆记》，载李明勋、尤世玮主编《张謇全集》（6），上海辞书出版社，2012，第 446 页。
② 张謇：《国家博物院图书馆规画条议》，载李明勋、尤世玮主编《张謇全集》（4），上海辞书出版社，2012，第 278 页。
③ 张謇：《国家博物院图书馆规画条议》，载李明勋、尤世玮主编《张謇全集》（4），上海辞书出版社，2012，第 278 页。
④ 张謇：《南通博物苑品目序》，载李明勋、尤世玮主编《张謇全集》（6），上海辞书出版社，2012，第 396 页。
⑤ 张謇：《钱翁》，载李明勋、尤世玮主编《张謇全集》（7），上海辞书出版社，2012，第 191 页。

謇在图书的收藏、保护和利用等方面耳濡目染，受到潜移默化的影响。事实上，这一群体对张謇的近代图书事业也助力颇多，除了图书事业的理念渗透，更有图书资源的实际支持。张謇在创办南通图书馆时就得益匪浅，仅陶湘就赠书 22645 卷，储南强也捐赠佛经 18416 卷，而蒋汝藻、刘聚卿等则提供大量珍稀图书以供抄录、收藏。在张謇友人的助力下，南通图书馆的藏书规模也得以迅速扩大，至 20 世纪 20 年代初，南通图书馆的藏书数量达 14 万卷，大小馆舍有 67 间，在近代中国的县级图书馆中可谓首屈一指。①

二　张謇近代图书事业的先进理念

经过甲午战争，张謇清醒地认识到近代中国落后的根源，主要还是归结于科学、教育的滞后，因而主张通过发展近代图书事业，发挥其文化教育的辅助功能，促进社会的文明进步。

（一）发挥教化功能

张謇作为近代中国现代化的先驱，无论在思想理念层面上，还是在实践探索领域，都可谓先行一步。张謇的高明之处，就是将近代中国图书事业的现代化，从思想认知转化为具体实践。20 世纪初，张謇强调"图存救亡，舍教育无由，而非广兴实业，何所取资以为挹注。是尤士大夫所当兢兢者矣"②。张謇在创办近代新式教育过程中，对西方国家"图书之多，乃往往轶我上"③ 的事实，有着深刻的认识和体验，故其力主将近代图书事业作为文化教育的重要资源之一。张謇没有把希望寄托在政府方面，而是身体力行、率先尝试。20 世纪初，张謇本着"学之不可以无征"④ 的理

---

① 马敏：《营造一个和谐发展的地方社会——张謇经营南通的启迪》，《华中师范大学学报》2006 年第 2 期，第 46 页。

② 张謇：《柳西草堂日记》，载李明勋、尤世玮主编《张謇全集》（8），上海辞书出版社，2012，第 566 页。

③ 张謇：《南通图书馆记》，载李明勋、尤世玮主编《张謇全集》（6），上海辞书出版社，2012，第 447 页。

④ 张謇：《南通博物苑品目序》，载李明勋、尤世玮主编《张謇全集》（6），上海辞书出版社，2012，第 396 页。

念，先后创办南通博物苑和南通图书馆，其中南通博物苑融博览馆和图书馆为一体，而"南通图书馆为补助教育之一"①。他认为图书馆的创设，可以发挥社会教育之功能，使国人多从中获益，从而提升整体社会的文明程度，"窃维东西各邦，其开化后于我国，而近今以来，政举事理，且骎骎为文明之先导矣。撢考其故，实本于教育之普及，学校之勃兴。然以少数之学校，授学有秩序，毕业有程限，其所养成之人材，岂能蔚为通儒，尊其绝学？盖有图书馆、博物院，以为学校之后盾，使承学之彦，有所参考，有所实验，得以综合古今，搜讨而研论之耳"②。

（二）突出流通功能

晚清民国时期，新式图书馆与传统藏书楼长期共存并立。传统藏书楼，无论官办，还是私设，藏书不过是财富的象征，"但朝廷之征求，尊为中秘之藏，而四家之搜辑，则囿于方隅，限于财力，故局键锢箧，私于其家者有之，不能责以公诸天下也"③。旧式藏书楼的主要功能就是收藏图书，图书的流通功能和使用效益相对薄弱，对教育的助益极为有限。张謇严厉批评藏书楼重藏轻用、藏而不用，甚至引发书籍散佚的弊端，"顾为制大而收效寡者，则以藏庋宝于中秘，推行囿于一隅。其他海内收藏之家，扃鐍相私，更无论矣"④。张謇认为"私家藏书之不可恃"⑤，所以力主建设近代图书馆。

与近代中国绝大多数学子有着类似的经历，张謇在早年求学过程中也曾遭遇许多实际困难，对图书阅读和获取的不易有着深刻体验，故其

---

① 张謇：《至陈星南函》，载李明勋、尤世玮主编《张謇全集》（3），上海辞书出版社，2012，第793页。

② 张謇：《上学部请设博物馆议》，载李明勋、尤世玮主编《张謇全集》（1），上海辞书出版社，2012，第113页。

③ 张謇：《上南皮相国请京师建设帝国博览馆议》，载李明勋、尤世玮主编《张謇全集》（1），上海辞书出版社，2012，第114页。

④ 张謇：《古越藏书楼记》，载李希泌、张淑华主编《中国古代藏书与近代图书馆史料》（春秋至五四前后），中华书局，1982，第111页。

⑤ 张謇：《南通图书馆记》，载李明勋、尤世玮主编《张謇全集》（6），上海辞书出版社，2012，第446页。

主张创办近代图书事业，以解决广大学子的现实困难和实际需求。张謇虽与许多藏书楼主私交密切，但他旗帜鲜明地反对藏书楼传贻子孙的秘藏之法，提出近代中国应当创设新型的"公用之图书馆"，"使私家所藏，播于公众，永永宝藏，期无坠逸"①。近代图书馆的基本功能就是对社会公众开放，与古代藏书楼以收藏为主的性质有着本质区别。张謇这些主张充分说明他对近代图书馆的功能有了明确认识，已经具有一定的现代化色彩。

（三）强调实用功能

张謇反对和改变藏书楼的私藏做法，归根结底就是淡化图书的收藏价值和版本意义，强化其阅读意义和社会流通功用。张謇在图书收藏中，并不一味追求精本、善本等珍稀书籍，显然其并不刻意讲究图书的版本价值，而是更加注重图书的实际流通性和应用性。

南通图书馆创立伊始，张謇就公开强调"南通图书馆为通俗教育之一，与藏书家目的稍异。故书求其多，而不必精本"②。他公开否定旧式藏书楼的秘藏作法。"謇之意，宁惟是蒐异本，数精椠，胪百宋于一廛，插千元于十架，南角黄范，北踪陈王，接栋陈庭，夸宾猎诶，等球鼎古物之藏，供蝉蜓剥蚀之饱，抑不惟扩私藏为公有，脱子孙之荡鬻，苟惟是荡鬻之防而已。即公有，宁无夜窭负大舟而趋者，大盗剧贼与不肖子孙奚择焉？惟是防蟫蜓而已，无益于人之诵读，而徒朝夕棘棘为物役，奚取焉？"③ 张謇采取的主要路径有二，一是公开向社会各界征集图书，二是通过向好友借阅并加以抄写，因此获得大量图书，这使得南通图书馆的馆藏数量不断攀升。张謇强化近代图书事业的社会流通、实际利用功能，这也是张謇与旧式藏书家的一个重要区别。

---

① 张謇：《上南皮相国请京师建设帝国博览馆议》，载李明勋、尤世玮主编《张謇全集》（1），上海辞书出版社，2012，第117页。

② 张謇：《复陈约斋函》，载李明勋、尤世玮主编《张謇全集》（3），上海辞书出版社，2012，第1262页。

③ 张謇：《南通图书馆记》，载李明勋、尤世玮主编《张謇全集》（6），上海辞书出版社，2012，第447页。

三 张謇近代图书事业的主要特色

张謇既具有比较深厚的传统文化底蕴，又抱有学习西方的开明态度和进取精神，其近代图书事业具有鲜明的中西汇通的基本特色。

（一）根据具体国情，建设近代图书事业

创建近代图书事业需要消耗大量社会资源，如果没有政府的支持，必将举步维艰，因此张謇在清末民初一直呼吁政府能够出资建设国家图书馆。1905 年，张謇先后撰写《上南皮相国请京师建设帝国博览馆议》与《上学部请设博览馆议》，建议清政府能够建设兼具博览馆和图书馆双重性质于一身的帝国博览馆，"庶使莘莘学子，得有所观摩研究以辅益于学校。则此举也，揆诸时局，诚不可缓"①。1913 年，张謇又为北洋政府制订《国家博物院图书馆规划条例》，再次倡导建立国家图书馆。

出于对近代中国国情的清醒认识，张謇提出应当分步推进、稳步建设近代中国图书事业。张謇的最初设想，就是将图书馆、博物馆合而为一，等待条件成熟之后再建设专门的图书馆，"今为我国计，不如采用博物图书二馆之制，合为博览馆"②。张謇还明确表示自己之所以先行创办通州博物馆，"不能特建图书馆，故于此略兼，限于通属，范围较狭"③。这说明张謇在发展近代图书事业中，并不照搬西方模式，而是考虑具体国情，适当加以变通。

（二）图书分类，强调古今结合，兼顾中西

晚清民国时期，传统图书收藏分类以四库图书分类法为主，不过由于

---

① 张謇：《上南皮相国请京师建设帝国博览馆议》，载李明勋、尤世玮主编《张謇全集》（1），上海辞书出版社，2012，第 115—116 页。
② 张謇：《上学部请设博览馆议》，载李明勋、尤世玮主编《张謇全集》（1），上海辞书出版社，2012，第 113 页。
③ 张謇：《致缪荃孙函》，载李明勋、尤世玮主编《张謇全集》（3），上海辞书出版社，2012，第 1651 页。

西方书籍的持续输入以及近代中国新式图书的大量出版，中国传统的图书分类方法已经无法涵盖所有图书类别，显然需要与时俱进、推陈出新。当时，国内的一般做法就是在经史子集之外增设新的栏目，即"各省图书目录，多沿用四库四部之成规，又知四部目录，不能统中国图书，概括无遗，而于四部外，别增目录，以补不备，糅杂参差，无一完善目录，可供应用"①。

出于现实的考量，张謇也采取这一做法，在沿袭传统分类法的同时，主张兼用西方图书分类法，南通图书馆藏中国图书就分为"经、史、子、集、丛五部，按部而分庋之"②。不过，张謇强调分类时必须注重客观现实，主张中西图书应当区别对待、各有侧重，体现出更大的灵活性和开放性，即"图书则中籍仍以经史子集为经，时代先后为纬。东西译籍当以科学门类为经，时代先后为纬"③。客观来说，近代中国虽然新式图书层出不穷，但图书馆藏书仍以传统图书为主。张謇的这一做法，既符合近代中国图书流通的现状，也能跟上时代发展的节奏，具有中西结合、洋为中用的实际功效。

（三）重视收藏西方图书，呈现兼收并蓄的开放态度

随着西方科学技术的发展，各种专业书籍也是层出不穷，张謇主张近代中国应该广泛引进西方书籍，"以证通我六经诸子之说，以融德艺，以大启我后进。审己而抉科，分程而遒轸，以神佐世宏儒者之效"。为此，张謇提出一个收藏西方图书的宏大计划，"謇诚不敏，诚薄劣，妄欲甄集泰西旧新有用之书十万册"④。不过，由于时代和条件的限制，张謇无法实现其心愿。虽经多方努力，南通师范学校图书馆在1918年时所藏外文书籍

---

① 沈祖荣：《中国各省图书馆调查表》，载沈祖荣著，丁道凡搜集编注《中国图书馆界先驱：沈祖荣先生文集》，杭州大学出版社，1991，第4页。
② 通海日报馆编辑部编《二十年来之南通》，南通县自治会1938年印行，第95页。
③ 张謇：《国家博物院图书馆规画条议》，载李明勋、尤世玮主编《张謇全集》（4），上海辞书出版社，2012，第280页。
④ 张謇：《南通图书馆记》，载李明勋、尤世玮主编《张謇全集》（6），上海辞书出版社，2012，第447页。

只有 308 册，其中日文 108 册、西文 200 册。① 截至 1938 年，南通图书馆不过藏有"西洋书六百部，东方书三百部"②。

此外，张謇尤其关心妇女、儿童等特殊群体，专门设立儿童阅览室、妇女阅览室和巡回书库，为其阅读提供各种便利。张謇对图书馆馆长的任职条件提出明确要求，即必须具备深厚的学贯中西的学术功底，同时具有较为扎实的文献学、目录学、版本学、考据学等多学科的知识和能力。针对西方科学技术书籍广泛出版的现状，张謇还提出预留书库便于典藏的设想，"近数十年中，欧美各国科学日新，述作益侈，宜留余屋以待旁搜"③。这些都说明，张謇在近代图书事业现代化的进程中既具备因地制宜、实事求是的精神，又拥有宽广的视角、开放的姿态，从而能够大胆鼎新革故、敢于创新。

四　张謇近代图书事业的局限

经过不懈努力，张謇的近代图书事业取得了长足进步，社会功效也得到明显发挥，正如著名图书馆学家沈祖荣的赞誉："南通图书馆，办理得当，其中看书之人非常踊跃。推原其故，因张季直老前辈热心公益，既捐款项，又捐书籍，极力提倡，乃有此好现象。事在人为，信不虚也。"④ 不过，张謇的图书事业与预期效益之间还存在一定差距，留有一些不足和遗憾之处。

（一）建馆初衷未能真正实现

南通图书馆的读者人数和图书流通状况一直不够理想，图书的开放

---

① 沈祖荣：《中国各省图书馆调查表》，载沈祖荣著，丁道凡搜集编注《中国图书馆界先驱：沈祖荣先生文集》，杭州大学出版社，1991，第 4 页。
② 通海日报馆编辑部编《二十年来之南通》，南通县自治会 1938 年印行，第 95 页。
③ 张謇：《国家博物院图书规画条议》，载李明勋、尤世玮主编《张謇全集》(4)，上海辞书出版社，2012，第 280 页。
④ 沈祖荣：《民国十年之图书馆》，载沈祖荣著，丁道凡搜集编注《中国图书馆界先驱：沈祖荣先生文集》，杭州大学出版社，1991，第 15 页。

性、流通性及社会辅助功能均不能令人满意。其中的重要原因，就是藏书类型与实际需求之间的不相符合，无法满足读者的兴趣和爱好。

近代以来，中国社会现代化的趋势日益显著，科技知识、思想文化、社会心理等方面与传统社会的疏离不断显现。随着科举制的废除，人们的求知欲望和阅读兴趣也悄然变化，对图书的实际需求也改变了。20世纪初，张謇就发现"慨自科举停废，士竞科学，以文字为无用，致废书而不观"①。进入民国之后，这一趋势的发展则更为明显，国人对传统文化典籍的冷落成为一种普遍现象，"现在阅书诸人喜阅小说及科学书"②。南通图书馆的馆藏图书多以传统文化典籍为主，与读者的实际需求存在结构性矛盾，不能适应社会发展的新变化和新趋势，难以激发读者的阅读热情，直接导致图书流通状况不尽如人意，乃至于张謇发出"自欧风东渐，新说明兴，国学渐湮，册籍四散，世趋所迫，诚无如何"③的感叹。

另外，南通图书馆的借阅条例较为严格，一定程度上也制约了读者借阅的积极性。张謇为南通图书馆制定的条例中，明确规定图书非经馆员许可不得外借，借阅者还要缴纳一定的费用。"阅书章程极严，订阅全年者，取费二元；零星取阅者，日取铜元二枚，但须有校之介绍书，否则一概拒却。"④虽然借阅费用并不算大，但在国人经济并不宽裕、阅读意愿并不强烈的背景下，这也可能成为图书流通的障碍，正如著名学者沈祖荣的评述："中国阅书人少，人民求学之心力薄弱，毋庸讳言。然各馆图书阅书取资，亦足阻碍来学之心……盖图书馆为公共求学之所，应实行开放主义，不取分文，以资提倡。"⑤

---

① 张謇：《通海中学附国文专修科述义并简章》，载李明勋、尤世玮主编《张謇全集》（5），上海辞书出版社，2012，第112页。

② 《浙江公立图书馆呈民国四、五年度阅书统计》，载李希泌、张椒华主编《中国古代藏书与近代图书馆史料（春秋至五四前后）》，中华书局，1982，第330页。

③ 张謇：《为图书馆征求乡先生遗著启》，载李明勋、尤世玮主编《张謇全集》（5），上海辞书出版社，2012，第137页。

④ 通海日报馆编辑部编《二十年来之南通》，南通县自治会1938年印行，第95页。

⑤ 《中国各省图书馆调查表》，载沈祖荣著，丁道凡搜集编注《中国图书馆界先驱：沈祖荣先生文集》，杭州大学出版社，1991，第7页。

（二）个人力量无法胜任社会公共事业

张謇具有高度的社会责任感，希冀通过个人的不懈努力和执着追求，推进近代中国图书事业的发展。早在 1904 年，张謇就有意"仿照东西各国图书馆章程"，建设图书馆面向社会开放图书，"謇持此说，亦尝有此志焉，欲效先生之所为，而亦欲海内藏书家皆效先生之为也"①。不过，囿于用地和资金等客观条件的制约，四年之后张謇的"图书馆则全无凭藉"，"卜地非无其所，而建屋苦于无资"。② 此后，张謇几乎依靠自己的一己之力，支撑了近代南通图书事业的发展。正如张謇坦言，南通图书馆"先后凡用银二万六千二百四十三圆，岁用之银二千四百圆或强，皆謇任之。书出自謇者十之六，贻诸友好者十之四，不以累乡之人"③。

近代图书馆作为社会事业，需要大量经费的投入，离开政府的支持，也是困难重重。张謇虽然具有相当的经济实力，但也遇到许多实际问题，许多时候也是力不从心，正如张謇在无力收购莫仲武的私人藏书时所坦言："尊藏之籍，比以重目稍多，且绵力不胜重值，故暂从割爱。倘许择目计划，暂作存款，分年奉还，请即以目相示，不胜大愿。盖于地方事负任过多，渐有捉襟见肘之势，此亦不自量之过也。"④ 1905 年，张謇原本设想一步到位建成专门的图书馆，但迫于现实而改建为南通博物苑，归根结底还是财力不济，直到 12 年后，张謇才得以实现初衷，连他自己都感叹："事固有必为，时固有适至，必为而时不至焉则需，适至而事可为焉则决，张謇于南通图书馆是已。"⑤ 南京光复后，张謇曾有意将岳庙改建为

① 张謇：《古越藏书楼记》，载李希泌、张淑华主编《中国古代藏书与近代图书馆史料》（春秋至五四前后）》，中华书局，1982，第 111 页。
② 张謇：《请建图书馆呈》，载李明勋、尤世玮主编《张謇全集》（1），上海辞书出版社，2012，第 159 页。
③ 张謇：《南通图书馆记》，载李明勋、尤世玮主编《张謇全集》（6），上海辞书出版社，2012，第 447 页。
④ 张謇：《致莫仲武函》，载李明勋、尤世玮主编《张謇全集》（2），上海辞书出版社，2012，第 453 页。
⑤ 张謇：《南通图书馆记》，载李明勋、尤世玮主编《张謇全集》（6），上海辞书出版社，2012，第 447 页。

图书馆，但因地方势力从中作梗而被迫放弃初衷，"民国元年，里少年议尽毁诸神祠。謇于是谋诸兄谋耆老，特留祀典州县长官应礼祀之神，而汰别僭滥，改帅庙为医校，因岳庙为图书馆。夫鉴江宁清凉山书楼之尚存，则图书馆主事乃必为而不可已。而因里少年毁诸神庙汹汹不可遏之锋，则图书馆之时乃适至而不可失"①。

　　1915 年，张謇收购莫利逊（英国《泰晤士报》驻华记者）藏书的挫败，充分说明其推动近代图书事业进程中的无比艰辛和诸多无奈。莫利逊曾为袁世凯的私人顾问，离华回国之前，他准备出售其全部藏书。莫利逊藏书的收藏价值极高，"其搜罗之详，记述之富……无异旷世之珍宝"②。张謇闻讯后，立刻多次托人接洽，试图收购，由于张謇只能开出"付现五千，存款一万，作年息七厘"③ 的报价，与莫利逊的要求存在较大差距，最终莫氏藏书被日本的岩崎男爵买走，令张謇心痛不已。或许有人认为，区区款项，张謇何以无力承担？仔细考量，是因为张謇承担了过多的社会责任，财力上早已捉襟见肘、不堪重负。当时，由于袁世凯复辟，全国经济萧条，张謇的南通大生纱厂的生产经营也出现严重困难，盈利水平处于历史低点，"盖天灾人祸之相逼而来，亦人力之莫可奈何者……此亦十年来未有之现状也"④。因此，张謇对莫利逊藏书力不从心也并不为奇。虽然这仅是个案，但是它反映了近代国人在图书事业现代化进程中普遍存在的共性问题。这也从一个层面说明，在近代中国推进诸如图书馆之类的社会事业，仅仅依靠少数人的身体力行还是困难重重的。

---

① 张謇：《南通图书馆记》，载李明勋、尤世玮主编《张謇全集》（6），上海辞书出版社，2012，第 447 页。
② 愈之：《记莫利逊氏之藏书》，载李希泌、张淑华主编《中国古代藏书与近代图书馆史料》（春秋至五四前后）》，中华书局，1982，第 532 页。
③ 张謇：《致沙元炳函》，载李明勋、尤世玮主编《张謇全集》（2），上海辞书出版社，2012，第 528 页。
④ 南通市档案馆、南京大学历史研究所、南京大学留学生部江南经济史研究室编《大生纺织系统档案选编Ⅰ》，南京大学出版社，1987，第 104 页。

论刘师培的无政府主义思想

王　韬*

摘　要：热衷"暗杀"之道的刘师培赴日后接受了无政府主义以互助取代竞争，把进化再度等同于道德进步的理论；受我国传统"平均"观念和卢梭《民约论》影响，刘师培主导的"东京小组"有别于"巴黎小组"，赋予平等原则以优先性；刘师培不仅提出"废兵废财"，反对洋务运动以来"足兵足食，日臻富强"思路，还背离了自己曾一再强调的"夷夏之防"，反对"排满"革命；无政府主义与世界语的关系密不可分，刘师培一面宣传世界语，一面又欲扩中土文字之用；女权主义与无政府主义在我国近代携手而行，其共通之处在于"毁家"主张。

关键词：无政府主义　世界语　刘师培

刘师培何以到日本后开始宣扬无政府主义？这一思想转向或因"倒孙风波"所致。他挑起同盟会内讧，与章太炎、张继等人力促孙中山下台，却被黄兴、刘揆一阻止。此后他试图于革命、立宪之外，另开山门，便与张继等创办"社会主义讲习所"，提倡无政府主义。本文试图从学理的角度全面阐述刘师培的无政府主义思想，辨析"东京小组"区别于"巴黎小组"的理论依据。

---

* 　王韬，江苏省社会科学院文学研究所研究员，研究方向为中国近代文学等。

一　从谋划"暗杀"到提倡"互助"

英语中的"无政府"（Anarkia）一词音译为"安那其"，意即"没有统治"。无政府主义的宗旨是否决一切社会权威模式，建立没有暴力机构的乌托邦。然而，为了反抗专制暴政，无政府主义者的行动也诉诸暴力，"暗杀"乃是无政府主义者最热衷的手段。既然专制向个人基本自由发出挑战，刺客就作为个人去应战，既然暴政已经习惯于"血流漂杵"，那么刺客就回报以"血债血偿"，如金天翮所言："十步之内，剑花弹雨浴血相望，入驺万乘，杀之有如屠狗。"① 近代无政府党的赫赫声名正得自于个人对专制政权的以暴制暴。而反对暴力的思想主张，基本上不外乎道德与法律这两项原则：依道德所言，一切暗杀、谋杀都是邪恶的罪行；按典律规定，所有暗杀、谋杀都是违法的处决。面对道德的声讨与法律的指控，施蒂纳（Max Stirner）为正义的暗杀、谋杀辩护道：

> 这一行动是符合道德的，因为是在为善效劳，因为并非是利己的；它是一个由个人实施的惩罚行动、一个冒着自己生命危险执行的处决。……你们承认，善不外是法律，道德不外是忠诚。你们的道德便堕落为"忠诚"的外表性，降为执法的工作神圣性，只不过这要比以往的工作神圣性更加专横、更加凶暴。②

刘师培自 1904 年策划谋刺王之春，便热衷"暗杀"之道。1905 年 3 月《警钟》被查封后，遭通缉的刘师培离开上海，他化名金少甫，在安徽芜湖组织黄氏学校，培养刺客，并加入岳王会，意图暗杀清廷政要。直到 1907 年为逃避清政府的追捕远赴日本，刘师培方知俄国无政府主义暗杀行动背后所存在的学理。他研读了克鲁泡特金（Pyotr Alexeyevich Kropotkin）、

---

① 金天翮：《自由血·绪言》，载葛懋春等编《无政府主义资料选》（上），北京大学出版社，1984，第 53 页。
② 〔德〕施蒂纳：《唯一者及其所有物》，金海民译，商务印书馆，1989，第 54~55 页。

托尔斯泰（Leo Tolstoy）、施蒂纳等人的著述，得出"无政府主义于学理中最为圆满"的结论。在幸德秋水所组织的"金曜演讲会"影响下，他与张继发起组织了"社会主义讲习会"，首次举行便明确宣称："吾辈之宗旨，不仅以实行社会主义为止，乃以无政府为目的者也。"① 《天义》创刊后，刘师培迅速转变为一个无政府主义者，成为"东京小组"的灵魂人物。

接受了无政府主义理论的"巴黎小组"和"东京小组"虽仍对"暗杀主义"兴趣不减，但他们的主要精力却转到文化批判和思想建设上，以克鲁泡特金的互助进化论来否定斯宾塞（Herbert Spencer）、赫胥黎（Aldous Huxley）的社会达尔文主义。克鲁泡特金反对斯宾塞将自然淘汰理论运用于人类社会，指出"生存竞争"一词"如果只按它的狭义——各个个体之间完全为争取生活资料而进行的竞争——来使用，就会失去它的哲学的和原有的真实意义"②。他重申了达尔文对这个词的广义解释：

> 我应当先讲明白，是以广义的和比喻的意义来使用这一名词的，其意义包含着这一生物对另一生物的依存关系，而且，更重要的，也包含着个体生命的保持，以及它们能否成功地遗留后代。③

克鲁泡特金对这个广义解释赞叹道："从个体和整体之间的竞争这个狭隘的马尔萨斯观点中产生出来的词，在一个了解大自然的头脑中便这样地失去了它的狭窄的意义。"④ 达尔文的解说与克鲁泡特金的赞美有这样两层含义：一是"生存竞争"本身便体现出生物之间的"依存"关系即"互助"关系，也就是说，食物链的实质意义在于"互助"；二是我们应该透过生存竞争的残酷看到生命形式延续的实质，自然仍是美德的学堂。但这两层含义依然会被用作暴力和诡计的借口，甚至比狭义的"生存竞争"更加伪善，所以克鲁泡特金索性以互助取代竞争，比斯宾塞更加乐观地把

---

① 公权：《社会主义讲习会第一次开会记事》，载张枬、王忍之编《辛亥革命前十年间时论选集》第2卷下册，三联书店，1960，第944页。
② 〔俄〕克鲁泡特金：《互助论》，李平沤译，商务印书馆，1963，第17页。
③ 〔英〕达尔文：《物种起源》，周建人等译，商务印书馆，1963，第77页。
④ 〔俄〕克鲁泡特金：《互助论》，李平沤译，商务印书馆，1963，第18页。

进化再度等同于道德进步，他说：

> 十分可喜的是，不论是在动物界还是在人类中，竞争都不是规律。它在动物中只限于个别的时期才有，而自然选择也不需要它而另有更好的用武之地。以互助和互援的办法来消除竞争，便能创造更好的环境。
>
> ……
>
> "不要竞争！竞争永远是有害于物种的，你们可以找到许许多多避免竞争的办法！"这是自然的倾向，虽然不是永远为人们所充分认识，但它是永远存在的。这是丛山、密林、江河和海洋给我们的铭言。"所以，团结起来——实行互助吧！这是给个体和全体以最大的安全，给他们以生存、体力、智力、道德和进步的最有保证的最可靠办法。"这就是自然对我们的教导。①

从引文中可见克鲁泡特金坚信自然即善，如此一来，他的互助论便和赫胥黎的园艺理论对立起来，因为一方把自然当作美德的学校，另一方却视其为生存的角斗场，这使得两个都反对弱肉强食的人成为论敌。赫胥黎认为人类的动物本能乃是从"祖先们那里继承过来的那份原罪"，所以每个人"必须学习'自我约束'和断绝欲念"。② 克鲁泡特金则否认这种生物学意义上的"原罪"，他同样以生物学立场列举出从禽鸟昆虫到哺乳动物联合、互助的大量例证，指出这种动物本能正是人类合群生活的源头。由此可见，克鲁泡特金的学说既通过互助挽回了进化的道德活力，又使宇宙进程和伦理进程破镜重圆。浦嘉珉（James Reeve Pusey）评价道：

> 克鲁泡特金重新点燃了这种信念，即道德在宇宙和人间的胜利，但他还是赞同达尔文的进化论，而没有求助于任何神祇。因此，对于

---

① 〔俄〕克鲁泡特金：《互助论》，李平沤译，商务印书馆，1963，第76~77页。
② 〔英〕赫胥黎：《进化论与伦理学》，《进化论与伦理学》翻译组译，科学出版社，1971，第30页。

中国而言，他的信念是无与伦比的修正，因为它使世界变得美好，使道德变得重要以及使之变得完全合乎自然。①

我国无政府主义者为互助论而欢欣鼓舞，"互助优，竞争劣"成为东京小组和巴黎小组的共同论点。刘师培的"人类均力论"理论基础正发源于克鲁泡特金的学说，他说："扰乱平和，蔑视公理，均赫胥黎诸氏'惟争乃存'一语有以误之也。'惟争乃存'，故以能竞争为强，若明于苦氏（克鲁泡特金）互助之说，则竞争者恒劣败，互助者始生存，而强权可以渐弭矣。"②作为将互助论译介到中国的第一人，李石曾作出"善的进化才是进化"的结论："良则存，公理也；不良则亡，亦公理也。故求良而已，不必求保也。进化也，革命也，无他，即求良也。"③巴黎小组在互助论与克鲁泡特金的好友邵可侣（Jacques Reclus）的进化革命论影响下，更发展出人类社会由"较善"向"至善"不断迈进的乐观主义逻辑，"较善"的过程被描述为"渐变的进化"导致"突变的革命"，"突变的革命"又为"渐变的进化"扫清障碍。进化论中渐变与突变的矛盾显然被调和了，这正是因为互助之善压倒了竞争之恶。

二 强调平等原则的"东京小组"

东京小组和巴黎小组虽均致力于将"个人的无政府主义"变得具有普遍性，让"没有统治"的乌托邦理想具有现实可行性，但两派宗旨也有区别，前者强调平等原则，后者偏重个体自由。刘师培在《无政府主义之平等观》中写道：

独立、自由二权，以个人为本位，而平等之权必合人类全体而后

---

① 〔美〕浦嘉珉：《中国与达尔文》，钟永强译，江苏人民出版社，2009，第414~415页。
② 刘师培：《苦鲁巴特金学术述略》，载万仕国辑校《刘申叔遗书补遗》（下），广陵书社，2008，第890页。
③ 李石曾：《进化与革命》，载张枬、王忍之编《辛亥革命前十年间时论选集》第2卷下册，三联书店，1960，第1044页。

见，故为人类全体谋幸福，当以平等之权为尤重。独立权者，所以维持平等权者也。惟过用其自由之权，则与他人之自由生冲突，与人类平等之旨或相背驰，故欲维持人类平等权，宁限制个人自由权。此吾人立说之本旨也。①

刘师培赋予平等原则以优先性的主要原因有两点。第一个原因是刘师培受我国传统思想中的"平均"观念影响，而否定"功利富强之说"，他认为"三代以来，以迄秦汉，其学术思想，均以弭兵抑商为宗"的古代中国，比"创强权之说，以扩张权力为宗"的近代欧美资本主义国家更具人类文明，更合世界公理。② 故刘师培结合托尔斯泰与许行的思想，提出一种中国式的"均力"无政府主义。何谓"均力"？即"以一人而兼众艺"，"依此法而行，则苦乐适均，而用物不虞其短缺。处于社会，则人人为平等之人；离于社会，则人人为独立之人。人人为工，人人为农，人人为士，权利相等，义务相均，非所谓大道为公之世焉耶"？③ 第二个原因是刘师培虽接受了无政府主义学理，却并未放弃卢梭《民约论》的启蒙思想，他所强调的平等原则优先的依据便是"天赋人权"说：

> 卢氏作《民约论》，谓人之初生，皆趣舍由己，不仰人处分，是之谓自由之民；又谓古无阶级，亦无压制，故民无失德。近世持进化学者，虽痛排卢氏之说，然于原人无邦国、无法律，则固无一语相非。如最近社会学多因进化学发明，然考西哲社会家诸书，于原人之初，均确定其无组织，则卢氏以原人为平等、独立之民者，固为学术上不易之公理矣。④

---

① 刘师培：《无政府主义之平等观》，载张枬、王忍之编《辛亥革命前十年间时论选集》第2卷下册，三联书店，1960，第918页。
② 刘师培：《废兵废财论》，载张枬、王忍之编《辛亥革命前十年间时论选集》第2卷下册，三联书店，1960，第902~904页。
③ 刘师培：《人类均力说》，载张枬、王忍之编《辛亥革命前十年间时论选集》第2卷下册，三联书店，1960，第908~910页。
④ 刘师培：《无政府主义之平等观》，载张枬、王忍之编《辛亥革命前十年间时论选集》第2卷下册，三联书店，1960，第919页。

《民约论》本就偏重平等原则，如卡西勒（Ernst Cassirer）所言，卢梭"移动了一下启蒙运动的重心"①，由特殊的个人转向普遍的群体。但卢梭在《民约论》中征引的古希腊、罗马政权模式并不适用于近代，这令他的"公意"理论造成法国大革命的激进主义，其按照整体利益来分配一切权益的努力，也最终表现为彻底反对个人的激进情绪。黑格尔认为法国大革命宣布了一个与传统毫无关系的新时代的来临，它的错误主要在于：未能创立一个与新时代所依据的原则相适应的政治体制。但在刘师培眼中，《民约论》实与克鲁泡特金的《面包略夺》相得益彰，前者支持后者与社会达尔文主义对峙，驳难"近世科学家或以蜂蚁之有王为拟"②；后者对于"代议政府，赁银制度，则排斥其非，不遗余蕴"③，最终解决了前者所言"没有一种政府形式适宜于一切国家"④ 的困境。当然，无政府主义必然以个人为指归，因为以群体为本位的无政府主义在理论上不靠谱。关于这一点，陈独秀简明扼要地分析道：

> 你若真相信无政府主义，我劝你还是相信斯悌纳和托尔斯泰才对，因为要实行无政府主义，只有求教于反社会的个人主义及无抵抗主义；若离开了个人主义和无抵抗主义，那强力、政治、法律等，一切抑制个人或团体自由的事便必然不免，所以克鲁泡特金的无政府主义已百孔千疮地露出破绽来了。我所以说你若是反对个人的无政府主义和无抵抗的无政府主义，便是把无政府主义打得粉碎。⑤

就"个人的无政府主义"而言，陈独秀这番话已说得十分透彻，但

---

① 〔德〕卡西勒：《启蒙哲学》，顾伟铭、杨光仲、郑楚宣译，山东人民出版社，1986，第268页。
② 刘师培：《无政府主义之平等观》，载张枬、王忍之编《辛亥革命前十年间时论选集》第2卷下册，三联书店，1960，第920页。
③ 刘师培：《〈面包略夺〉序目》，载万仕国辑校《刘申叔遗书补遗》（下），广陵书社，2008，第973页。
④ 〔法〕卢梭：《社会契约论》，何兆武译，商务印书馆，1980，第103页。
⑤ 陈独秀：《讨论无政府主义》，载钟离蒙、杨凤麟主编《中国现代哲学史资料汇编》（第1集，第4册），辽宁大学哲学系，1981，第22页。

其中"无抵抗的无政府主义"这一概念，又可能带来个体基本自由优先原则与无抵抗原则的冲突。个体基本自由优先原则包括"抵抗"的正义，而"无抵抗主义"却以反对一切暴力为正义。由此可见，克鲁泡特金、托尔斯泰、施蒂纳三者学说有着难以调和的矛盾。刘师培所持无政府主义虽以克鲁泡特金的"互助论"为主，却兼取托尔斯泰的反物质文明之言与施蒂纳由"国与社会"向"唯一者"的进化。他的调和方法并不复杂，即认为三者学说需次第而行，不可躐等，他在《苦鲁巴特金学术述略》中写道：

> 现今反对苦氏之说者，或取杜尔斯特消极说，或取斯撒纳尔个人说。盖苦氏主文明进步，异于杜氏之消极；苦氏言无政府归于自由结合，异于斯氏个人无政府之说也。以鄙意观之，则处现今有政府之世、阶级社会，利用物质之文明，以掠夺平民之权利，则文明适为害民之具，不若用杜氏之说。然政府及阶级社会果能废灭，则文明当力求其进步。盖物质文明日进，则人民愈便利。民性惟便利是趋，未有舍积极而至消极者。故杜氏之说，用之有政府之世，足以利民；苦氏之说，则用之无政府之世，足以便民。若斯氏之说，则较苦氏为尤高，然近今之人民决无此程度。盖近今之民，决不能舍群而独立，故无政府之后，惟苦氏自由集合之说，最为适宜；异日物质文明倍为进步，或一切事物可以自为自用，则斯氏之说，或有实行之一日。是斯氏所理想之世界，乃较苦氏所理想之社会尤为进步者也。必先行苦氏之说，然后斯氏所理想者，乃得渐次而呈，不得以斯氏之说斥苦氏之说也。①

由此论观之，无政府主义行于当日之中国，刘师培尤以托尔斯泰反物质文明之"消极说"为首义。

---

① 刘师培：《苦鲁巴特金学术述略》，载万仕国辑校《刘申叔遗书补遗》（下），广陵书社，2008，第 894 页。

三　反"富强"与反"排满"的思想转向

《天义》两次刊载了托尔斯泰那封《致一个中国人的信》,托尔斯泰在信中写道:

> 东西洋诸民族,至今以往,当经一至巨之变迁。此变迁者,即各民族中欲脱离不堪忍受之横暴,以置身于人间权力之外也。
>
> 东方诸国,农业生活,尚未脱离。军备、商、工业,贻害未深。且于天帝正道,亦相去未远。婴此变迁,有特殊之易。若引欧人为前车之鉴,尽力以求自由,于欧人所创权力制限法及代议法外,别求简单之法。其法惟何?即脱离人间之威力是也。
>
> 如支那人民,能保守农业生活,信从儒、释、道三教,则祸患自消。虽有强权,亦不至为所制服矣。此等事业,不惟使支那人民可以脱离政府及强邻之祸患也,且可使世界各国得所指示,而知变迁时期之已至也。①

托尔斯泰之言不仅是刘师培倡言"废兵废财"以反对洋务运动以来"足兵足食,日臻富强"思路的有力佐证,也是他认为无政府主义易行于中国的重要依据。就"废兵废财"而言,托尔斯泰对我国偃武修文传统的心仪,正合于刘师培所谓"中国自三代以来,以迄秦汉,其学术思想,均以弭兵抑商为宗"。刘师培之所以称"'富'、'强'二字,非惟为人民之大敌也,且为公理之大敌",乃因"强者恃兵,富者恃财",所谓"足兵足食,日臻富强"之说,便成为维护"强者"与"富者"专制的诡计,"岂世界之权利,专为强者、富者所独私乎?故弭争端而破阶级,莫若废兵废财"。② 而关

---

① 刘师培:《杜尔斯托致支那人书节译案语》,载万仕国辑校《刘申叔遗书补遗》(下),广陵书社,2008,第897页。

② 刘师培:《废兵废财论》,载张枬、王忍之编《辛亥革命前十年间时论选集》第2卷下册,三联书店,1960,第900、904页。

于无政府主义易行于中国之论，他在《论种族革命与无政府革命之得失——驳鹤卷町某君来函》一文中征引托尔斯泰信中所言"支那人民，能逃人间之威权者也。无论何国，其人民自由之途，均不若支那"，以驳难"鹤卷町某君"所谓"今日之中国，只宜实行种族革命，不宜施行无政府主义"。① 刘师培认为托尔斯泰之意乃是：

> 中国之政府，以消极为治，以不干涉为贤。虽有政府之名，其去无政府也几何哉？谬者不察，妄谓中国政府不负责任，为极端腐败之政府，不知中国人民正利用其政府之腐败，以稍脱人治之范围，而保其无形之自由……故中国现今之政俗，最与无政府相近。加以封建既废，屡经异族之征服，（无论何国，一经异族之征服，则固有之阶级，悉以刬除。如罗马经蛮族之蹂躏，而贵族、平民之界泯；印度经回人、蒙人之经略，而婆罗门之威失。中国之无贵族，亦犹是也。）舍满汉不平等外，汉族之中，无平民、贵族之区。（昔日科举时代，娼优隶卒尚有不能应试之律。及捐纳途开、学堂设立，而此例亦不废而自废矣。）此制之胜于德、日者也。②

上引文字除"封建既废"一语尚可商榷外，余论皆指鹿为马，适足为腐败政府与侵略者辩护，与托尔斯泰的无抵抗主义也貌合神离。"无抵抗"乃"非暴力"之意，即虽反对暴政，却不得以暴制暴，并非苟安于腐败政府与侵略者治下。但托尔斯泰对于我国人民的"自由"也确有误解，若中国人民已得"无形自由"，如刘师培所言"数千年来既行无政府之实"③，又何必倡言社会革命，执着于代议制或废除政府之表象。

刘师培在《论种族革命与无政府革命之得失》中称，"中国一切政

---

① 刘师培：《论种族革命与无政府革命之得失——驳鹤卷町某君来函》，载万仕国辑校《刘申叔遗书补遗》（上），广陵书社，2008，第 759 页。
② 刘师培：《论种族革命与无政府革命之得失——驳鹤卷町某君来函》，载万仕国辑校《刘申叔遗书补遗》（上），广陵书社，2008，第 759 页。
③ 刘师培：《论种族革命与无政府革命之得失——驳鹤卷町某君来函》，载万仕国辑校《刘申叔遗书补遗》（上），广陵书社，2008，第 760 页。

治，均生于学术，而中国数千载之学术，悉探源儒、道"①，但儒家崇礼教而成宗法之治，道教废人治而行"愚民"之说，所谓"弭兵抑商"与"无为自然"之策，均有极大负面后果。这种招致侵略而无力抵御之态，以及屡被异族征服的局面，竟被刘师培视为"胜于德、日"之制，可谓荒谬至极。将儒、道二家视为无政府主义易行于中国的学理依据，也过于牵强。倒是该文所言"中国去封建之世已数千年"② 一语不乏学理，我国数千年虽囿于宗法，但自秦汉以降，郡县制便逐渐取代藩国。就政体而言，"大一统"的中华绝非标准的封建社会，如汪晖《现代中国思想的兴起》一书中所云："'大一统'保持封建之虚爵，承续郡县之实质，在皇权一统之下综合文质，而以'质'（即郡县制）为主。"③《论种族革命与无政府革命之得失》一文又针对同盟会的排满主张驳难道：

> 今之仅倡民族主义者，其谬有三。
>
> 一曰学术之谬。如华夏之防、种姓之说，虽系中国固有之思想，然贵己族以贱他族，不欲与彼杂居，系沿宗法时代之遗风……故吾人所言民族主义，在于排异族之特权，不在禁异族之混合……民族之革命，即弱种对于强种之抗力耳，奚必执中外、华夷之旧说哉？
>
> 二曰心术之恶。今之倡言革命者，有一谬论，谓排满以后，无论专制、立宪，均可甘心……黠者具帝王思想，卑者冀为开国元勋。复以革命后之利益，荧惑无识之徒……故吾人之意，以为今日之革命，必当以无政府为目的，使人人知革命以后，无丝毫权利之可图，而犹能实行革命，则革命出于真诚。
>
> 三曰政策之偏。今一般国家虽具排满思想，然今之所谓革命党，

---

① 刘师培：《论种族革命与无政府革命之得失——驳鹤卷町某君来函》，载万仕国辑校《刘申叔遗书补遗》（上），广陵书社，2008，第757页。

② 刘师培：《论种族革命与无政府革命之得失——驳鹤卷町某君来函》，载万仕国辑校《刘申叔遗书补遗》（上），广陵书社，2008，第767页。

③ 汪晖：《现代中国思想的兴起》上卷第二部《帝国与国家》，三联书店，2008，第587页。

　　不外学生与会党二端……故吾人于中国革命，亦冀其出于多数之民，不欲其出于少数之民。此其所由以运动农工为本位也。①

　　刘师培自己曾在《攘书》中一再强调的"夷夏之防"，此时已成他笔下的"学术之谬"，可见他已彻底背弃了民族主义立场。但就当日中国之形势而言，立宪派和无政府主义者对民族主义的批判虽以客观理性为表，但骨子里却是不可救药的理想主义。历史证明，民族主义实乃我国人民推翻帝制、走向共和的首要依据。作为完整革命主张的"三民主义"，唯有排满的民族革命深入人心，而作为政治革命的"民权"与"民生"主义却遭人冷落。如柳亚子言道："大家对民生主义都是莫名其妙，连民权主义也不过是装幌子而已……最卖力的还是狭义的民族主义。"② 李剑农也认为："同盟会的会员在该会最初成立时，便有许多人是专为狭义的民族主义——排满主义——而来入会的，对于民权、民生两主义，尚未能有确实的信仰。这便是清皇位所以容易颠覆的原因，也便是同盟会组织不健全的原因。"③ 吴玉章说得更直截了当："在当时人们的心目中，同盟会的三条纲领里面究竟哪一条是最重要的呢？当然不是平均地权，也不是建立民国，而是推翻清朝政府。"④

　　关于"排满以后，无论专制、立宪，均可甘心"⑤之论，也需根据特定历史背景来看待，当时革命党人解决现实难题的态度，乃是将政治革命必将面临的种种问题搁置起来，暂且存而不论，因为那一切都是种族革命成功以后的事。当前的难题只有一个：如何推翻满族统治，光复汉人河山？任何革命实践均为理性对于社会的麻木不仁拒不妥协，故党人最痛恨的是"宁做太平犬，勿为乱世人"的奴性，而非投机者。投机者往往自以

　① 刘师培：《论种族革命与无政府革命之得失——驳鹤卷町某君来函》，载万仕国辑校《刘申叔遗书补遗》（上），广陵书社，2008，第761~762页。
　② 柳亚子：《自传》，载柳无忌编《南社纪略》，上海人民出版社，1983，第358页。
　③ 李剑农：《中国近百年政治史（1840—1926年）》，复旦大学出版社，2002，第216页。
　④ 吴玉章：《辛亥革命》，人民出版社，1961，第16~17页。
　⑤ 刘师培：《论种族革命与无政府革命之得失——驳鹤卷町某君来函》，载万仕国辑校《刘申叔遗书补遗》（上），广陵书社，2008，第761页。

为利用了革命，实则却为革命所利用。刘师培所谓"革命出于真诚"，也是难以实践成功的理想主义。

四 肯定底层革命与提倡世界语

刘师培所论真正合于理性的是"现今之中国，欲兴真正大革命，必以劳民革命为根本"① 之论，此言昭示了中国革命运动的前景与方向。他在日期间撰写了多篇关于农工运动与生计的文字，并辑有《穷民俗谚录》与《贫民唱歌集》。他称颂"汉口农民暴动"而说道：

> 汉口罢市甫息，而农民暴动复起。则本报前号所谓"中国劳民革命，当由汉口发端"者。验于此而益信……由是而降，则农民抗税之革命，必可普及于全国。孰谓农民无革命资格哉？②

对于"苏州机匠罢工"，刘师培评述道：

> 吾深冀中国工人由"工钱的同盟罢工"，进而为"社会总同盟罢工"，则此次苏州之事件，不啻工民叛乱之前驱矣。③

《贫民唱歌集》所收录诗词歌谣虽强调民生疾苦，却"以悲哀冲雅为主，粗俗之作，概在所屏"④，皆可谓不失文学标准的政治诗，如民鸣所作《农民哀六章》：

---

① 刘师培：《论中国宜组织劳民协会》，载万仕国辑校《刘申叔遗书补遗》（下），广陵书社，2008，第1100页。
② 刘师培：《汉口农民暴动又起案语》，载万仕国辑校《刘申叔遗书补遗》（下），广陵书社，2008，第1097页。
③ 刘师培：《苏州机匠罢工之胜利案语》，载万仕国辑校《刘申叔遗书补遗》（下），广陵书社，2008，第1127页。
④ 刘师培：《贫民唱歌集·申叔记》，载万仕国辑校《刘申叔遗书补遗》（下），广陵书社，2008，第1005页。

农夫之祭，在彼南亩。乃操豚蹄，乃酌清酒。田祖有神，仓箱其与。岂无仓箱？他人之有。（其一）

越彼南亩，叱犊有声。妇稚馈食，少壮躬耕。手胼足胝，而乃呼庚。所餐惟何？藜藿之羹。（其二）

入夏之序，时闻秧鼓。勿击秧鼓，恐惊豺虎。匪惟豺虎，爰附之羽。何以御之？强弓劲弩。（其三）

巡行田野，禾黍油油。农夫之庆，乃卜有秋。藉曰有秋，其如征收。终岁勉躬，日供诛求。（其四）

仲秋之日，百谷荐新。我稼既丰，依然窭贫。乃知耕作，徒餍豪民。豪民之庆，农夫之辛。（其五）

矧兹凶年，百卉俱腓。夫子号寒，儿妻啼饥。流食他方，转徙靡依。君看道旁，白骨堪悲。（其六）①

《贫民唱歌集》中也有刘师培所译《希望诗二章》。原诗《希望颂》为世界语创造者柴门霍夫（Lazarz Ludwik Zamenhof）所作：

以情洽群，新机句萌。风声所彻，弥纶八荒。有若毛羽，从风抟翔。翩翩远将，覃及殊方。（其一）

战血凝腥，染斯剑硎。民习于戎，室家靡宁。恢恢大圜，兢戒戎兵。爰有圣灵，臻世于平。惟此圣灵，众希其生，勖我杰儁，永休阋争。休争何由？新业云萌。觥觥新语，被我八瀛。（其二）②

无政府主义与世界语（Esperanto）的关系密不可分，巴黎小组的吴稚晖与东京小组的刘师培均为近代中国最早宣传世界语的人。刘师培在《Esperanto词例通译·总序》中提出引起世界纷争的两大原因："一，由生计

---

① 民鸣：《农民哀六章》，载万仕国辑校《刘申叔遗书补遗》（下），广陵书社，2008，第1006页。

② 刘师培：《希望诗二章》，载万仕国辑校《刘申叔遗书补遗》（下），广陵书社，2008，第1006页。

而生，一，由感情而生。由于生计者，即财产不平等是也。由于感情者，即语言不统一是也。"① 解决此二端的方法唯有"平均财产"和"统一语言"。他认为实现人类"均力"，必然废除国界，而"去国界"的主要难题也是语言统一。刘师培在上海时期便有改革汉字之意，他 1905 年所撰《读书随笔》中有言："盖居今日之中国，舍形字而用音，势也。"② 刘师培所撰《中国文学教科书》也奉"以声为义"说为圭臬。他到日本后，对汉字的看法却逐渐由重音转向重形。在 1908 年所撰《论中土文字有益于世界》中，刘师培一反前说："今人不察，于中土文字，欲妄造音母，以冀行远。不知中土文字之贵，惟在字形，至于字音一端，则有音无字者几占其半。"③ 刘师培语言观转变的原因多基于现实政治之考量，他认为"治小学者，必与社会学相证明"，"以顾形思义，可以穷原始社会之形"。④ 他写的《说字解颐录》即体现了这一思路：

> 《说文》："宪，从目从心，害省声。"古字声近义同，是"宪"字含有"害"义。故宪政之国，人民靡不罹其害，则谓立宪即立害、宪政即害政可也。或曰："宪"从目从心，何意？曰：披阅宪法书，有害于目者也；迷信法政，有害于心者也。孟子言"生于其心，害于其政"，即"宪"字之解。若如近今之音读，以"宪"、"善"同音，遂疑立宪为善政，误矣。⑤

于是，刘师培一面与大杉荣等人宣传世界语，一面又提出"欲扩中土

① 刘师培：《Esperanto 词例通译·总序》，载万仕国辑校《刘申叔遗书补遗》（下），广陵书社，2008，第 1010 页。
② 刘师培：《读书随笔·音韵反切近于字母》，载万仕国辑校《刘申叔先生遗书》第 62 册，广陵书社，2014，第 3 页。
③ 刘师培：《论中土文字有益于世界》，载万仕国辑校《刘申叔先生遗书》第 46 册，广陵书社，2014，第 2 页。
④ 刘师培：《论中土文字有益于世界》，载万仕国辑校《刘申叔先生遗书》第 46 册，广陵书社，2014，第 1~2 页。
⑤ 刘师培：《说字解颐录》，载万仕国辑校《刘申叔遗书补遗》（下），广陵书社，2008，第 1038 页。

文字之用，莫若取《说文》一书，译以 Esperanto 之文"①。所引柴门霍夫《希望颂》的四言体译诗，或看作他既倡导世界语，又意图保存中文的尝试。力主废除汉字、代以拼音的钱玄同，总结刘师培的前期语言观道："刘君于声音训诂，最能观其会通。前期研究小学，揭橥三义：一就字音推究字义……二用中国文字证明社会学者所阐发古代社会之状况……三用古语明今言，亦用今言通古语。"②

五 因提倡"毁家论"与女权主义殊途同归

女权主义与无政府主义在我国近代可谓携手而行。女权主义理想化的"政治"局面，便是在没有国家强制性权威的条件下组织社会，与无政府主义式的乌托邦几无差别。女权主义与无政府主义一样具有超现实的空想特点，它理所当然地会让自己在未来的王国趋向没有统治的大同社会。同时，无政府主义者也大多持女权主张：认为虚无党乃"自由之神"的金天翮写下了《女界钟》；《新世纪》自创刊号的《歌贴》一文以来，陆续登载了 20 多篇女性解放论；而在刘师培主办的《天义》中，有关女性问题的文章占了该报内容大半。刘师培的妻子何震也是我国女权运动早期代表人物，她的思想启迪于马君武于 1902 年所译的《女权篇》，该作节选自斯宾塞的《社会静力学》一书，是我国近代翻译的第一篇女权主义著作。万仕国的《何震年表》称何震东渡后"受盛行于日本的无政府主义和社会主义思想的影响，醉心于斯宾塞的《女权篇》，提倡男女平等同权、父母姓氏并重，遂改名何殷震"③。

为什么巴黎小组与东京小组都认为女权主义是无政府主义不可或缺的组成部分？原因是他们坚持"废除家庭"，而废除家庭的先决条件则必然

① 刘师培：《论中土文字有益于世界》，载万仕国辑校《刘申叔先生遗书》第 46 册，广陵书社，2014，第 2~3 页。
② 钱玄同：《刘申叔先生遗书序五》，载万仕国辑校《刘申叔先生遗书》第 1 册，广陵书社，2014，第 3~4 页。
③ 万仕国：《何震年表》，载赵昌智主编《扬州文化研究论丛》第七辑，广陵书社，2011，第 82 页。

是男女平权。刘师培曾作《毁家论》一文道：

> 今日欲从事于社会革命，必先自男女革命始，犹之欲改造中华，必先逐满洲……顾一言及男女革命，则群疑众难因以横生。然我辈既提倡此事，亦不可不筹及拔本塞源之计。其计维何？则毁家是已。盖家也者，为万恶之首。自有家而后人各有私，自有家而后女子日受男子羁縻，自有家而后无益有损之琐事，因是丛生。自有家而后世界公共之人类，乃得私于一人……故自家破，而后人类之中，乃皆公民无私民，而后男子无所凭借以欺凌女子，则欲开社会革命之幕者，必自破家始矣。①

在认为家庭乃"万恶之首"这一点上，巴黎小组的观点与东京小组如出一辙，鞠普的《毁家谭》称：

> 原人之始，本无所谓家也，有群而已。自有家而后各私其妻，于是有夫权。自有家而后各私其子，于是有父权。私而不已则必争，争而不已则必乱，欲平争止乱，于是有君权。夫夫权、父权、君权，皆强权也，皆不容于大同之世者也，然溯其源，则起于有家，故家者，实万恶之源也。②

对于中国人来说，孝道既是最重要的私德，也是最重要的公德。如施蒂纳所言："一切涉及道德原则的事情均是国家的事情。因此，中华民族的国家是深深渗入到家庭事务中的。如果谁不首先是他的父母的好孩子，那么他就一无是处。"③ 故传统家庭及家族制度在无政府主义者眼中，"实亦专制政府之胚胎也"，"实社会革命之要端而人道进化之

---

① 刘师培：《毁家论》，载张枬、王忍之编《辛亥革命前十年间时论选集》第2卷下册，三联书店，1960，第916~917页。

② 鞠普：《毁家谭》，载张枬、王忍之编《辛亥革命前十年间时论选集》第3卷，三联书店，1960，第193页。

③ 〔德〕施蒂纳：《唯一者及其所有物》，金海民译，商务印书馆，1989，第244页。

表征也"。^① 无论私有制还是所有权，无论夫权、父权还是君权，都是由家庭、家族衍生出来的强权，这些强权导致了社会不公，摧残了个人自由。故欲得自由与平等，必先去强权；欲去强权，必先毁家。我国近代无政府主义者这番自以为正本清源的逻辑推论，可谓对数千年宗法制束缚与压迫的矫枉过正。

女权主义者也同样对家庭口诛笔伐，如丁初娥的《女子家庭革命说》一文就把家长制视为与君主制相表里，认为君主制直接压制政治革命，家长制则通过剥夺个人自由，间接地阻挠政治革命，故她倡言"政治之革命，以争国民全体之自由，家庭之革命，以争国民个人之自由，其目的同"^②。高亚宾所作的《废纲篇》则着重批判"夫为妻纲"，认为"三纲之说，是屠杀民族之利刀也。而夫妇一伦，又奇毒殊药炼治利刀，而神屠杀之用也"。故作为"夫妇居室"的家庭便是"不平等之牢狱"，充满了"束缚人之酷刑"。^③ 但最先提出"毁家"者既非无政府主义，也非女权主义，而是保皇派的康有为，康有为在《大同书》中明确论述道：

> 夫欲人性皆善，人格皆齐，人体得养，人格皆具，人体皆健，人质皆和平广大，风俗道化皆美，所谓太平也；然欲致其道，舍去家无由。故家者，据乱世，升平世之要，而太平世最妨害之物也。以有家而欲至太平，是泛绝流断港而欲至于通津也。不宁唯是，欲至太平而有家，是犹负土而浚川，添薪以救火也，愈行而愈阻矣。故欲至太平独立性善之美，惟有去国而已，去家而已。^④

---

① 革新之一人、真译：《续革命原理》，转引自〔韩〕曹世铉《清末民初无政府派的文化思想》，社会科学文献出版社，2003，第141页。
② 丁初娥：《女子家庭革命说》，转引自〔韩〕曹世铉《清末民初无政府派的文化思想》，社会科学文献出版社，2003，第109~110页。
③ 高亚宾：《废纲篇》，转引自〔韩〕曹世铉《清末民初无政府派的文化思想》，社会科学文献出版社，2003，第111页。
④ 康有为：《大同书》，上海古籍出版社，1983，第153页。

梁启超认为《大同书》的"最要关键，在毁灭家族。有为谓佛法出家，求脱苦也，不如使其无家可出；谓私有财产为争乱之源，无家族则谁复乐有私产；若夫国家，则又随家族则消灭者也"①。显而易见，康有为的家庭革命思想与无政府主义并无二致，其"去九界"的大同理想也与"没有统治"的乌托邦基本吻合。

无政府主义与女权主义自清末民初以来一度盛行，又相继退出社会舞台，综观他们的行事及言论，二者倒都能自诩一项不算优点的优点：因未曾胜利而没被胜利腐蚀，因不能掌权而免遭权力玷污。

六 结语

曹世铉比较刘师培的《伦理学教科书》与梁启超的《新民说》而说道：

> 梁启超国家主义色彩较浓厚，而在刘师培的《伦理学教科书》中这点却显得非常薄弱，甚至仅有一点反映。而且梁氏撰文的目的是为激励起新中国国民的思想觉悟，而刘氏写书却是为阐述他所谓的"完善之人"和"完善的社会"。刘师培在书中的一个主要观点就是：社会是由个人组成的，人人都成了"完人"，社会就近于"完全"。②

可知刘师培虽强调平等，却并没有在群体启蒙的平等原则上更进一步。他既未将自己早期的种族论贯彻始终，也未能成为梁启超那样的国家主义者。这是因为他的平等思想仍受制于无政府主义的个人基本自由优先原则。根据此原则，民族主义和国家主义在刘师培眼中成为谬种流传，他认为此二者孕育了民族与国家之间不公正的敌意，乃个人自由之大害。故

---

① 梁启超：《清代学术概论》，中国人民大学出版社，2004，第203页。
② 〔韩〕曹世铉：《清末民初无政府派的文化思想》，社会科学文献出版社，2003，第78页。

他一改排满主义的初衷，不再从民族立场出发仇满，而是为推翻专制政权而反满，认为"异族为君，其命当革，即汉族为君，其命亦当革"①。这一转向连同对底层革命的肯定，又导致了他思想上的共产主义倾向，乃至宣称"社会主义与无政府主义相表里"，认为"社会主义之实行，以劳动集合为嚆矢。欲行无政府主义，亦以劳动集合为权舆"。②

---

① 何殷震述：《女子复仇论》，载万仕国辑校《刘申叔遗书补遗》（上），广陵书社，2008，第663～664页。
② 刘师培：《欧洲社会主义与无政府主义异同考》，载万仕国辑校《刘申叔遗书补遗》（上），广陵书社，2008，第769页。

新版《张謇全集》水利文稿成文时间再考订（五则）

叶扬兵[*]

摘　要：新版《张謇全集》在考订方面用功颇多，纠正了许多文稿成文时间错误，值得高度肯定。但是，仍有一些文稿成文时间确定有误。笔者前曾考订了四则水利文稿成文时间错误，现又发现五则水利文稿成文时间有误，故再次予以考订。

关键词：张謇　导淮　水利　《张謇全集》

笔者曾撰文《新版〈张謇全集〉水利文稿成文时间考订四则》，得到南通学界关注，被收入《张謇研究年刊》，足见南通前辈心胸开阔、从善如流。现笔者又发现张謇五篇水利文稿成文时间有误，遂再次撰文予以考订，是否有当，尚祈方家教正。

一　《欧美水利调查录序》和《介绍宋生报告游历欧美情形》

这是张謇两篇与宋希尚相关的文稿，新版《张謇全集》确定两文成文时间相同，即为民国十三年（1924 年）初。编者在确定《欧美水利调查录序》成文时间时做过具体说明："《九录》系年民国十二年，按此书出版于民国十

---

* 　叶扬兵，江苏省社会科学院历史研究所研究员，主要从事中国近现代史、中国当代史、江苏区域史研究。

三年二月，而宋氏于年前腊月始归国，此序以作于年初为近似。"① 编者未照搬《九录》观点，而是根据相关线索作出自己的判断，这种认真探索的精神值得高度肯定。但遗憾的是，编者判断有误，现予以纠正。

新版《张謇全集》编者的失误在于未去查证《欧美水利调查录》。只要去查阅该书，则一切问题就迎刃而解。《欧美水利调查录序》文末有落款"民国十二年十月张謇"。② 其后，《自序》文末也有"民国十二年十月宋希尚识于吴淞"的落款。③ 在跋文末也有"民国十二年十月河海工程专门学校校长吴兴沈祖伟撰"的落款。④ 由此可见，张謇的《欧美水利调查录序》成文于 1923 年 10 月，而且由跋可知该书已经编撰完毕。

《欧美水利调查录》于 1924 年 2 月出版，向国人系统地介绍了欧美河流治导、运河管理与商埠建设等实地考察成果。书后附录环球纪程，详细地记录了宋希尚途中见闻。现在，学界因受宋希尚晚年著作《河上人语》《值得回忆的事》的误导，对宋希尚出国考察学习情况记述谬误甚多，故此处略作介绍，以正本清源。1920 年 12 月，督办江苏运河工程局和南通保坍会共同出资派遣督办江苏运河工程局技正沈宝鎏、南通保坍会宋希尚赴美考察水利工程建设情况；1921 年 1 月 16 日，两人乘船自上海出发，2 月 8 日抵达美国旧金山；两人由西而南而东，考察美国各项水利工程及相关设施建设情况，至 7 月中旬考察完毕；沈宝鎏在美稍事停留后，即返回国内；宋希尚则进入博浪（布朗）大学硕士院专攻水利，1922 年夏毕业；同年秋，宋希尚赴欧洲考察德国、荷兰、比利时、法国等国水利工程；同年 12 月 31 日，宋希尚由法国马赛启程乘船归国，于 1923 年 2 月 4 日（农历腊月十九）抵达上海。⑤

1923 年 3 月 6 日（农历正月十九日），张謇前往更生剧场，参加欢迎宋希尚学成归国会议，发表演说。⑥ 可见，宋希尚在回国后一个月即前往

---

① 李明勋、尤世玮主编《张謇全集（4）》，上海辞书出版社，2012，第 575 页。
② 宋希尚：《欧美水利调查录》，商务印书馆，1924，《欧美水利调查录叙》第 2 页。
③ 宋希尚：《欧美水利调查录》，商务印书馆，1924，《自序》第 2 页。
④ 宋希尚：《欧美水利调查录》，商务印书馆，1924，《跋》第 2 页。
⑤ 宋希尚：《欧美水利调查录》，商务印书馆，1924，第 243~333 页。
⑥ 庄安正编著《张謇年谱长编（民国篇）》，上海交通大学出版社，2018，第 532 页。

南通拜访张謇，张謇则请宋希尚作访问报告。这也与《介绍宋生报告游历欧美情形》相关内容完全吻合："新年之始，初相晤会者，必互说好话，作为赠礼。今天我也有一份礼，赠与诸生，即介绍宋达庵报告游历欧美之经过也……去腊始回国……"[1] 故《介绍宋生报告游历欧美情形》成文于1923年3月6日。其时，宋希尚的《欧美水利调查录》尚在编撰中，后请张謇于10月撰序、沈祖伟于10月题跋，同时撰写自序，并于翌年2月正式出版该书。显而易见，张謇的《介绍宋生报告游历欧美情形》《欧美水利调查录序》并非同时成文，而是分别在1923年3月、10月成文，前后相距7个月。

二 《条陈开放蒙地破除旧例另布新规呈》

新版《张謇全集》将《条陈开放蒙地破除旧例另布新规呈》成文时间确定为民国三年（1914年），有误。该文中"又所招五原县董事王同春到京，详询边荒水利"可为判断该文成文时间提供有益线索。但遗憾的是，编者以为张謇在1913年末1914年初邀王同春抵京，"详询边荒水利"[2]。正是这种错误认识，导致编者对成文时间做出了误判。需要说明的是，虽然该文并非张謇水利文稿，但因其牵涉水利专家王同春和河套水利，故笔者亦在此进行考订。

1914年春，中国地学会会长张相文受农商部长张謇的委托，调查西北农田水利。1914年3月21日—5月9日，张相文赴西北塞外进行近两个月的考察，在五原县结识了以开渠兴垦而闻名的该县农会会长王同春。[3] 获知张相文报告后，农商部"致电该处地方官员传知王同春到京面询一切"。这就说明，在1913年末1914年初，张謇和张相文根本就不知道有王同春其人。后来，王同春前往绥远都统府商量赴京之事，却被关押逮捕。原来，西盟水利委员王金梁与王同春有仇，遂两次密呈绥远将军，给王同春

---

① 李明勋、尤世玮主编《张謇全集（4）》，上海辞书出版社，2012，第575页。
② 庄安正编著《张謇年谱长编（民国篇）》，上海交通大学出版社，2018，第90页。
③ 张相文：《塞北纪行》，《大中华杂志》第1卷第6期。

罗织了13款罪名，企图置王同春于死地。后经张謇呈明大总统袁世凯饬令绥远将军将王同春解京讯办。1914年10月22日，王同春及相关案卷一并解到北京。经过农商部讯办后，王同春方获平反昭雪，王金梁亦遭撤差示儆。① 此时已是1914年12月初，张謇当时远在南通。12月5日，王同春在农商部农林司长陶昌善和张相文的陪同下，自北京启程南行，于9日抵达南通。② 由此可知，张謇与王同春相见当在1914年12月9日以后，只有那时才能"详询边荒水利"，因此，该文不可能成文于1914年。

判断《条陈开放蒙地破除旧例另布新规呈》的成文时间还有另一个宝贵线索，即"而自上年冬季，闻奉天撤销蒙古实业公司与济、杨两贝勒所订放垦合同事"。经过笔者多方查询得知，该事发生在1914年③，故该文成文时间为1915年。

我们还可以进一步判断《条陈开放蒙地破除旧例另布新规呈》在1915年成文的具体时段。该文开头有云，"顷一月四日，政事堂交到李景龢等条陈屯垦河套事；二十七日，复交到李映庚条陈吉、黑二省垦务事"④，这是交代呈文缘起，说明成文时间当在1915年1月27日之后。除了这两件事外，如前所述，张謇1914年底还从王同春处获知相关情况。这3件事共同促成张謇起草了这份呈文，其主旨在于解除蒙古人对开放蒙地的顾虑心理，以扭转蒙古人对于中央政府的离心和不满情绪，这是张謇在认真履行其农商部长的职责。

1915年3月8日，张謇离京南行，查勘鲁皖农牧试验场，调查山东水利，参加河海工程专门学校开学典礼。4月中下旬，张謇多次请求辞去农商部长职务，直到27日方被免去农商部长职务，改由周自齐担任农商部长。故笔者认为，该文成文时间应该在1915年4月底前，特别是3月8日

---

① 《农商部呈查明五原县董事王同春被控各节语多诬捏恳请批准销案并将构陷之西盟水利局员撤差示儆缮具查覆原折乞核示由》，《政府公报》第929号（1914年12月5日）。
② 李明勋、尤世玮主编《张謇全集（8）》，上海辞书出版社，2012，第779页。
③ 《镇安上将军兼奉天巡按使张锡銮呈遵令会议达尔罕王旗放荒一案枝节横生迄无了局拟请准照该札萨克所请将达贝子及达尔罕王前请放荒原案并济扬两贝勒与蒙古实业公司所订合同一律撤销以杜纠葛请训示文并批令》，《政府公报》第847号（1914年9月13日）。
④ 李明勋、尤世玮主编《张謇全集（1）》，上海辞书出版社，2012，第415页。

离京前。

综前所述，该文成文时间当在 1915 年 1 月 27 日至 4 月 27 日之间，尤其以 1915 年 1 月 27 日至 3 月 8 日之间可能性最大。

三 《上国务院书》和《江淮水利计画第三次宣言书》

新版《张謇全集》将《上国务院书》《江淮水利计画第三次宣言书》成文时间均定为民国七年（1918 年）。《张謇年谱长编·民国篇》则进一步将两文成文时间均定为 1918 年下半年。[①] 编者认为两文成文时间相同或相近，均成文于下半年，笔者对此表示认可。《上国务院书》有云："导淮之议，既倡之十余年，不忍终弃，乃又有第三次之计画。草稿已就，略数千言，自谓条贯粗具，又不能不号呼于众，为滨淮数千万生灵请命。"[②] 由此可知两文成文时间相同或相近。《上国务院书》还有云，"今冬宿麦不得下种，明岁仍无所得食"[③]，由此判断两文当成文于下半年，因为如果成文于上半年，就不可能提前数月乃至半年断言冬小麦不得下种。倘若说得更具体些，只有在冬小麦下种前后的秋冬之际，才能判断冬小麦不得下种。然而，对编者认为两文成文于 1918 年下半年的判断，笔者则无法苟同。因为从诸多线索来看，两文应成文于 1917 年下半年而非 1918 年下半年。

第一，从两文最早刊载时间来看。1918 年 3 月出版的《江苏水利协会杂志》第 1 期收录了《张啬公上国务院书》《张啬公最近江淮水利计画书》（虽然题名与《上国务院书》《江淮水利计画第三次宣言书》略有不同，但其内容则完全相同）。1918 年 4 月 29 日至 5 月 7 日，《民国日报》连载了《张啬公最近江淮水利计画书》。由此可见，两文成文至少在 1918 年 3 月以前，故不可能成文于 1918 年下半年。

第二，从所述灾情来看。《上国务院书》有云："今者，直隶、山东、

---

① 庄安正编著《张謇年谱长编（民国篇）》，上海交通大学出版社，2018，第 292~293 页。
② 李明勋、尤世玮主编《张謇全集（1）》，上海辞书出版社，2012，第 480 页。
③ 李明勋、尤世玮主编《张謇全集（1）》，上海辞书出版社，2012，第 480 页。

河南六十余州、县，先后以水灾告急。"① 1917 年夏秋之际，直隶连降大雨，河流决堤，洪水泛滥，受灾县份多达 105 县，形成华北地区一次特大水灾。1917 年 8 月，河南连日大雨，山水暴发，河流泛溢，"汲县、新乡、安阳等处漂没房屋，淹毙人民"②。9 月，山东入秋后连日阴雨，黄河水势猛涨，在利津决口，淹没 40 余村。③ 9 月 27 日，黄河南岸在万庄及大店附近溃决，洪水向菏泽县奔流。④ 10 月初，"寿、范、郓等县两岸民埝决口，成灾甚巨"⑤。而在 1918 年，虽然河南、山东依然有水灾，但直隶则并无水灾。显而易见，《上国务院书》所述灾情与 1917 年灾情相符，而与 1918 年灾情不相吻合，故可断言其当成文于 1917 年下半年。

第三，从所述政情来看。1917 年张勋复辟被粉碎后，段祺瑞拒绝恢复《临时约法》，而孙中山发动护法运动，于是，形成南北对峙局面，双方先后在湖南、四川等地兵戎相见，这与《上国务院书》所述"西南用兵未有调停之望"相吻合。但是，1918 年 5 月，南北双方达成《南北议和大纲》，关系日渐缓和，特别是 10 月徐世昌当选大总统后，南北和谈气氛渐浓。不难看出，《上国务院书》所述政情与 1917 年政情相符，而与 1918 年政情不符，故可断言其当成文于 1917 年下半年。

综前所述，《上国务院书》《江淮水利计画第三次宣言书》成文于 1917 年秋冬之际。

---

① 李明勋、尤世玮主编《张謇全集（1）》，上海辞书出版社，2012，第 480 页。
② 《申报》（1917 年 8 月 6 日），转引自李文海等著《近代中国灾荒纪年》，湖南教育出版社，1990，第 867 页。
③ 《东方杂志》第 11 卷第 14 号。
④ 《时报》1917 年 10 月 6 日。
⑤ 《申报》（1917 年 10 月 7 日），转引自李文海等著《近代中国灾荒纪年》，湖南教育出版社，1990，第 861 页。

虚构、历史与现实：近代小说中的
扬州社会镜像[*]

王宁宁^{**}

摘　要：小说作为一种叙事文学题材，通常蕴含着丰富、深刻的社会内容，有鲜明的现实反映和历史折射意义，也具备"以文证史"的重要价值。19世纪中期至五四运动前夕，中国通俗小说界出现了一批具有扬州地域色彩、精细描画扬州社会生活的作品，其中以《风月梦》《扬州梦》《广陵潮》《丛菊泪》等小说为代表，较为立体地展现了晚近扬州的城市发展和市井生活。通过分析这些小说文本，可从中发掘有助于近代扬州历史研究的史料，也能窥见中国近代化转型时期的扬州社会风貌。

关键词：近代小说　扬州　近代化转型

文学是时代的产物，也是时代的镜子。小说作为一种叙事性文学形式，其人物形象塑造、故事演进铺陈往往蕴含着丰富的历史内涵，具有鲜明的现实反映和历史折射意义。19世纪中后期，恩格斯就注意到小说的史料价值，他在《致玛格丽特·哈克奈斯》的信中赞誉巴尔扎克的《人间喜剧》"给我们提供了一部法国'社会'，特别是巴黎上流社会的无比精彩的

---

*　本文是扬州大学2023年教学改革研究课题"地方史在高校历史专业教学中的思政价值与运用"（项目编号：YZUJX2023—C1）的成果。

**　王宁宁，博士，扬州大学社会发展学院讲师，研究方向为中国近代社会文化史等。

现实主义历史"①。可见，小说的诸多情节和历史真实之间有着千丝万缕的联系，能以镜像化的方式反映出特定历史时期的社会风貌。

近代以来，中国学者也逐步意识到小说的"以文证史"作用。梁启超说："中古及近代小说，在作者本明告人以所纪之非事实；然善为史者，偏能于非事实中觅出真实。"② 现代史学家翦伯赞、齐世荣诸位前辈，也都曾专论小说具有"文史互证"的史料价值，肯定虚构叙事中有着对现实社会的描摹和反映。③ 近几十年来，研究者以经济史、城市史、社会史和文化史等不同研究取向，对清代以来的扬州史进行了较为全面的梳证。在此研究基础上，聚焦小说叙事中的扬州社会图景，鲜活再现扬州"历史中的生活史"，重写"历史落地的那一面"，以期"小说能补上历史著作所匮乏的生活脉络、生活细节，从而使历史变得更丰满、真实"④，这是一个值得探究和关注的方向。

一　近代叙事图景中的扬州通俗小说

近代以来，随着传统四民社会秩序的崩坏，士大夫丧失中心地位。失去上升通道又游离于体制之外的读书人远离家乡，进入都市，寻找新的生存空间。由报纸、出版业组成的文化传媒为"断裂时代"的知识分子提供了新的栖身之所，文学也伴随着时代巨变进入急剧变革的历史时期。清末至民国初期，中国以上海为中心形成了商业化、大众化的都市文化与娱乐消费，通俗文学的生产和消费出现了新局面——以赚取稿酬为生的职业作家群兴起，更加贴合大众审美情趣的小说数量激增，早期电影行业也正式起步。尤其"自清季至民国八年止，此数年来，小说之发展甚速"⑤。

在庞大的近代小说作家群体中，扬州小说家占有重要地位。严芙孙等

---

① 《马克思恩格斯选集》第 4 卷，人民出版社，2012，第 590 页。

② 梁启超：《中国历史研究法》，东方出版社，1996，第 61 页。

③ 翦伯赞：《史料与史学》，北京出版社，2005，第 21 页；齐世荣：《史料五讲》，首都师范大学出版社，2014，第 156 页。

④ 谢有顺：《历史与文学的双向赋予（文艺观与历史观丛谈 2）——以小说为例》，《人民日报》2015 年 9 月 1 日，第 23 版。

⑤ 张静庐：《中国小说史大纲》，西北大学出版社，2019，第 19 页。

在《民国旧派小说名家小史》中提出，旧派小说家有所谓"扬派"和
"苏派"之分，"扬派"作家的代表人物包括李涵秋、贡少芹、毕倚虹、张
丹斧、张碧梧、张秋虫等，与包天笑代表的"苏派"文人旗鼓相当，在清
末民初达到创作的高峰。① 以"扬派"文人作品为代表的"鸳鸯蝴蝶派"
通俗小说，在才子佳人窠臼的章回之余，情调和风格偏向市井生活的描摹
和写实，因此具有相当的微观史价值。特别是在考据普通民众"反复发生
的"日常生活方面，小说以较正史、方志和档案更加细腻的笔触来展现近
代扬州的"日常生活图景"，且更具备"广见闻""益教化"的功能。② 随
着扬州的日渐边缘化，本土文人的谋生场域已不再集中于扬州一地，而多奔
波于上海、天津等新兴的商业化都市，但其创作小说的主场仍偏爱故土、故
乡、故人。自 1840 年以后，通俗小说界出现了一批具有近代扬州地域色彩、
精细描画扬州社会生活的作品，其中以《风月梦》《扬州梦》《广陵潮》《丛
菊泪》等小说为代表，较为立体地展现了晚近扬州的城市风貌和市井生活。

焦东周生的《扬州梦》和邗上蒙人的《风月梦》是晚清扬州本土小说
的代表作。《扬州梦》创作于清朝道光咸丰时期，共四卷，今有《说库》
《美化文学名著丛刊》本，叙述了周生在太平天国起义前夕所见的扬州风
土人情、士人冶游之琐事。《风月梦》共三十二回，今存最早刊本为清朝
光绪九年（1883 年）上海申报馆排印本、光绪十年（1884 年）江左书林
校刻本、光绪十二年（1894 年）聚盛堂刊本。较晚刊出的石印本易名为
《名妓争风全传》。1883 年 9 月 25 日上海申报馆出版《风月梦》，并刊出作
者自序："回思风月如梦，因而戏撰成书，名曰《风月梦》。"③ 由此可见，
就题材而言，《风月梦》《扬州梦》与《海上花列传》同为狭邪小说之范
畴，但其内容在冶游香艳之外，也如实描写了鸦片战争前后的扬州社会流
弊，述及扬州民间风习与人情世态。

清末民初，李涵秋所著《广陵潮》和李伯通所著《丛菊泪》是更具写

① 严芙孙等：《民国旧派小说名家小史》，载魏绍昌、吴承惠编《鸳鸯蝴蝶派研究资料》
（上卷），上海文艺出版社，1984，第 579 页。

② 冯仰操：《从〈广陵潮〉看清末民初扬州日常生活的变迁》，载孙逊、陈恒主编《城市精
神：一种生态世界观》，上海三联书店，2016，第 323 页。

③ （清）邗上蒙人：《风月梦》自序，齐鲁书社，1991，第 1 页。

实主义倾向的社会小说，史料价值也更为突出。尽管李涵秋被公认为是"鸳鸯蝴蝶派"的代表人物，但其作品并不囿于迎合大众的"哀情""艳情"主题，也不局限于传统文言小说体系，而更擅长将爱情悲剧与现实生活、社会主题相联系，"对于中下社会说法，确是极嬉笑怒骂的能事"①。《广陵潮》共一百回，创作于1909年至1919年，正值清季鼎革、社会急剧变迁之际。这部长篇小说以清季民初的扬州社会为背景，在情感、家庭的主线剧情当中贯穿一系列重大历史事件，如戊戌变法、辛亥革命、洪宪帝制、张勋复辟等，描写了这些宏大事件在扬州小城所引起的涟漪性的社会反应。周瘦鹃评价《广陵潮》说："因为是记他家乡的情事，本地风光，见闻较切，所以更为出色。"② 可见这部小说在人物剧情转进中，近景式展现了辛亥革命前后扬州社会百态，是一部有着重要"补史"价值的"写实小说"。③

1932年，由广益书局出版的《丛菊泪》深受《广陵潮》的影响，在书中以民国初年扬州文人旧体诗社——冶春后社为背景，"描写扬州社会现状，与《广陵潮》有异曲同工之妙"④。《丛菊泪》别名《邗水春秋》，全书共三十回。作者在例言中言道："虽然书中人物姓名为假借，然叙述事实必取乎新闻。"⑤ 在具体内容上，《丛菊泪》更像是一部文人笔记，其中不仅描摹了晚近扬州文人的遁世生活，也反映了军阀时代扬州所遭受的破坏和扬州人所受苦难，带有鲜明的写实主义色彩，极具近代扬州社会研究的史料价值。

二　小说叙事中的社会风貌变迁

在近代小说的叙事中，扬州人的社会生活出现了越来越多的舶来文化元素。成书于晚清时期的《风月梦》有写到"西洋景"的流行，人物服饰

---

① 王俊年编《中国近代文学论文集1919-1949》，中国社会科学出版社，1988，第119页。
② 周瘦鹃：《我与李涵秋先生》，载范伯群主编《周瘦鹃文集》（下卷），文汇出版社，2015，第119页。
③ 张静庐：《中国小说史大纲》，西北大学出版社，2019，第27页。
④ 杜召棠：《惜馀春轶事，扬州访旧录》，广陵书社，2005，第27~28页。
⑤ 李伯通：《丛菊泪》，江苏广陵古籍刻印社，1998，"例言"第2页。

有进口面料的使用，这说明扬州邻近上海等开埠城市，也较早地受到西方时尚的影响。① 成书于民国初年的《广陵潮》中则出现了"西装""洋装""皮鞋""墨晶眼镜""拄杖"等西洋时髦着装，也出现了"西洋参""牛排""香槟酒"等西方饮食名词，"教堂""洋房""西餐馆"等西式建筑名称更是屡见不鲜。因此，从晚清到民初的小说景物描写来看，扬州社会风貌也在不断地受到西方文化和工业产品的冲击和影响，人们的日常生活正在发生日用而不知的新变化。洋装的出现，不仅是服饰的变易，也从侧面反映了礼仪观念的萎缩；香槟酒的开启，不仅是饮食口味的新颖，也是"新旧贵贱"的价值滋生；教堂的耸立，不仅是西方宗教礼拜的介入，也是传统社会道义合法性侵蚀的重要表现。所有这些新事物、洋景物都通过小说故事的形式表现出来，为后世留下了扬州近代转型的具象化印记，体现了近代扬州社会风貌从"扬气"到"洋气"的转变。

值得注意的是，小说在较为客观、克制地描绘西方事物出现与社会转型启动的同时，对这些西方符号所引发的文化意蕴和精神症候，却总体上持有悲观颓靡的态度。小说文本中大量关于扬州文物的描写，折射出近代扬州的社会风气、精神面貌是趋于颓坏的。热闹非凡的市井生活，窥见的是扬州子弟的堕落、社会风俗的颓弊，其中最为显著的是对鸦片泛滥的细致描画。清朝道光咸丰时期以后，由于鸦片的大量输入，官府的无能腐败，烟毒在扬州城已然成蔓延之势。晚清民初的扬州小说中有相当的内容描绘扬州吸食鸦片之风及青楼鸦片服务的畸形发展。如《风月梦》第二十六回写道："但凡衙门，一切事件，皆是系虎头蛇尾。隔了些时，外面鸦片烟已经松了，各衙门将差票吊销，于是人们便照常吃烟，不消数日，又将烟瘾吃复原了。"② 这里描写了清朝同治光绪之际政府有过短暂的禁烟令，但是很快官府的处置政策就趋于宽松，烟毒完全没有得到有效控制。《扬州梦》则更加细致地摹写了"吸洋烟"的普遍现象："扬人食此者六七，率倜傥聪明人，诚以往来酬应，烟灯对卧，则心无不谈，谋事甚易。

---

① 〔澳〕安东篱、王春霞、穆凤良：《时尚城市？清代扬州服饰一瞥》，《装饰》2018 年第 1 期。

② （清）邗上蒙人：《风月梦》，齐鲁书社，1991，第 203 页。

有时吸数口，相火乃旺，精神若一振，无事醉眠，如饮酒微醺，魂当欲仙。至游狎邪，以此为富贵本色。"① 晚清扬州小说中所叙的鸦片之风与林苏门、林溥等同时代文人的记载是一致的。清朝咸丰年间，林溥在《扬州西山小志》中记载："鸦片在近世盛行，禁之不尽，集中吸食者多。在此种消费导向下，扬州城的烟馆林立，几于望衡比户，风之靡也，可胜言哉！"②

成书于民国初年的《广陵潮》反映吸食鸦片之风在扬州城依旧十分盛行，烟馆成为子弟堕落的娱乐消费场所，如书中第十四回写道："奶奶问小扣子么？复园烟馆里是他的家乡。今晚这样热闹，他就肯回来睡觉吗？平时还要玩到二三更天呢！"③ 第三十一回写道："苏州元和县人氏林雨生，二十几岁整日沉迷鸦片，苏州乡下的土财主将女儿嫁与他，带来不下三五千金的嫁妆。林氏便也不出去寻觅事业，那鸦片烟更吸得利害了，每天至少也要烧得三两五两，还将妻子劝得上瘾，坐吃山空，不到四五年，那所有的积蓄早已随着烟枪化阵寒烟而去。"④ 这些情节虽然以虚构的人物展开，但虚构不等于虚假，虚构恰恰是作者用来更好地追求真实的手段。吸食鸦片的风气一直延续到民国时期，并带来民众生活的日趋困顿，甚至带动卖淫以换取烟资的私娼现象，形成烟馆青楼的畸形产业链。

近代扬州作为未曾开埠的内地城市，西风东渐、维新变法、辛亥革命等近代化冲击引起的反应和其他城市相比是迟滞的，城市面貌和社会风气则易呈现颓靡和封闭的一面，这不仅反映在商业经济的萧条中，更直接地反映在普通民众的日常生活之中。于是，"烟灯对卧""积蓄化寒烟"就成了小说家敏锐笔触的生动纪实。

三　小说书写中新旧交织的转型镜像

近代中国社会的近代化是一个漫长而曲折的历史过程。由于东南沿

---

① （清）焦东周生：《扬州梦》，世界书店，1948，第48页。
② 林溥：《扬州西山小志》，广陵书社，2005，第50页。
③ 李涵秋：《广陵潮》，江苏古籍出版社，1985，第112页。
④ 李涵秋：《广陵潮》，江苏古籍出版社，1985，第274页。

海、京津地区与内地城市的开放程度、经济水平和文化观念存在较大差异，中国近代城市具有不均衡发展的特点。尽管从 19 世纪开始，西方外来文明对整个中国文化产生了重大的影响，但由于晚近扬州渐失开放之精神，其思想文化和社会生活领域反而表现出了一种"迟钝"的反应。"自海运道通，扬州之商务一变；津浦路成，扬州之商务再变，浸趋浸下，遂成寂寞无闻之内地。"① 这不仅体现在小说家对扬州人保持传统生活方式的细致书写，也通过关于社会风气和守旧情绪蔓延的叙述而体现出来，尤其表现在作者对知识分子精神面貌的描写当中。

传统怀旧的情绪首先反映在本土知识分子的生存状态方面。除了旧体诗词的泛滥，扬州知识阶层保持了古典的雅集方式。小说《丛菊泪》就是以清末民初旧体诗社——"冶春后社"为背景展开，叙写冶春后社文人的传统雅集，刻画各色人物形态，反映了近代扬州的"寒士群体"保持着相对传统的文化生活方式。作者在"例言"中说，全书"详述扬州社会情状"，但用"诗社做个结合"，以"菊隐翁"为主角，"记载当时扬州文人遁世不问事，常在冶春后社吟诗赏菊的闲逸生活"。② 书中述及一众文人雅集结社，成立冶春后社的情景："所谓后社，中供王渔洋先生，其旁即排列菊隐翁及秦伯乐及风落雨像。"可见冶春后社创立的主旨是为追思王渔洋修禊红桥之佳话，意欲"重修三百年前事"③，带有浓厚的怀旧摹古之意。

在剧烈而频繁的时代变迁中，西潮冲击引发的是"传统的中断"，然而"传统的中断也并非全断，其间多有或隐或显的传承"。④ 在"欧风"袭来的新形势下，《丛菊泪》的书写隐含了扬州一代知识分子力求保持文化和精神面貌的传承性，也传达了作者作为中国转型时期知识分子的无可奈何、心酸迷茫。如书中所刻画的各色人物，绝大多数是废科举以后潦倒不得志的文人，以"遁世"而"避世"，"什么菊花耶，诗耶，酒耶，则

① 徐谦芳：《扬州风土记略》，广陵书社，2022，第 64 页。
② 李伯通：《丛菊泪》，江苏广陵古籍刻印社，1998，第 1 页。
③ 刘梅先：《扬州杂咏》，广陵书社，2010，第 36 页。
④ 罗志田：《裂变中的传承：20 世纪前期的中国文化与学术》，中华书局，2009，第 1 页。

皆是社友所颠之倒之"①。这反映的是军阀时代传统旧式文人的一种消极保守的精神状态，即怀揣理想而又"不能一展其抱负"，只得"诗酒自娱、消磨岁月"，展现的是"一代文人乃至整个社会的心酸"②。

在新的时代浪潮席卷之下，守旧不会是社会发展的常态。近代扬州的经济虽已呈衰退之势，但新风仍渐渐吹进这座江左名都，扬州人的传统生活场景中开始出现一些新生意、新习俗。近代扬州的茶肆酒楼很多，尤以教场附近的茶馆最为集中，近代扬州小说中很多人物的登台亮相就以茶馆为背景展开。如《广陵潮》等五十四回写道："中国当这时代，可算得民穷财匮，居家度日，一倍比当初要多出三四倍来，市面上也就萧条得很。独是内里的经济，却甚困难，外面的文明，却愈发达。一百件生意做不得，却是这酒楼茶馆，再没有钱的人，他都要酣歌恒舞，沉溺其中。"③ 这段描写说明坐茶馆、吃闲茶的现象是扬州人延续下来的一种传统的生活方式，也成为一种消费惯性。普通人的日常生活是容易接纳新鲜事物的，吃早茶的传统也变成新文化传播的重要媒介。《广陵潮》第八十六回写到，扬州人一边吃早茶，一边可以在茶馆接触近代报刊，以通外界消息："教场茶馆里，不是有卖报的么？听说看一份报，只花一个铜元，这价钱再便宜不过。我虽不喜上茶馆，明早倒要为这事和你前去吃碗茶，一来为的是可以借此谈谈心，二来为的是又可借此看看报。"④ 臧谷的《续扬州竹枝词》也有类似内容的描述："教场茶馆闹纷纷，每碗铜钱十四文。午后偷闲来到此，呼朋引类说新闻。"⑤ 茶馆不仅是扬州大众交流的公共空间，也是扬州人接触新事物的窗口，即"某茶社为某一类人所常聚之所"⑥。通过在茶馆阅读报纸以了解外部消息，这成为19世纪末期扬州知识分子的日常之事。

---

① 李伯通：《丛菊泪》，江苏广陵古籍刻印社，1998，第1页。

② 杜召棠：《惜馀春轶事，扬州访旧录》，广陵书社，2005，"附录"第19页。

③ 李涵秋：《广陵潮》，江苏古籍出版社，1985，第620页。

④ 李涵秋：《广陵潮》，江苏古籍出版社，1985，第1050页。

⑤ 臧谷：《续扬州竹枝词》，载夏友兰等编《扬州竹枝词》，邗江古籍印刷厂，1992，第84页。

⑥ 洪为法：《扬州续梦》，载刘训扬主编《民国扬州风情》，广陵书社，2009，第163页。

　　从整个社会近代化转型的特点来看，保守和封闭固然是扬州步入近代以后的显著特征，然而在西方潮流的裹挟之下，转型和更新也在城市相对封闭的环境中缓慢进行。从晚清民初扬州出现的小说作品来看，涉及西方异质文化影响的内容逐渐增多，这从侧面反映了西方文化在扬州的渗透，以及扬州城市近代化的"渐进式"发展。① 晚清作品《风月梦》《扬州梦》当中并未出现过多描述新事物的内容，而成书于民国初年的《广陵潮》中却出现了大量异质文化及其影响的书写。小说家言是虚构的，人物和故事是虚拟的，但小说叙事中涉及的情节却常常反映出历史上确实存在的事物及相关的社会变化。旧器物、旧人物的隐退，新思潮、新教育的出现，于小说文本来说，无非是篇目的更迭和章回的演进，但于历史而言是现实生活图景的新旧更迭。在描绘扬州近代画卷时，把这些通俗小说与通史著作、地方史料相互佐证，有助于我们更全面地勾勒出新旧交织的复杂图景，也有助于我们更准确地把握好"一地之盛衰"背后的国运密码。

---

① 叶美兰提出，扬州的近现代化类型是被动的"渐进式"而非"突变型"。参见叶美兰《柔橹轻篙——扬州早期城市现代化之路》，北京燕山出版社，2004。

清代康熙中晚期的两淮盐业与长江文化

——以扬州和汉口为中心的研究

方晓伟[*]

摘 要： 清代康熙中晚期，两淮盐运作为当时经济的重要支柱，不仅关乎国家的财政收入，更在区域文化的交流与融合中扮演了举足轻重的角色。特别是在扬州和汉口这两个盐运重镇，盐业的繁荣深刻地影响了当地的文化发展，对塑造出独特而丰富的长江文化具有重要的作用。

关键词： 两淮盐运　扬州　汉口　长江文化

一　两淮盐政与长江文化

两淮盐运历史悠久，早在明清时期就已形成规模庞大的产业体系。康熙中晚期，随着社会的稳定和经济的繁荣，两淮盐业迎来了发展的高峰。这一时期，盐运不仅促进了商品经济的繁荣，更在文化交流方面发挥了重要作用。扬州和汉口作为盐运的重要枢纽，自然成为各种经济文化元素交汇与碰撞的中心。

长江贯穿中国东中西部，连接了不同的经济形态和文化传统。长江流

---

* 方晓伟，扬州市文化研究会理事。

域也因此成为一个既有发展潜力又具有文化多样性的区域。长江流域自古以来就是经济繁荣之地，水路交通便利，特别是明清以来的两淮盐运，使沿岸城市如扬州、武汉等发展迅速，成为重要的商贸中心。清代的湖广地区（湖北、湖南）是淮盐的最大销售场所，接近两淮食盐总销量的一半，盐课为淮盐的十分之六。清政府规定，淮南盐"行销江苏、安徽、江西、湖北、湖南、河南六省，计二百五十余县"①，所有盐船都必须经仪扬运河抵仪征批验所天池停泊，经解捆后装入江船，由清政府盐政大员到一定时间临江大掣，再开江分销上江各地。淮南地区生产的食盐，通过专用船只沿运盐河从泰州运至仪征，再从仪征经长江转运至汉口。这就是（康熙）《两淮盐法志》所说的："淮南纲盐自仪真（征）出口，由长江入湖广界，抵汉口镇，停集分销，各地方口岸俱有汉镇起盐。"② 清代著名文学家汪中在《哀盐船文》中是这样形容的："是时盐纲皆直达，东自泰州，西极于汉阳，转运半天下焉。惟仪征绾其口。列樯蔽空，束江而立，望之隐若城郭。"③《乾隆汉阳府志》也说："明盐法初制，盐院每拨楚商行盐，俱遵照额派口岸销卖，无敢逾越。明万历间，各商因所派郡邑或有不可泊船者，始群聚于武昌之金沙洲，嗣洲岸倾圮，复群聚于汉阳之汉口。汉口之有盐行，自兹始也。行分因招各口岸小贩贩卖，有司亦以便商为请，而向时盐院所拨之口岸册无用矣。且汉口为九州百货备集之所，而盐务一事亦足甲于天下。"④ 汉口是湖广盐区的主要分销口岸，所有从两淮运往湖南、湖北的淮盐都必须先在汉口转运分销，然后才能运往各地进行零售。

清代两淮盐业由内务府直接管理，设立巡盐御史负责监督盐务运作，设立盐运使具体负责淮盐运输。巡盐御史不仅是盐税运作的稽核者［自康熙二十一年（1682年）起，巡盐御史例由满人担任⑤］，也是与食盐生产、

① 转引自毕昱文《晚清时期两淮盐业引岸专商制变迁探析》，《江苏地方志》2024 年第 4 期。
② 康熙《两淮盐法志》卷四《省考》。后来的盐法志记载大致相同，如光绪《两淮盐法志》卷三八《转运门》："淮南纲盐自仪征出口，由长江入湖广界，抵汉口镇，泊集分销。"
③ （清）汪中：《哀盐船文》，载（清）钱林撰《文献征存录》卷七，清咸丰八年有嘉树轩刻本，第 18 页。
④ 《乾隆汉阳府志》卷二三《食货》，乾隆十二年刻本。
⑤ （清）阿克当阿、姚文田撰修《嘉庆重修扬州府志》卷三十六《秩官志二》，嘉庆十五年刊本。

运输、销售相关的地方官员的监督者，承担着复杂的管理职能。此外，他们还需向皇帝报送关于盐业和当地的各类（包括农业生产、天气晴雨和社会稳定）信息，确保盐税稳定，承担皇帝交办的各项杂务（例如修建明孝陵、刊刻《全唐诗》和《御制文集》、邀请纪荫担任高旻寺住持、向江南商人士绅分派御稻种等）。康熙中晚期的巡盐御史如曹寅、李煦等，他们在两淮盐政管理的过程中采取了一系列创新措施，如改进盐业管理方法，打击非法盐商等，对提高盐政效率起到了积极作用。例如，仪征的沙漫洲，地势险要，且夹江上"小沟数道，自河通江，方舟不足以容，为私盐出江之地"①。康熙四十七年（1708 年）五月前后，曹寅以两淮巡盐御史的身份，在沙漫洲上利用空地建造了渔湾亭，"尝集渔人捕鱼于此"②。当时，朝廷还在此地建有搜盐厅，"每年冬月粮艘回空，盐院檄地方官搜私盐之夹带者"③。迄至康熙后期，淮南诸盐场之纲盐俱至仪征天池候掣、解捆、改包，其间抛、冒、洒、漏在所难免，近场之地的贫民和船户见利忘义，或出则为寇，入则为民，其势力虽较乾隆中后期单薄，但也不可小觑。沙漫洲距天池不远，且是当时私盐出江的唯一通道，曹寅以两淮巡盐御史的身份在此建渔湾亭，亦有威慑淮南纲盐走私之意。④ 无独有偶，位于今扬州市江都区大桥镇的三江营，是扬子江、江都小夹江、扬中太平江三江汇合之处，旧称三江口。自康熙四十七年（1708 年）起，时任苏州织造兼两淮巡盐御史的李煦"轻骑巡察"三江口一带，连续向康熙皇帝奏报了《请饬地方官合力查拿私盐折》等7 件题疏奏本，终于得到康熙首肯，设盐政同知（雍正年间改三江营同知）于此，拨千总一员，带领兵丁 150 名，前赴三江营协防，以听同知调遣。⑤

　　《虚白斋尺牍》是时任苏州织造兼两淮巡盐御史李煦从康熙四十四年（1705 年）至康熙五十五年（1716 年）十二月的书信、启、文等文稿，

①　（清）陈文述：《仪征浚河记》，《颐道堂文钞》卷六，嘉庆十二年刻道光增修本。
②　（清）王检心修、刘文淇纂《道光仪征县志》卷七《舆地志》，光绪十六年刻本。
③　（清）王检心修、刘文淇纂《道光仪征县志》卷二《建置志》，光绪十六年刻本。
④　方晓伟：《曹寅评传》，广陵书社，2010，第 463 页。
⑤　故宫博物院明清档案部编《李煦奏折》，中华书局，1976。

《虚白斋尺牍》中关于盐务的信札内容丰富，主要反映了李煦在担任两淮巡盐御史期间对盐务的治理、与各级官员的沟通以及相关的政策建议等。① 从《虚白斋尺牍》中，我们可以看到，李煦曾多次写信给时任漕运总督桑格、安徽巡抚刘光美、江苏巡抚宋荦、偏沅巡抚赵申乔、湖广巡抚刘殿衡等地方官员，就盐务治理事宜进行沟通和协商。他请求各地巡抚支持他的工作，共同打击私盐贩卖，维护盐业秩序。在谈及盐运过程中的各种私弊时，李煦在《致安徽刘大中丞》中写道："各处口岸往往有不肖有司，额外苛求，托名那借，少不遂意，掯抑百端；而司匣不肖之人，又假为科敛分肥之地，水商听其勒派，莫敢谁何。"在《致桑漕院》中，李煦又谈及粮船夹带私盐之事，云："粮船回空，夹带私盐实为两淮积弊。连岁以来，赖有委品资查，此风少息。今岁未蒙端差，遂有安庆帮不服盘责最船夹带之弊，旗丁、头舵、水手、客人，具所不免运官，猫鼠同器，因而贩卖一遇搜获，恃众咆哮。"康熙四十五年（1706年），在《虚白斋尺牍》的《致湖北刘大中丞》中，李煦建议两淮至湖北盐船回程带大米压舱改为"量载千余石压舟"，以杜绝回程米粮中夹带私盐："盐船无载，则空艚不能东下……制商之石老先生前，乞其电酌，凡东下之船，许量载千余石压舟，蛙而便运。"同年，李煦还就严查粤地私盐事致函偏沅巡抚赵申乔。康熙五十五年（1716年）十一月，李煦直接写信给湖北驿盐道杨椊召，要求其申饬时任汉阳知府和江夏县令这两位地方官，"希即传谕鄙意，万无额外需索，扰累商人。如不遵功令，再敢狂悖，则无情者铁面，有情者白简，断不能任其贪饕。倘长兄徼戒之后，幡然改过，则共扶盐法，受裨良多；如怙恶不悛，速具密折，以便上闻"。李煦的这些信札直接指导了当时的盐务实践，为盐政的顺利运行提供了有力支持，在一定程度上推动了盐务制度的改革和完善。通过改革，盐业的经营环境得到改善，盐税收入得到提高，为国家财政做出了贡献。

综上所述，康熙中晚期的巡盐御史如曹寅、李煦等人在两淮盐政管理过程中采取了一些措施来改善盐政状况，他们的管理在一定程度上缓解了

---

① （清）李煦撰，张书才、樊志斌笺注《虚白斋尺牍笺注》，中华书局，2013。

盐商的经济压力，但也未能完全避免财政亏空。同时，他们的管理还受到了康熙南巡等外部因素的影响，对盐商群体和社会产生了深远影响。

二　两淮盐运与长江文化

在清代康熙中晚期，两淮盐业作为一项重要的经济活动，显著推动了扬州与汉口之间的区域贸易，从而培育出一批专司其业的盐商（包括场商、行商、岸商、匣商等）。在淮盐运输和销售过程中，他们来往穿梭于扬州和汉口之间，加强了这两座城市之间的经济联系。这种贸易往来不仅增加了两地的经济繁荣，更为长江沿岸的商业网络构建奠定了坚实基础。

扬州作为明清淮盐中枢，在明代中叶以后，随着两淮盐政制度的重大变化，扬州的商业职能迅速扩充，淮盐的销售状况非常好，盐商们因此获得了丰厚的利润，纷纷选择在扬州这个江河交汇的淮盐集散地和转运枢纽定居。"扬州好，侨寓半官场。购买园亭宾亦主，经营盐典仕而商，富贵不归乡。"① 新城［明嘉靖二十五年（1546 年）扬州知府石茂华为防倭所建］东南角的河下一带，华屋连苑，成为令人羡慕的富商聚居区。"通河（众商）"的提法，从此成了官方文书和当地俗语的习惯语汇，这说明河下盐商社区已颇具规模。② 而曹寅的幕友姚潜和孙伯琴，恰巧就住在南河下街的东西两端。商家既囊丰箧盈，故而夸侈斗靡之风极为盛行，"其时，两淮司鹾荚者侈侈隆富，多声色狗马投茕格五是好"③。在扬州新旧两城聚居的大多数服务人员，正是为了迎合这种奢侈需求而存在的，史志屡称"江都多富商大贾，民以末作依之"，"商人习为侈靡，其技巧役之贫民，藉以糊口者甚众"④。

汉口的水运历史源远流长，坐拥长江、汉江两条大河的水运优势，得天独厚的地理位置使其成为重要的水运枢纽。清初文人刘献廷《广阳杂

---

① （清）惺庵居士：《望江南百调》，载陈恒和辑《扬州丛刻》，广陵书社，2010。
② 王振忠：《明清徽商与淮扬社会变迁》，三联书店，2014，第89页。
③ （清）袁枚：《诰封光禄大夫奉宸苑卿布政使江公墓志铭》，《小仓山房续余文集》卷三十一，乾隆刻增修本。
④ （清）徐成敤修，陈浩恩纂《光绪续修甘泉县志》卷首，光绪十一年刻本。

记》称："汉口不特为楚省咽喉，而云贵、四川、湖南、广西、陕西、河南、江西之货，皆于此焉转输。虽欲不雄天下，不可得也。"① 刘献廷的论述揭示了一个关键事实："转输"是汉口的核心和发展的基石，是汉口获得"天下四聚"或"四大名镇"美誉的重要因素。早在康熙初年，汉口镇就建有新安会馆（书院），栋宇宏敞。当时徽州同乡欲"扩充径路，额曰'新安巷'，开辟马头，以便坐贾行商之出入"，因与当地土著发生冲突，"兴讼六载，破资巨万，不便成事"，及至雍正十一年（1733年），才借助同乡的封建官僚势力，"置买房店，扩充径路，石镌'新安街'额，开辟新马头，兼建'奎星楼'一座，为汉镇巨观……更收买附近会馆房屋基地，造屋数十栋以为同乡往来居止，并设经学，延师儒以为同乡子弟旅邸肄业之所"。② 据《汉口丛谈》记载："汉上盐鹾盛时，竞重风雅。四方往来名士，无不流连文酒，并筑梵宫琳宇，上下五六处，为公燕所。镜槛晶窗，洞房杳窱，咸具竹石花药之胜。且半临后湖，可舒远眺。白云漾空，绿荫如幄，斜阳返映，影动于琉璃屏户间，宛若身在画中。每当雅集，相与覃研诗词，品论书画。时或舞扇歌裙，浅斟低唱，大有觞咏升平之乐。"③

淮盐的生产运销也依赖于长江的交通运输，在长江的修治和管理过程中，盐商发挥了重要的经济作用。康熙五十四年（1715年），长江北岸"瓜洲之花园港息浪庵""江潮冲刷，蒙万岁轸念城垣民舍，敕速建堤保护。其工料银两，俱两淮商人认捐完工，已经题明在案矣"。④ 次年，花园港内江涛冲击，危及江堤，十一月二十七日，李煦上奏《瓜洲花园港一带须做埽工商人愿再捐银折》，向康熙皇帝奏报："奴才以建工之事，喻知商人，而商人江楚吉等，感激天恩，无可报效，愿再捐九万八千余两，以认料工之需，群情甚为踊跃。奴才现在会同督臣、抚臣、河臣、漕臣缮疏题明外，谨先具折奏闻，伏乞圣鉴。"⑤ 据《乾隆江南通志》载："建筑息浪庵前护城堤岸埽工，长二百七丈；自花园港三官殿起至四闸下刘家涵洞护

① （清）刘献廷撰《广阳杂记》卷四，清光绪吴县潘氏刻功顺堂丛书本。

② 转引自王振忠《清代汉口盐商研究》，《盐业史研究》1993年第3期。

③ （清）范锴著，江浦等校释《汉口丛谈校释》，湖北人民出版社，1999，第381页。

④ 故宫博物院明清档案部编《李煦奏折》，中华书局，1976，第238页。

⑤ 故宫博物院明清档案部编《李煦奏折》，中华书局，1976，第238页。

滩堤，长一百八十丈；花园港埽工长四百丈；瓜洲城自北水关起至西城角下首护城石工，长三百一丈；绕城河间段开挑宽深，长一千三十一丈；已上俱于五十五年工竣。建筑花园港越堤埽工长五百二十丈，以作重门保障。挑瓜洲西门城西月河长三百丈，俱于五十七年工竣。"① 可见，康熙五十七年（1718 年）竣工的瓜洲"花园港越堤埽工"和"瓜洲西门城西月河"，都是两淮盐商为方便长江盐运而捐银修建的。

总之，康熙中晚期大量两淮海盐的生产与外运，培育出一大批来往于扬州与汉口之间的盐商，这些盐商群体的存在不仅推动了扬州和汉口的商业繁荣，推动了扬州和汉口的城市地位和影响力的提升，还促使长江中下游地区生成了相应的商贸与生活中心，促进了长江流域经济的发展，带动了长江沿岸城镇的繁荣与文化勃兴。

三　两淮盐商与长江文化

扬州与汉口作为重要的盐业集散地，盐商们通过长江等水路，将食盐从产盐区运往销售区，促进了食盐的流通和贸易。这种大额贸易的长途贩运促进了汉口水上运输业的迅速发展，形成了发达的水上运输网络。自明朝成化二十三年（1487 年），第一批徽商从扬州和仪征到汉口的龙王庙上岸布点，开拓市场；到 1934 年国民政府废止食盐专卖时，数百万盐商入驻汉口。② 来往于扬州和汉口之间的盐商们，利用淮盐产销地区之间的差价牟取巨额利润，汉口也因此出现了一批极为富有的商人。清朝雍乾年间的徽州盐商巴慰祖，慕悦风雅，被称为盐务中的"风雅领袖"，著有《蟫藻阁集》，其兄巴源绶在扬州以盐务起家，其子巴树烜为场商，运盐场灶，巴慰祖本人也时常寓居广陵，好学多艺，工八分书，收藏金石最富。在当时，"四方之士道经汉口者，无不相推侨札之好，一时题襟雅集仿之"。巴氏与天津查氏、扬州马氏，"风流坛坫，海内共传"③。桐城姚文燕，继父

① （清）赵宏恩等撰《乾隆江南通志》卷五十六《河渠志》，广陵书社，2010。
② 刘富道：《汉口徽商》，武汉出版社，2015，第 3 页。
③ 王振忠：《明清徽商与淮扬社会变迁》，三联书店，2014，第 89 页。

兄"业淮鹾，每岁额运，逾楚省之半，为人义气，有以困苦告者必悯之，虽巨金不吝"。又，歙人巴树蕃，久客汉口，治盐业，"广交游，自缙绅以及闾巷，无不知其名者，尤能急人之急，故有小孟尝之目"①。范锴在《汉口丛谈》说："盖汉上鹾业，乃淮商舟运岁额，分售湖之南北……昔风淳厚，事寓仁慈。以此例分，桑梓更益。条单所有，恤贫周急，惠及穷黎寒峻，正复不少；加诸赈歉援灾，争先首举；东南财赋，亦得藉以栽培，绝无毁炭雪中，积花锦上之念存于方寸。是以世享丰肤，代传书礼，天心善善，十倍于人。其报施之厚，自丝缕不爽也。"② 这些盐商不仅推动了汉口的经济发展，还通过书画、诗文等文化活动，频繁主持文化沙龙，以卓越的文采和风雅的举止，为汉口"九省通衢"增添了浓厚的文化氛围，使其熠熠生辉。

两淮盐业与长江文化之间的关系可谓相辅相成。一方面，两淮盐业的繁荣为长江文化的发展提供了物质基础。盐商们的财富不仅用于自身的消费与享受，也大量投入文化艺术事业中，推动了地方文化的繁荣与进步。盐商们不仅在经济上富有，还热衷于文化事业，他们修建书院、资助文人、构筑园林等，为扬州和汉口的文化发展做出了重要贡献。扬州的私家林园建设起步较早，至清康熙中晚期，已成气候。例如，筱园位于扬州北郊二十四桥之畔，"康熙丙申（五十五年，1716 年），翰林程梦星告归，购为家园。于园外临湖浚芹田十数亩，尽植荷花，架水榭其上"，并"种梅百本，构亭其中，取榭叠山"，又"凿池半规如初月，植芙蓉、畜水鸟"，"于竹中建阁，可眺可咏"。③"扬州八怪"之一的罗聘曾专门作《筱园饮酒图》描绘此园风景。④ 汉口盐商的私家园林，则兴盛于清乾嘉年间。清嘉庆五年（1800 年）前后，丹徒盐商包云舫之侄包祥高，在龟山脚下建怡园，"湖山石峭，花竹径纡。泉瀑交流，松桂夹道。亭馆池沼，结构都非尘境。绿波山房，最为疏敞，图书彝鼎，错陈其间，为汉上胜地"⑤。包

---

① 王振忠：《清代汉口盐商研究》，《盐业史研究》1993 年第 3 期。
② （清）范锴著，江浦等校释《汉口丛谈校释》，湖北人民出版社，1999，第 306 页。
③ （清）李斗：《扬州画舫录》，卷十五《冈西录》，嘉庆二年自然盦刻本，第 3 页。
④ 叶佩兰主编《海外遗珍》，山东友谊出版社，2022，第 856~857 页。
⑤ （清）范锴著，江浦等校释《汉口丛谈校释》，湖北人民出版社，1999，第 340 页。

祥高自作《眼底江山皆画本》一诗，为怡园写照。在其自叙中，包祥高写道："余以嵯务久留汉口，有朱氏园者……余得而修葺之，题为怡园。一石之安，必权其高下；一木之植，恒量其浅深。缭以周廊，增之广厦。凿深池以蓄水，澄澈晶莹；累危石以成山，嵯峨壁削。环林紫映，芳草平敷。层构蹑虚，交错如星罗棋布；异卉争致，繁艳如云蔚霞蒸……车马无喧，琴书自乐。晏平仲湫隘之宅，虽近市而不觉尘嚣，盘安仁拙陋云居，即面城而何妨啸咏。"① 另一方面，长江文化的丰富多样性也为两淮盐业的发展提供了精神滋养。长江流域各地区、各民族的文化交流与融合，为盐业贸易带来了更广阔的市场和更多的商业机会。长江文化的独特魅力也吸引了众多文人墨客前来游历与创作，他们的作品进一步宣传了两淮盐业的繁荣景象，为其赢得了更广泛的声誉和影响力。竹枝词起源于长江上中游的巴渝山地，兴盛于长江中下游平原，伴随着从扬州到汉口的两淮盐业，竹枝词成为长江文化的一个重要组成部分。扬州和汉口的一批竹枝词作品，如《扬州风土词萃》《邗江三百吟》《真州竹枝词》《西山樵唱》和《汉口竹枝词》等，其中蕴含了大量反映盐政制度及社会风尚的史料。这些作品从一个独特的视角，为我们考证明清时代两淮地区的盐政制度、徽商活动以及扬州、仪征和汉口的社会生活，提供了珍贵的历史资料。例如，厉惕斋在《真州竹枝词·开新盐门》诗前小序中这样写道："是月开新盐门，盐宪驻察院，开所运新盐纲，邑人闻其来，欣欣然有喜色，举国若狂，少长咸集。自东关而天池，地寸无隙。南岸商家河房，结彩悬灯。北岸吕祖祠一带居民，搭板台卖座。河中屯船，排列如鳞，歌舞吹弹，各鸣其乐。每船桅上，扯连珠灯，高下一色，有如星桥火树。岸南河楼，斜对察院，景阳楼灯火相耀。盐宪楼上看烟火，其时烟火局未裁，商人供办，率皆上品，就中捡两高桅，架横木点放，晶光四射，有目共睹。自初更起，至盐宪筵毕，下楼归寝乃止，洵壮观也。城中人家，惟一二老羸守门，余未有不往观者。一年盛景，当以是日为最。其诗曰：灯光联络万千枝，烟火迷离分外奇，天上人间浑不辨，景阳楼下立多时。天池来往尽轻

---

① （清）范锴著，江浦等校释《汉口丛谈校释》，湖北人民出版社，1999，第341页。

横，仁寿桥边永济桥，莫道此间无隙壤，一年能得几今宵。"① 而稍后时期的易佩绅，则有《长江棹歌——由扬州至武昌府》二十四首，其中有曰："船头处处唤乡亲，一片乡音尽楚人。东望武昌西夏口，帆樯如猬满江滨。"② 清嘉道年间的姚鼐，在其《汉口竹枝辞》中说："扬州锦绣越州醅，巨木如山写蜀材。黄鹤楼头望镫火，夜深江北估船来。蜀江水长汉江低，江水东流也向西。霜后西风江尽落，可怜离别汉阳堤。"③ 黄承吉《烟波词》："通津十里住盐艘，怪底河中水不流。解道人间估客乐，来朝相别下扬州。"④ 叶调元《汉口竹枝词》："一包盐赚八厘钱，积少成多盈万千。若是客帮无倒账，盐行生意是神仙。"⑤ 印证了当年汉口人烟数十里，贾户数千家，"醝客、典商咸数十处"，其中"以盐行为大宗"，所以汉口人称"盐行为百行之首"。⑥ 林苏门的《邗江三百吟》云："黄鹤楼通系马台，量盐才过涌银来。走盘不胫为奇货，只一封书是货财。"⑦ 描述了当年淮盐运至汉口销售后，得银以会票汇回扬州的情形。

盐商成为文化传播的桥梁，使扬州与汉口之间的经济文化交流更加频繁。这种交流不仅体现在人员的往来、资金的交流上，更包括生活习俗、饮食文化等方面的互相影响。扬州和汉口，作为淮盐的聚集地和转运地，吸引了众多殷实富商云集于此，对当地的经济、文化、园林建筑和生活方式等方面产生了深远的影响。一方面，他们拥有充裕的财富用于经营和奢侈消费；另一方面，他们也积极投身于兴办学校、结交文人墨客、招揽名士、收藏古玩字画、资助贫苦学者等公益事业，以提升自身的社会声誉。盐商的这些行为，虽然主观上是为了满足对社会地位的追求，但客观上极大地推动了扬州和汉口两地文化事业的繁荣发展。就拿两地所兴建的书院

---

① 厉惕斋：《真州竹枝词·开新盐门》，载中华丛书委员会编《中华丛书·真州竹枝词》，1958。

② 转引自陈荣华主编《武汉竹枝词史话》，武汉大学出版社，2016，第33页。

③ （清）黄式度修、王柏心纂（同治）《汉阳县志》卷二十七《艺文志》，同治七年刻本。

④ （清）范锴著，江浦等校释《汉口丛谈校释》，湖北人民出版社，1999，第295页。

⑤ （清）叶调元著，徐明庭、马昌松校注《汉口竹枝词校注》，湖北人民出版社，1982，第18页。

⑥ （光绪）《两淮盐法志》卷一四五《捐输·助军》。

⑦ （清）林苏门、（清）董伟业、（清）林溥：《邗江三百吟》，广陵书社，2005，第17页。

来说，"安定书院在（扬州）三元坊，建于康熙元年，巡盐御史胡文学创始。祀宋儒胡瑗。雍正间，尹㑹使增置学舍，为郡士肄业之所，延师课艺，以六十人为率，合并梅花书院一百二十人。圣祖南巡，赐'经术造士'额悬其上"①。安定书院始建于康熙元年（1662 年），由盐官胡文学主持建造。书院之所以命名为"安定"，是为了纪念宋代经学家和教育家胡瑗，世人尊称其为"安定先生"。安定书院的建立旨在振兴广陵名郡的人文氛围，因此倡议在旧址上重建，并号召商人捐资。时任两淮盐运使尹会一在《重建安定书院纪略》中提到，最初的书院是由两淮盐商共同建造的，也就是说，安定书院的建设资金是由两淮盐商赞助，由扬州的盐商捐资修缮一新。无独有偶，在汉口，有紫阳书院，康熙三十三年（1694 年）盐商用重金购得了"适当汉脉中区"的若干丈基地，于是"募徽地工师，一遵（徽）郡世族祠规制，庀材蠲吉，百役齐兴"，此为紫阳书院建造之肇始。"汉口之有新安书院也，自康熙甲戌（三十三年，1694 年）吴公蕴予、汪公文仪等创始之，阅十二年而成"，这一过程艰难曲折，许多士绅商贾乃至朝廷官员都为之付出了艰辛的努力。他们不仅要克服资金上的困难，又要给乡人同志以勖勉，还要与汉口土著居民的阻挠作抗争。经过不断扩建，重修后的汉口紫阳书院"明宫斋庐，宏廊静深，觐飨式时，严严翼翼，自门堂阶以达寝室，复庙重檐，莫不餍饮心目"②。

从明中叶到清末民初这 500 多年间，来自陕西、山西、安徽、江苏、江西、湖南、浙江等地的商人相继迁居到长江沿岸的城镇，以扬州和汉口为中心，从事淮盐的经营活动，从而形成了庞大的两淮盐商群体。在两淮盐商中，山西和安徽两大商帮的经济实力尤为雄厚。这些商帮成员原本就具有较高的文化素质和修养，他们崇尚儒家文化，同时精于商业经营，热衷于教育学术、审美鉴赏、收藏出版等公益事业，致力于城市园林的建设、饮食文化的打造，不惜为此投入巨额资金。经过多年的努力，他们营

---

① （清）李斗：《扬州画舫录》卷三《新城北录》，嘉庆二年自然盦刻本，第 5 页。
② （清）董桂敷：《汉口重修新安书院碑记》，载《汉口紫阳书院志略》卷七，嘉庆十一年刻本，第 54 页。

造了良好的经济环境和人文生态，吸引了全国更多的精英人才会聚于此，形成了良性循环，最终成就了享誉天下的"两淮盐商文化"。

四 结语

两淮盐运与长江的关系密切，长江作为东西经济大动脉，是淮盐运销的必经之道。盐运作为古代重要的经济活动之一，极大地促进了长江流域的商业发展。盐作为必需品，其运输和销售带动了相关产业的兴起，如航运、仓储、物流等，为长江流域的经济繁荣奠定了坚实基础。两淮盐运的税收和稽查所得，成为支持长江文化发展的重要财政基础，为康熙南巡和长江流域的教育、文化、艺术等领域的发展提供了资金支持。同时，两淮盐运的繁荣对区域社会经济发展产生了深远影响，不仅促进了沿线城镇的兴起，还带动了相关产业的发展。盐运带动了造船、运输、仓储等相关产业的发展，促进了地区经济的多元化。盐业的繁荣吸引了大量商人、工匠等人口聚集，促进了城市化进程。扬州地处长江与京杭大运河的交汇处，这一独特的地理位置使扬州成为盐业运输的重要枢纽。明清时期，政府实行盐业专卖制度，扬州盐商作为封建政府特许的专卖群体，垄断了两淮盐场所产食盐的全部流通过程，从而获得了巨额的垄断利润。盐业经营为扬州带来了巨大的经济收益，使扬州成为当时全国最富庶的城市之一。盐税成为朝廷重要的财政收入来源之一，为国家的经济发展做出了重要贡献。盐业的繁荣吸引了大量盐商和文人墨客聚集扬州，推动了扬州文化的兴盛。盐业经营也带来了扬州社会的变迁。盐商们通过盐业积累了大量财富，成为当时社会的重要阶层。他们的生活方式和价值取向对扬州社会产生了深远的影响，推动了扬州社会的多元化发展。汉口位于长江中游，是连接东西、沟通南北的水陆交通枢纽。这一独特的地理位置使汉口成为食盐运输的重要节点，吸引了大量盐商前来聚集。汉口盐商主要从事食盐的分销和转运业务。他们从盐场或上游的盐业集散地购买食盐，然后利用长江和汉江的水运优势，将食盐运往下游的湖南、湖北、江西、安徽等省份进行销售。在这一过程中，汉口成为淮盐的重要集散地和转运中心。在明清时期，虽然盐业经营受到政府的严格管控，但汉口盐商之间仍然存在一定的竞争。他们通过提高服务质量、降低运输成本等方式来争夺市场份额。同时，一些实力雄厚的盐商还通过政治手段或家族势力来巩固自己的垄断地位。随着盐业经营的不断发展，汉口盐商逐渐成为当地社会的重要阶层。他们的生活方式、价值观念和文化习俗对当地社会产生了深远的影响，推动了汉口社会的多元化发展。汉口盐商在经营盐业的同时，也积极参与当地的文化事业建设，为当地的文化发展做出了重要贡献。

　　然而，盐运对两地文化的影响并非单一的经济推动，更重要的是让以扬州和汉口为中心的长江中下游地区，在文化交流与融合方面呈现包容性和多元性。盐商们的迁徙与交往，不仅带来了各地文化的交流与融合，也在各具特色的文化交流与碰撞中催生了新的文化元素。这种新的文化元素展现和发展，又使扬州与汉口的文化更加丰富多彩，也进一步彰显了长江文化的包容性与多元性。扬州和汉口作为长江沿岸的重要城市，它们的文化特征在长江文化中具有典型意义。扬州以其悠久的历史、繁荣的商业和丰富的文化艺术而闻名，其园林建筑、戏曲艺术等方面都体现了长江文化的独特魅力。而汉口作为长江中游的交通枢纽，其商业贸易的繁荣也带动了文化的交流与融合，使汉口文化呈现多元包容的特点。

　　在清代康熙中晚期，两淮盐业对长江文化产生了全面而深远的影响。通过推动区域贸易、促进人口流动和文化交流等方面的努力，盐业不仅塑造了扬州与汉口独特的文化特征和社会结构，更为长江文化的繁荣发展做出了重要贡献。这一历史现象也为我们今天深刻认识和理解长江文化，提供了宝贵的理论支持和历史借鉴。今后，我们要加强对两淮盐运与长江文化关系的学术研究，挖掘其深厚的文化内涵，积极宣传长江文化的历史和现实价值，延续历史文脉，坚定文化自信，让长江文化在现代社会焕发新的活力。

学术动态

一部太谷学派研究"集大成"之力作

——评《太谷学派文献研究》

周新国[*]

祝贺张进大作《太谷学派文献研究》正式出版!

太谷学派起于淮扬,兴于江淮,蔓延苏鲁,且辐射京、津、陕、甘、新疆和东北,其学衍流各地。该学派谱系清晰,加之吸纳下层民众,传闻神异。其学宗儒兼释道,是一个典型的区域民间学派,被称为"中国最后一个民间传统儒家学派"。研究中国学术史和区域社会史的学者,都曾不同程度地关注过太谷学派。

对于许多学者而言,太谷学派是一个难以涉猎的研究领域,曾被视为晚清的"绝学"。太谷学派组织"述而不作"的隐秘传道方式,令外人难以窥其内貌,更重要的是,太谷学派的文献散存海内外,少有人窥其全貌且文献研究异常薄弱。太谷学派的部分文献,有晚清时期汪全泰整理编辑的《周氏遗书》和民国时期张德广先后整理编辑的《归群宝笈》243卷33种、《归群宝籍总目》31卷、《归群宝籍续编》36卷39种等,总计90种310卷,此外,另有《归群词丛》等。但张德广整理编辑太谷学派文献的目的并不在于公开太谷学派的学说和它的信仰,这些太谷学派文献并不轻易示人。张德广去世之后,他所编的太谷学派文献流传不明,其所编之书仅向刘鹗之子刘大绅提供过目录抄本。除张德广提供的文献外,太谷学派还有一部"刘家本"传世,即汪全泰所编的《周氏遗书》,曾由张积中继承并带至山东。张积中在黄崖山聚众期间,将《十三经或问》及其他遗篇

---

* 周新国,扬州大学原副校长、社会发展学院教授。

汇集合成《周氏遗书》，除他自己留存一部外，另抄一部送给了李光炘。学派内部称前者为"北本"，后者为"南本"。李光炘组织龙川弟子抄录12份，分存于他的弟子黄葆年、蒋文田、刘鹗、毛庆蕃、谢逢源等处。刘鹗逝世后所藏的"南本"，其书由其继室郑安香转交于刘鹗之子刘大绅处，所传即为"刘家本"。1957年，刘大绅之子刘蕙孙以"刘家本"及张德广向其父亲所提供的《归群宝籍目录》和《续编目录》，撰写成《太谷学派的遗书》一文，首度向外界公布了"太谷学派遗书"的书目。1992年，刘蕙孙的高足，福建师范大学方宝川教授在盛成、刘蕙孙、严薇清等人的支持帮助下，分别在1997年、1998年、2001年整理完成了《太谷学派遗书》（1~3辑）共17册，由广陵古籍刻印社王明发担任责任编辑正式出版，为太谷学派文献的整理做出了巨大的贡献。

张进的《太谷学派文献研究》作为国家社科基金后期资助的项目，是在前人整理研究太谷学派文献的基础上，做了更加系统更加全面的梳理、考订与诠释，是迄今所见研究太谷学派文献的集大成者。该成果有三大特点。

其一，该书首次对太谷学派文献进行了全景式集中扫描，从时间、空间两个维度探讨了太谷学派文献的分布情况，梳理了太谷学派文献的形成与传播进程；同时全面系统地收集了太谷学派以稿本、抄本为主的各类文献，勾勒了太谷学派的学术传承、演变和组织架构的脉络，基本廓清了太谷学派文献的底数。该书首次统计了太谷学派已知文献的总数为352种，存世为200多种，并列出了太谷学派文献书目的简表。这对于研究太谷学派是极有参考价值的，它克服了太谷学派文献研究中的"碎片化"倾向。

其二，该书在梳理研究太谷学派历史的基础上，首次将太谷学派文献的生成总结为八次整理阶段，这基本符合太谷学派文献历史发展的逻辑。同时该书对太谷学派文献进行了宏观分析和具体考辨，并且在《太谷学派遗书》的基础上，对现存所有太谷学派的文献进行了深度的研究，包括考辨版本、剖析内容、校对讹误、钩稽辑佚、考其著年等，显示了作者深厚的学术素养和研究功底。

其三，该书对太谷学派学人文献的个案进行了研究，这对太谷学派和其相关的区域学派的研究具有重要价值。该书以太谷学派学术传承的顺序为经，以周太谷、张积中、李龙川、黄葆年等太谷学派的创建者和重要传承人的活动为纬，分门别类地整理研究其存世文献的内容、数量、特点，展示了太谷学派从创立者周太谷到其后学派的传承人的传习活动、治学特点、学术成就和各自不同的心路历程，对研究太谷学派有重要的价值。特别是该书在对太谷学派与泰州学派、扬州学派等区域学派的比较研究中，分析总结了上述三个学派各自的特殊性和普遍性，得以管窥太谷学派历史文献的堂奥，展示了中国区域学派的特点，进而对太谷学派进行了辩证的分析，指出了太谷学派历史文献的底蕴与历史价值等，这是很有见地的。

扬州是太谷学派的诞生地，也是太谷学派研究的重镇。21世纪以来，太谷学派的研究，随着刘惠孙、盛成、陈辽等老一代学者的先后逝去，海内外一批新学者开始担纲，继续推动了太谷学派研究。由笔者所负责的扬州大学淮扬文化研究中心，作为江苏省哲学社会科学研究的基地，以中国史一级学科博士点为学科基础，以太谷学派研究为重要的研究方向，长期坚持开展太谷学派研究，先后出版了《太谷学派史稿》《近代华东民间秘密互助团体太谷学派的生存与信仰研究》《张积中年谱》《李光炘与太谷学派南宗研究》《黄葆年与太谷学派研究》等著作，发表了《徘徊于学派与教派之间的活化石——太谷学派发展轨迹探讨》《危机与应对——黄崖教案后的李光炘与太谷学派》等数十篇有关太谷学派研究的学术论文，先后获得了教育部人文社科项目、国家社科基金项目，以及国家社科基金后期资助项目和江苏省人文社科基金重点规划项目的资助等，有力推动了太谷学派研究的不断拓展和深入。

张进副教授是笔者在2007年指导的博士研究生，其博士论文《李光炘与太谷学派南宗研究》，开启了其个人研究太谷学派的学术之路。此次完成《太谷学派文献研究》的项目，获得了2019年国家社科基金后期资助。四年间，张进不分寒暑，长期奔走在国内各大图书馆、档案馆，查阅、收集整理了各类有关太谷学派文献的稿本、抄本和相关书籍，终于完成了这一力作，可喜可贺！期待张进百尺竿头，更进一步，为太谷学派研究做出更大贡献！期待张进有更多的研究太谷学派的佳作问世！

灾害应对与韧性治理

——《明清皖江地区水旱灾害及乡村应对研究》评介

庄华峰[*]

  明清时期皖江流域是今安徽省域范围内最具经济活力的地区，但该区域的自然灾害也很严重。该区域的自然灾害以水旱为主，以水灾为巨。明清皖江流域劳动人民为地区开发和江河治理，进行了艰苦卓绝的斗争。特别是皖江地区乡村人民从趋利避害到兴利除害，为区域社会经济的发展做出了积极贡献。几千年来我国乡村在面对水旱灾害的巨大压力和冲击时，依然能够保持乡村社会结构和功能稳定，从而实现对风险的动态适应和共生共存，其灾害应对与韧性治理是相辅相成的关系，此关系的历史演变值得深入探讨。王艳红是笔者指导的博士生，其著作《明清皖江地区水旱灾害及乡村应对研究》（人民出版社，2024）是在其博士论文的基础上修改出版的。该书研究了明清皖江地区乡村水旱灾害的发生演变规律，并分析了社会各阶层应对灾害的方法及互动关系，对我国古代乡村灾害应对与韧性治理研究具有学术意义，对研究长江流域生态文明史具有十分重要的典型价值。

一　系统梳理明清皖江地区水旱灾害文献史料是研究的重要基础

  史料文献的搜集与整理是历史研究的基础工作。该书以明清两朝（1368—1912 年）为研究时段，以皖江地区（即长江水系在安徽段所覆盖

---

 *　庄华峰，安徽师范大学历史与社会学院教授，主要研究方向为中国社会生活史、灾荒史。

到的领域，行政区划范围包括安庆、池州、庐州、太平、宁国5府，滁州、和州、广德州3直隶州，以及府州所辖诸县）为地域范围，系统梳理了明清时期该地区乡村水旱灾害史料文献。通过爬梳明清各朝正史、野史、档案、笔记、诗文、碑刻以及相关府州县地方志等记载的皖江流域水旱灾害史料，相互勘验，彼此印证，以时间为经，以地域为纬，细致整理与编排，为后续研究奠定基础。该书大量引用明清时期的方志材料，采用统计学的方法，绘制了大量表格，对不同时期各类灾害的发生频率及比例进行了不同种类的统计和比较研究，立论有较为坚实的史料基础。既弥补了既有研究存在的不足和缺陷，又彰显了明清皖江流域水旱灾害文献的史料价值和社会价值，可以为明清皖江流域水旱灾害史的深入研究提供足资借鉴的史料和方法。

二 丰富深化明清皖江地区水旱灾害治理研究是本书的重要贡献

从学术研究的角度来看，皖江地区水旱灾害史的研究一直处于零散的状态，个案性的研究较多，系统全面的研究较少且很不充分。该书重点从四个方面展开研究。一是分析了明清皖江地区乡村水旱灾害的成因和灾情。通过考察明清时期皖江地区乡村自然环境和人文社会环境，揭示该地区水旱灾害形成的主要原因。通过文献整理、数据分析等手段，对明清皖江地区各府（州）县的水旱灾害进行系统考察和分析，揭示明清皖江地区水旱灾害发生的基本状况。二是分析了明清皖江地区水旱灾害发生与演变的规律和特点。分别对明清时期皖江流域水旱灾害进行量化统计，分析该流域水旱灾害发生的时空分布情况，揭示其发生与演变的规律和特点，深入探讨社会经济发展与自然环境资源之间既统一又对立的矛盾关系。三是明清皖江地区官府与社会基层的水旱灾害治理研究。包括水旱灾害发生后对皖江流域城乡社会生活带来的直接的或间接的危害与影响、从中央到地方各级官府对皖江流域水旱荒政、基层组织（阶层或团体）参与灾害治理、官府与民间在灾害治理方面的相互关系等。四是研究了明清时期水旱灾害环境下皖江地区乡村社会的冲突与治理。包括因水旱灾害而引发的皖江流域乡村一系列社会冲突、明清两朝官府对社会冲突的防控、明清以士绅阶层主导的基层组织防控参与、官府与基层社会对社会冲突治理的相互关系等。

三　综合运用多学科的理论与方法推进研究是本书的重要特色

该书综合运用了历史文献学、历史地理学、归纳分析法、历史模型分析法、比较分析法、灾害学、社会学、管理学等多学科的理论与方法，对自然灾害与地方社会的互动关系进行深入研究。这种跨学科的综合运用，也是一种尝试。历史文献法是本课题研究的基本方法，主要是从时间序列与空间差异等方面对研究所需要的历史资料进行详细的搜集、考辩和分类，并摸清明清时期皖江流域水旱灾害的基本状况。历史地理法主要是用来考察明清时期皖江流域地理环境、气候、森林、植被、河湖水系等的变迁及其对水旱灾害的影响；研究明清时期皖江流域的水旱灾害的空间分布和地域差异，以及这种差异的演变过程。归纳分析法主要是在全面整理水旱灾害史料的基础上，运用计量统计法和定性分析法，对史料所包含的内容进行定量和定性分析。历史模型分析法在考证、鉴别的基础上将明清皖江流域水旱灾害和社会治理水旱史实构成一种抽象的思想模型，由此分析推演，能够近似地从本质上表现原型的结构、功能和种种内部和外部的联系，因而可以比较有效地得到对对象本质的理解。该书制作了大量表格和示意图，将一些烦琐的问题简单化，很有说服力，有力支持了该书的论证和观点。比较分析法是通过比较不同阶段、不同空间的水旱灾害的异同来达到对明清皖江流域乡村水旱灾害的认识，如明代与清代皖江流域乡村水灾的比较、旱灾的比较等。此外，运用历史学、社会学、管理学等多学科的理论和方法，对灾害环境下社会各阶层防灾救灾及社会防控等进行多角度的观察和研究。上述理论与方法有助于促进灾害史学与其他学科之间的交叉和结合，拓展史学研究空间，丰富史学研究内容。

概言之，该书对本专业的前沿性研究状况有较全面的理解和把握。在立足原始文献基础上，广泛征引，借鉴利用前人今人成果，采用多学科研究方法，首次对明清皖江流域乡村水旱灾害及应对进行了系统、全面、深入的探讨，颇有创见，并对当今皖江流域乃至于整个长江流域的防灾救灾亦不乏历史启迪与经验借鉴。当然，书中也存在值得进一步讨论的问题，如需进一步搜集史料，并对史料进行深度分析。前期资料集中于地方志、各朝实录、会典、明史、清史稿等，对明清笔记小说、碑刻资料引用不足。在具体史料分析上，还有待进一步提高，提升问题的内涵。期待王艳红博士今后有更多的相关研究成果涌现，借以推动古代灾害史学术研究。

"2024长江文化智库论坛暨长江商文化学术研讨会"综述

秦宗财　朱奕宇*

摘　要： 2024年10月18—20日，由中国商业史学会和扬州大学联合主办，江苏省重点培育智库"长江文化研究院"与中国商业史学会盐业史专业委员会、中国经济信息社江苏分公司、江苏新华传媒智库等单位共同承办的"2024长江文化智库论坛暨长江商文化学术研讨会"在扬州成功举行。会议围绕长江商文化的历史演进、社会特征、文化遗产保护、长江经济与文化的协同发展等议题展开深入研讨。与会专家指出，长江商文化作为中华文明的重要组成部分，展现了开放包容、勇于创新的精神特质，对推动长江经济带高质量发展具有重要意义。会议强调加强文化遗产保护，传承弘扬长江文化，促进长江文化与商业文明的协同发展，通过本次论坛，与会专家和学者达成了多项共识，为推动长江文化与商业文明的繁荣发展奠定了坚实基础。

关键词： 长江文化　长江商文化　文化遗产保护　长江经济带

为更加深入学习贯彻习近平文化思想和党的二十大决策部署，提前规划研究"十五五"时期长江文化的传承发展，更加突出长江文化的时代价值，将长江文化与长江经济协同发展，发挥学科优势开展单一学科深入研

---

* 秦宗财，扬州大学新闻与传媒学院教授，主要研究方向为文化传播流域文化；朱奕宇，扬州大学新闻与传媒学院硕士研究生，研究方向为文化传播。

究和多学科交叉研究，助力长江经济带、长三角一体化战略实施，由中国商业史学会与扬州大学联合主办，江苏省重点培育智库"长江文化研究院"与中国商业史学会盐业史专业委员会、中国经济信息社江苏分公司、江苏新华传媒智库等单位共同承办的"2024 长江文化智库论坛暨长江商文化学术研讨会"于 2024 年 10 月 18—20 日在江苏省扬州市召开，来自全国50 多所高校、研究机构等单位的近百人参加本次活动。与会专家与学者聚焦"贯彻落实习近平文化思想，推动长江文化高质量发展"的会议主题，围绕"长江流域商文化研究""长江文化史研究""长江文化遗产研究""长江文化数字化与国际传播研究""长江文化旅游研究""长江国家文化公园研究"等子议题，展开了深入的研讨。与会专家与学者积极发言，交流思想，为赋能长江经济带高质量发展、更好支撑中国式现代化江苏新实践献策建言。

一 长江商文化的历史脉络与社会特征

商业的诞生与发展是人类社会文明进步的关键标志，商业文明是人类文明源起、演进的重要支撑。深入研究长江商文化的历史源起与演进，持续推进长江商文化的传承创新，对于探求中华文明起源、挖掘中华文明现代化起源本土内生力量、走好中国式现代化道路等重大命题的求解有重大的历史和现实意义。在这一历史脉络中，多位专家学者从不同角度对长江商文化的形成与发展进行了深入研究，为我们理解这一文化现象提供了丰富的视角和深刻的洞见。

（一）长江商文化的形成与发展

长江商文化的起源可以追溯到远古时期长江流域的人类活动，为长江商文化的后续发展奠定了坚实的基础。中国商业史学会副会长陈亚平指出，长江商文化的起源可以追溯到远古时期长江流域的人类活动。随着农业和手工业的发展，商品交换逐渐成为长江流域社会生活中的重要组成部分，为长江商文化的孕育提供了土壤。他提到，古代长江流域的水系发达，为商品运输提供了便利条件，促进了商业活动的兴起和发展。扬州市地名委员会专家组常务副处长方晓伟进一步强调，两淮盐运在清代康熙中晚期成为长江商文化发展的重要推动力。盐运的繁荣不仅促进了长江流域的商品经济发展，还带动了相关产业的发展，如航运、仓储、物流等，为长江商文化的形成提供了坚实的物质基础。

长江流域是我国古代及近现代"商业文明"的重地，自宋代开始成为商业文明中心所在。南京大学文化与自然遗产研究所所长贺云翱指出，在长江地域文明中，"商业文明"拥有重要地位。长江流域商业文明的创造性成就体现在最早诞生系统的"商学"、持续存在的"商道"、世界上最早的纸币"交子"、中国最早的巨商、持续时间最长的"商帮"、数量最多的商业"会馆""会所"、近代人数最多贡献最大的商业巨子等历史贡献中。

发展至明清时期，长江商文化迎来了繁荣与鼎盛阶段，成为中华商文化体系中的璀璨明珠。南京市博物总馆文博馆员沈利成表示，这一时期长江流域的工商业发展迅速，成为外国资本的集聚地、洋务运动的主阵地和民族资本主义的集中地。特别是以上海为核心的沿江口岸城市，工商业发达，成为长江商文化的重要展示窗口。中国商业史学会副会长梁仁志也详细论述了徽商对长三角地区乃至整个长江流域商业文化的推动作用。他认为，徽商以其人数多、资本大、时间长、范围广的特点，对长三角地区的经济发展和文化繁荣产生了深远影响。徽商的商业伦理、经营策略和文化传承，成为长江商文化中不可或缺的一部分。中国商业史学会副会长李琳琦研究发现，长江流域是徽州商人的聚集地，明清时期长江流域的食盐、粮食、木材、布匹等大宗商品贩运，主要是靠徽商来完成的，没有徽商，就没有明清时期长江流域商贸的繁荣兴盛。

进入近代，长江商文化经历了深刻的转型与变迁，展现出强大的生命力和适应性。中国商业史学会副会长宋向清指出，鸦片战争后，中国被迫卷入世界资本主义市场体系，长江流域的传统商业经济受到冲击与挑战。然而，长江商文化并未因此消亡，反而在逆境中寻求新生。一批批具有远见卓识的商人开始引进西方先进技术和管理经验，推动长江流域工商业的近代化进程。武汉市社会科学院助理研究员赵煌通过对明清时期"天下四镇"转型历程的研究，揭示了开放性、技术创新和知识积累、地方政府治理能力和高素质人力资本在工商市镇转型中的重要作用。这些动力机制同样适用于解释长江商文化在近代的转型与变迁。武汉市社会科学院党组书记、院长樊志宏强调，要以长江商业文明为价值引领，重点聚焦流域性、枢纽型、连续性商业文明源起及演进领域，联手挖掘古商业治理服务设施、古商业集聚区域等资源，顺应信息时代新商业文明发展规律趋势，推动历史商业文明创新发展。

总而言之，长江商文化的形成与发展是一个复杂而漫长的历史过程。从远古时期的孕育到明清时期的鼎盛，再到近代的转型与变迁，长江商文化始终保持着其独特的魅力和活力。在未来的发展中，长江商文化将继续发挥其重要作用，为中华民族的伟大复兴贡献力量。

（二）长江商文化社会特征的联系性和差异性

长江商文化，作为中华文明璀璨夺目的篇章，其悠久的历史脉络与丰富的社会特征，既存在不同地域间的紧密联系，又有各自独特的文化风貌。

1. 长江商文化社会特征的联系性

长江商文化与其他地区商文化一样，都深受儒家思想的影响，强调诚信、忠义、仁爱等道德观念，并将这些价值观融入商业实践中。中国商业史学会会长王茹芹表示，"长江商文化"是一个古今贯通的文化概念，是基于"长江经济带发展"和"长江三角洲区域一体化发展"重大战略实践活动的驱动，旨在研究中华民族勤劳、勇敢、自强不息的优良传统在国家重大战略实施中所孕育和积淀起来的时代精神和力量。西安财经大学发展规划处处长任维哲指出，无论是黄河流域还是长江流域的商帮，都普遍遵循儒家道德准则，体现了商文化的共同底色。中国商业史学会理事于代松提到，卢作孚在"北碚实验"中，就十分注重人的现代化，通过教育文化普及，提升民众的道德素养和文化水平，这正是儒家思想在商业实践中的生动体现。在儒家思想的熏陶下，长江商文化在追求商业利益的同时，其内里核心仍然注重社会责任的承担。扬州报业传媒集团融创中心行政总监朱广盛指出，潭渡黄氏盐商家族在扬州发迹后，不仅积极从事盐业经营，还广泛参与刻书藏书、建造园林、捐助公益等社会活动，展现了商人的社会责任感。这种对社会责任的重视，是长江商文化与其他地区商文化的又一共同特征。

2. 长江商文化社会特征的差异性

长江商文化在展现联系性的同时，也呈现显著的差异性。这种差异性主要体现在商帮的地域特色、经营方式和文化表达等方面。一方面，西安财经大学发展规划处处长任维哲对比黄河与长江流域商帮文化时指出，长江流域的商帮更注重实效与效率，展现出务实与创新的双重特质。例如，洞庭商帮和徽商在经营过程中，善于把握商机，注重商品质量和品牌建设，同时也不断创新经营方式和营销策略，以适应市场的变化和发展。另一方面，长江商文化在地域特色上也存在显著差异。不同地区的商帮在形成和发展过程中，深受当地自然环境、经济条件和社会文化的影响，形成了各具特色的商业文化。山西省社会科学院历史研究所所长高春平研究员指出，明初江南地区的巨商沈万三通过垦殖与海外走私贸易完成资本原始积累，展现了江南商帮独特的经营方式和冒险精神。中国商业史学会理事于代松指出，卢作孚在"北碚实验"中充分利用北碚地区的自然资源和人文优势，发展航运业和相关产业，推动了北碚地区的现代化进程，这体现了长江上游商帮的地域特色。

综上所述，长江商文化的社会特征既展现出显著的联系性，又体现了独特的差异性。这种联系性与差异性的并存，使长江商文化在整体上呈现丰富多彩的面貌。在未来的发展中，我们应充分认识和把握长江商文化的这一特点，传承好、弘扬好、创新好长江商文化，为实现中国式现代化贡献长江商文化力量。

二　长江流域文化遗产的保护传承和弘扬

习近平总书记在全面推动长江经济带发展座谈会上指出，"要保护好长江文物和文化遗产，深入研究长江文化内涵，推动优秀传统文化创造性转化、创新性发展"①。长江文物和文化遗产承载着长江流域民众及中华民族的集体记忆，蕴藏着中华文化基因和中华历史文脉，全面推进长江文物和文化遗产系统保护是传承弘扬长江文化的重要根基，是助力长江经济带高质量发展的必然选择。与会专家与学者高度聚焦该议题，指出，长江流域文化遗产的保护传承和弘扬这一工作不仅对维护文化多样性、传承中华民族历史文化具有深远意义，更在促进地方经济发展、增强社会凝聚力等方面具有不可替代的作用。

（一）长江流域文化遗产的保护

长江流域丰富的文化遗产不仅是历史的见证，更是文化多样性的重要体现。然而，在现代化进程的快速推进中，长江流域的文化遗产保护面临着前所未有的挑战。南京大学新中国史研究院讲席教授李玉指出，长江流域自近代以来便成为国家政治、经济、文化的重要区域，其文化遗产承载着深厚的历史底蕴和文化价值。但近代以来长江流域经历了多次重大历史事件，这些事件对文化遗产造成了不同程度的破坏。

1. 长江流域文化遗产保护的现状

长江流域文化遗产资源丰富但保护形势严峻。长江流域文化遗产资源丰富多样，包括物质文化遗产如古建筑、遗址、碑刻等，和非物质文化遗产如民间艺术、传统技艺、民俗活动等。然而，随着城市化进程的加速和自然灾害的频发，这些文化遗产正面临着被破坏和遗忘的风险。扬州大学中国大运河研究院副教授刘怀玉通过扬州的案例，展示了在现代化建设中如何平衡发展与保护的关系，虽然遗产保护取得了一定成效，但仍然存在"守""缺""难""差""少"的五大现实痛点。

2. 长江流域文化遗产保护的挑战

多重因素制约保护工作的推进。长江流域文化遗产保护面临的挑战主要包括自然环境破坏、人为因素干扰和保护机制不健全等。自然环境的变

---

① 习近平：《论把握新发展阶段、贯彻新发展理念、构建新发展格局》，中央文献出版社，2021，第 443 页。

化如洪水、地震等自然灾害对文化遗产构成了直接威胁；而人为因素如城市扩张、旅游开发等往往对文化遗产造成不可逆的损害。同时，保护机制的不健全也是制约保护工作推进的重要因素之一。南开大学经济学院副教授龚关通过分析江南与华北环境差异，揭示了制度性因素同样适用于文化遗产保护领域，指出目前长江流域文化遗产保护要将制度作为抓手，进一步推动保护工作的开展。

3. 长江流域文化遗产保护的策略

多措并举加强文化遗产保护。针对长江流域文化遗产保护面临的挑战，需要采取多措并举的策略。《江南大学学报》编辑部副主任闫卫平，从人文经济学的角度探讨了无锡在长江流域文化遗产保护中的创新路径，提出应将文化遗产保护融入经济社会发展大局，实现文化遗产的可持续利用和发展。扬州大学中国大运河研究院副教授刘怀玉提到，扬州大运河国家文化公园与长江国家文化公园协同建设实践，创新了古城活化利用的"四种模式"，强调要创新组织协调机制，建立健全规划的策略。因此，应首先建立健全保护机制，完善相关法律法规和政策措施，明确保护责任主体和监管机制。同时，注重科技支撑的强化，运用现代科技手段对文化遗产进行监测、修复和保护。从而服务于社区参与和公众教育，提高公众对文化遗产保护的认识和参与度。

（二）长江流域文化遗产的传承与弘扬

长江流域文化遗产的传承与弘扬对维护文化多样性、增强文化自信、促进文化创新与发展具有重要意义。与会专家和学者深度讨论该议题，探讨如何在新的时代背景下，通过创新手段和多元化策略，有效传承与弘扬长江流域丰富的文化遗产。

1. 长江流域文化遗产的传承路径

长江流域文化遗产的传承路径多样且深具意义，旨在确保这些宝贵的文化遗产能够得以延续并融入现代社会。扬州大学新闻与传媒学院副院长秦宗财强调了增强长江江苏段中华文明精神标识国际传播的重要性，提出了从内容层面、媒介层面、受众层面、政策层面四大方向推进的策略。为长江流域文化遗产的国际传播提供了理论支撑,也为文化遗产的传承与弘扬指明了方向。通过深入挖掘长江文化的精神内涵,结合现代传播手段,可以有效提升长江文化的国际影响力,进而促进文化遗产的传承与弘扬。北京工商大学数字艺术研究院副院长陈晓环,从文旅融合的视角出发,提出了通过构建历史人物经典形象来传承与弘扬文化遗产的策略。商辂作为历史人物,其形象的精心塑造和版权产业化运营,不仅能够激发游客的文化认同感,还能推动文化旅游产品的创新升级。这一策略为长江流域文化遗产的传承提供了新思路,即通过挖掘和塑造具有代表性的历史人物或文化元素,打造具有吸引力的文化品牌,从而实现文化遗产的活态传承。扬州市文史馆副馆长李智针对长江与瓜洲运河交汇区域的文化遗产提出了依托江岸资源、打造运河风情一条街、发展名人文化与园林文化等具体利用策略。这些策略不仅有助于保护和展示该区域的文化遗产,还能通过文化旅游产业的发展,促进文化遗产的传承与弘扬。通过文化旅游的融合,使文化遗产成为连接过去与未来的桥梁,让更多人了解和传承这些宝贵的文化遗产。

2. 长江流域文化遗产的弘扬模式创新

在弘扬长江流域文化遗产的过程中,创新模式、技术、方法的运用至关重要,它们能够增强文化遗产的影响力和吸引力,使其在全球范围内得到更广泛的认知和尊重。扬州市广播电视台副研究员杨郑一通过深入分析长江文化形象在国际传播中的结构确立与媒介实践,认为在全球文化多元竞争的背景下,长江文化形象的传播需要把握符号聚合的路径,加强代表性符码建设,优化符号传播环境。这些观点对于长江流域文化遗产的传承与弘扬具有重要启示意义。通过构建鲜明的文化形象,利用多元媒介手段进行传播,可以增强长江流域文化遗产的识别度和影响力,进而推动其传承与弘扬。扬州大学新闻与传媒学院的刘念探讨了数字游戏在长江文化对外传播中的作用。他认为,数字游戏以其独特的跨文化适应性、互动性与沉浸感,为长江文化的国际交流搭建了新桥梁。通过数字游戏这一载体,可以将长江流域的文化遗产以生动、有趣的方式呈现给全球玩家,从而实现文化遗产的传承与弘扬。这一策略为长江流域文化遗产的传承提供了创新路径，即通过数字技术的赋能，让文化遗产以更加鲜活、互动的形式走进人们的生活。扬州大学新闻与传媒学院的朱弈宇聚焦长江流域博物馆文旅智能化发展进程，探讨了小语言模型在博物馆文旅智能化发展中的应用潜力。通过小语言模型的赋能，博物馆可以提供更加个性化、智能化的导览服务，深化文物信息的解读与传播，从而提升游客的文化体验。这一策略对长江流域文化遗产的传承与弘扬具有重要意义。通过博物馆这一文化展示窗口，结合小语言模型的智能化技术，可以更加生动、全面地展示长江流域的文化遗产，吸引更多人关注和传承这些宝贵的文化财富。

三　长江文化与长江经济的协同发展

经济与文化紧密相连。长江文化与长江经济之间存在紧密的相互关联和相互促进的关系。长江文化作为中华民族的重要文化血脉，不仅承载着丰富的历史积淀和文化内涵，更为长江经济带的发展提供了强大的精神动力和文化支持。长江文化与长江经济两者相辅相成，协同发展，互为成就，共同推动着区域经济的持续繁荣和高质量发展。

（一）长江文化对经济的支持作用

长江经济带竞争力的提升需要文化的支撑。文化是国家、区域核心竞争力的重要因素，为区域发展提供新的经济机会。与会专家和学者高度重视长江文化的支撑作用，强调长江文化对经济的支持作用体现在多个方面，从商品生产能力的提升到商业流通网络的完善，从商业主体的创新活力到商业中心城市的发展，再到营商环境的优化，长江文化都发挥着不可替代的作用。

长江文化中的开放包容精神促进了经济的开放与合作。中国商业史学会副会长刘士林指出，长江流域的城市自古以来就具有开放包容的特点，这种文化特质使沿江城市能够吸引来自各地的商人和文化人才，促进了经济的繁荣和文化的交流。在现代社会，这种开放包容精神依然对长江经济的发展起着重要的推动作用，使沿江地区能够积极参与全球经济合作与竞争，不断提升自身的经济实力和竞争力。与此同时，长江文化中的创新精神激发了经济发展的活力。在长期的治水实践中，长江流域的人民形成了勇于探索、敢于创新的精神。这种创新精神在现代经济中得到了充分的体现，推动了沿江地区在科技创新、产业升级等方面的快速发展。

长江文化以其独特的文化魅力，为商业中心城市的发展提供了强大的支持。中国政法大学商学院的周王心安提到，长三角一体化战略的实施促进了高效的商业流通网络的形成。而长江文化作为这一区域的文化底蕴，为商业流通网络的完善提供了有力支持。长江文化的传播和交流促进了沿江地区之间的经济联系和合作，使商品和资源能够在更广泛的区域内自由流通。长江文化中的诚信观念和契约精神为商业流通提供了良好的信用环境，降低了交易成本，提高了流通效率。与此同时，长江文化在优化营商环境方面也发挥着重要作用。长江文化中的法治观念和规则意识促使政府和企业遵守法律法规，维护市场秩序和公平竞争。同时，长江文化中的服务意识和人文关怀也促使政府和企业更加注重提升服务质量和效率，为投资者和创业者提供更加优质的营商环境。这种优质的营商环境进一步吸引了更多的投资和人才涌入长江经济带，推动了区域经济的持续繁荣和发展。

长江文化的开放性和包容性不仅促进了商品生产能力的提升和商业流通网络的完善，还极大地激发了商业主体的创新活力。扬州市世界遗产保护管理办公室副处长朱明松强调，里下河地区通过构建文物主题游径，深入挖掘和传承地域文化，为商业创新提供了丰富的文化资源和灵感来源。同样，长江文化中的多元文化和创新思维也促使沿江地区的商业主体不断尝试新的商业模式和经营理念，以适应市场的快速发展和变化。

长江文化在优化营商环境方面也发挥着重要作用。苏北航务管理处扬州航务中心施桥船闸管理所副所长阮向阳提到，长江文化中的革命文化和爱国情怀激励着政府和企业以更加开放和包容的态度对待外来投资者和创业者。这种开放和包容的营商环境吸引了更多的投资和人才涌入长江经济带，推动了区域经济的持续繁荣和发展。长江文化中的法治观念和规则意识也促使政府和企业遵守法律法规，维护市场秩序和公平竞争，为经济发展提供了良好的法治环境。受长江文化熏陶的优质营商环境也进一步吸引更多的投资和人才涌入长江经济带，推动了区域经济的持续繁荣和发展。

（二）长江经济与文化的互动发展

千百年来，长江流域以水为纽带，连接上下游、左右岸、干支流，形成了相对稳定的经济社会大系统，也创造了独特的长江文化和中华文明。长江经济与文化的互动发展，是一个相辅相成、相互促进的过程。在这一过程中，与会专家和学者指出，长江文化为经济发展提供了强大的精神动力和智力支持，而长江经济的繁荣又进一步推动了文化的交流与融合，形成了独具特色的长江文化现象。

长江经济的繁荣不仅为文化的交流与融合提供了物质基础，也为文化的创新与发展提供了广阔的空间。苏州大学马克思主义学院教授许冠亭指出，一方面，长江经济的繁荣促进了文化的交流与传播。随着沿江地区经济的不断发展，人员、物资、信息等方面的交流日益频繁，为文化的交流与传播提供了便利条件。另一方面，长江经济的繁荣为文化的创新与发展提供了广阔的空间。随着沿江地区经济的快速发展，人民的生活水平不断提高，对文化生活的需求也日益增长。这种需求推动了文化产业的快速发展和文化产品的不断创新。

长江文化以其深厚的底蕴和开放包容的特性，为沿江地区的商品生产提供了强大的精神动力和文化支持。中国商业史学会副会长兰日旭指出，长江流域逐渐成为中国工商业的重要基地，上海更是发展成为现代化工业、贸易等中心。这一过程中，长江文化起到了重要的推动作用。长江文化的开放性和包容性促使沿江地区人民敢于创新、勇于探索，不断提升商品生产的技术含量和附加值。同时，长江文化中的工匠精神和精益求精的态度，也促使企业在生产过程中追求高品质、高标准，从而提升了整个区域的商品生产能力。

长江水利水电开发集团公司副处长陈松平以三峡工程的具体实践切入，指出三峡工程不仅是一项伟大的水利工程，更是一个蕴含着丰富文化内涵的精神丰碑。在三峡工程的建设过程中，人民至上的价值追求、自强不息的民族精神、崇尚科学的治水理念等长江文化特质得到了充分体现。同时，三峡工程的建成和运行也为长江经济带的发展注入了新的活力，推动了沿江地区经济的繁荣和文化的交流。

长江文化是中华民族宝贵的精神财富，长江经济带是中国经济发展的引擎。长江经济与文化的互动发展是一个相生相成、互补互促的过程。在这一过程中，长江文化为经济发展提供了强大的精神动力和智力支持，而长江经济的繁荣又进一步推动了文化的交流与融合。

四　结语

长江，作为中华民族的母亲河之一，不仅滋养了广袤的土地和亿万人民，更孕育了悠久灿烂的长江文化。长江文化作为中华文明的重要组成部分，一方面承载着深厚的历史底蕴和丰富的文化内涵，另一方面也展现出独特的商业文明魅力。习近平总书记在全面推动长江经济带发展座谈会上的讲话也明确指出，长江造就了从巴山蜀水到江南水乡的千年文脉，是中华民族的代表性符号和中华文明的标志性象征，是涵养社会主义核心价值观的重要源泉。长江商文化作为长江文化的重要组成部分，其开放包容、勇于创新的精神特质，为商业文明的发展注入了独特的魅力和活力。研究长江文化，对于维护文化多样性、传承中华民族历史文化、增强文化自信具有深远意义。本次论坛的成功举办，标志着长江文化的研究进入了一个新的阶段。在新时代，应继续深入挖掘长江文化尤其是长江商文化的内涵和价值，加强文化遗产的保护和传承，推动长江文化与商业文明的深度融合，为实现中华民族伟大复兴的中国梦贡献长江智慧和长江力量。

《长江文化研究》投稿须知

1. 本集刊为江苏省重点培育智库长江文化研究院和扬州大学淮扬文化研究中心主办的学术集刊。其前身为江苏省高校哲学社会科学重点研究基地扬州大学淮扬文化研究中心主办的《淮扬文化研究》。本集刊每年发行两辑，主要刊登与长江文化、运河文化和淮扬文化相关的学术论文，重点方向如下。

（1）文化史研究。包括长江文化史、大运河文化史等，兼顾世界大江大河文明交往互鉴研究。

（2）流域文化遗产保护传承利用研究。包括长江、大运河流域等文化遗产保护传承利用研究，兼顾国内外流域文化遗产保护传承利用的比较研究。

（3）流域文化与旅游融合研究。包括长江、大运河流域文化与旅游融合研究，兼顾国内外流域文旅融合的比较研究。

（4）国家文化公园建设研究。包括长江、大运河国家文化公园，兼顾与黄河、长征、长城等国家文化公园比较研究。

（5）中华文化国际传播研究。研究构建更有效力的国际传播体系，增强长江文化、大运河文化的国际传播力，更好地讲好中国故事、传播中国声音，更好地展现中国国家形象。

（6）流域文明与思政教育研究。研究有效地推进长江文化、大运河文化等内蕴丰富的思政教育资源，融入大中小学教育体系。

（7）与淮扬历史文化相关的研究。如扬州学派、泰州学派、太谷学派与中国学术史研究、淮扬秘密结社研究、淮扬历史文化与现代传承研究、淮扬人物研究、口述史与非物质文化遗产研究、"一带一路"研究、鉴真研究、张謇研究；与淮扬地区关联的区域比较研究；高质量的书评、札记、研究综述或译稿、会议纪要等。

2. 本集刊用稿提倡观点鲜明新颖、论证严密充分，篇幅一般在10000字左右（包括图、表、脚注等全文），优秀稿件可适当放宽限制。来稿需包含中英文的标题、摘要（200字左右）和关键词（3-5个）。如有项目基金，请在文首注明其来源、名称和编号。文尾请注明作者的工作单位、职称职务、最后学位、主要研究方向、联系方式（邮编、地址、电话、电子信箱等）。

3. 本集刊引证采用页下注，文末不需另附参考文献。具体形式以《中国社会科学》格式为准。

4. 本集刊严格实行专家匿名审稿制，不向作者收取任何形式的版面费，请勿在正文或注释中透露作者身份信息。向本集刊投稿两个月以内无反馈者请自行处理。来稿一经采用，即向作者提供样书并酌付稿酬。如论文获他刊转载摘登，亦请作者将相关文件的电子或纸质版寄送编辑部，本集刊将予以额外奖励。

5. 本集刊摒弃剽窃、抄袭、篡改、不当署名、一稿多发等学术不端行为，请作者自觉遵守学术规范。对已录用稿件，编辑部有权在发表时作不损害原意的适当删改，并保留已发表论文的电子版使用权，稿酬中已包含前述电子版使用收益。

6. 本集刊采用电子采编，请将投稿论文的Word文档全文及其他必要附件（如300dpi以上的高清配图、原始表格等）打包发送至编辑部唯一工作邮箱cjwhyzu@163.com，邮件标题的格式为"《长江文化研究》投稿+作者姓名+作者单位"。

7. 本集刊编辑部地址为：江苏省扬州市邗江区大学南路88号扬州大学荷花池校区教学主楼601室；联系电话为：0514-87976982。

《长江文化研究》集刊编辑部

2024年12月

图书在版编目(CIP)数据

长江文化研究.第六辑/周新国,姚冠新主编.——北京:社会科学文献出版社,2025.4.--ISBN 978-7-5228-5140-2

Ⅰ.K295-53

中国国家版本馆 CIP 数据核字第 2025ZZ3850 号

长江文化研究　第六辑

主　　编／周新国　姚冠新

出 版 人／冀祥德
责任编辑／黄金平
责任印制／岳　阳

出　　版／社会科学文献出版社·文化传媒分社（010）59367156
　　　　　地址：北京市北三环中路甲 29 号院华龙大厦　邮编：100029
　　　　　网址：www.ssap.com.cn
发　　行／社会科学文献出版社（010）59367028
印　　装／唐山玺诚印务有限公司

规　　格／开　本：787mm×1092mm　1/16
　　　　　印　张：19　字　数：284 千字
版　　次／2025 年 4 月第 1 版　2025 年 4 月第 1 次印刷
书　　号／ISBN 978-7-5228-5140-2
定　　价／108.00 元

读者服务电话：4008918866